臺灣歷史與文化 研究輯刊

十四編

第6冊

美國夏威夷檀香山臺灣客家移民社群之建構

呂萍芳 著

花木蘭文化事業有限公司

國家圖書館出版品預行編目資料

美國夏威夷檀香山臺灣客家移民社群之建構／呂萍芳 著 — 初
版 — 新北市：花木蘭文化事業有限公司，2018〔民107〕
目 4+218 面；19×26 公分
（臺灣歷史與文化研究輯刊十四編：第 6 冊）
ISBN 978-986-485-589-6（精裝）
1. 客家 2. 移民史 3. 美國夏威夷
733.08   107012690

ISBN-978-986-485-589-6

臺灣歷史與文化研究輯刊
十四編　第 六 冊   ISBN：978-986-485-589-6

美國夏威夷檀香山臺灣客家移民社群之建構

作　　者　呂萍芳
總 編 輯　杜潔祥
副總編輯　楊嘉樂
編　　輯　許郁翎、王筑　美術編輯　陳逸婷
出　　版　花木蘭文化事業有限公司
發 行 人　高小娟
聯絡地址　235 新北市中和區中安街七二號十三樓
　　　　　電話：02-2923-1455／傳真：02-2923-1452
網　　址　http://www.huamulan.tw 信箱 hml 810518@gmail.com
印　　刷　普羅文化出版廣告事業
初　　版　2018 年 9 月
全書字數　193583 字
定　　價　十四編 16 冊（精裝）台幣 38,000 元　　　版權所有·請勿翻印

美國夏威夷檀香山臺灣客家移民社群之建構

呂萍芳　著

作者簡介

呂萍芳，臺灣桃園人，中興大學歷史學系博士，現於台中市中等學校任教。其碩士論文「二次戰後紐約皇后區的台灣移民社會（1945～2000）」曾獲財團法人海華文教基金會93年度華僑學術研究獎助；博士論文「美國夏威夷檀香山台灣客家移民社群之建構」，榮獲客家委員會104年客家研究優良碩博士論文之獎助。研究領域為美國史、美國華人史、海外台灣移民社會。

提　　要

　　華人至夏威夷發展至今已超過兩百年歷史，19世紀中葉起，華人被大量招募到夏威夷各島的蔗糖園擔任契約勞工（contract laborer），其中約三成是來自廣東各地的客家人，此時客家婦女亦與丈夫一起前往，共同投入於勞動生產。這些客家移民同其他華人移民般，對早期夏威夷的開發，作出了貢獻。在客家移民的努力下，華人教會、醫院、學校等組織陸續設立，1918年由客家人共同組成的「人和會館」（Nin Fo Fui Kon）於檀香山成立，1937年更名為「夏威夷崇正會」（Tsung Tsin Association），發展迄今已近百年歷史，為客家文化在夏威夷延續之重要象徵。

　　1965年美國新移民法通過後，開始有大量新移民赴美，這些新移民當中，一直不乏來自臺灣的客家人。有的臺灣客家移民，甚至赴美之初就抵達夏威夷，後來持續在此深耕發展，長達近半世紀。臺灣客家移民，鮮少參與在當地的傳統客家社團中，而是分散參與在以臺灣移民為主的各式新僑社團中，或許因人數不多且居住分散，直到2013年美國夏威夷客家協會──桐花之友的出現，長久以來檀香山地區一直未有臺灣客家組織或社團的成立。儘管如此，夏威夷的臺灣客家移民，仍十分關注臺灣客家文化的發展，第一代臺灣客家移民，大多仍具有相當程度的客語溝通能力，雖然對客家的了解程度深淺不一，但他們大致都認同自己是客家人。

　　本篇論文主要探討以下課題：一、了解客家人至夏威夷發展之移民背景。二、從移民背景、生活適應、社會參與等方面探析夏威夷臺灣客家移民社會。三、探討夏威夷臺灣客家移民客家精神的展現以及客家文化的發展。四、從移民理論的印證與討論中，建構夏威夷臺灣客家移民的社群特性。

致　謝

　　博士論文的完成，首先要深深感謝我的恩師陳靜瑜教授，與老師相識至今近二十年，無論在學習與人生道路上，蒙受老師相當多的指引與照顧，學生萬分感謝。在博士論文撰寫期間，在每個關卡老師總是在旁為我加油打氣，勉勵我要當個勇敢的女鬥士，讓我保持信心與勇氣。老師更是不辭辛勞，犧牲寶貴休息時間，耗費極大心力，為我斧正論文，能在老師的指導下完成論文，是學生莫大的榮幸與福氣。同時，亦感謝博士候選人資格考核委員們，對學生的勉勵及提供多項寶貴意見，以及博士論文口試期間，口試委員們在百忙之中，不辭辛勞審閱論文並惠賜卓見，讓論文能夠更臻周全，在此亦致上誠摯謝意。

　　博士八年修業期間，歷經了人生中的不同階段，除了工作與學習外，更多了妻子與母親的角色。特別感謝另一半景涵的體恤與疼愛，於我論文撰寫期間，在其繁忙工作之餘，無數個假日得負責照料兩個稚子好讓我專注於論文的完成，在此深深感謝。還要感謝媽媽與婆婆的付出，尤其孩子們多次在緊要關頭遭逢身體不適，媽媽們的悉心照顧讓我能夠完全安心。更感謝上天賜給我兩個可愛、窩心的寶貝智翔與智捷，你們的笑容是媽媽最大的動力，看著你們一路成長，讓媽媽覺得幸福無比。

　　2013 年初，因論文所需前往夏威夷檀香山，期間受到許多熱心友人的協助。在此要萬分感謝夏威夷臺灣人中心的呂華蕙（FLORA）女士，以及王豔女士，感謝兩位長輩在檀香山期間的多方照顧。我因你們雖身在海外，但那份持續關心臺灣、為臺灣奮鬥的心而感動不已，謝謝你們帶領著許多人always for Taiwan，也感謝多位協助我進行資料蒐集、研究課題探討、以及願

意接受訪談的檀香山友人們。尤其感謝在檀香山的 FLORA 阿姨，讓夏威夷的臺灣客家人一起成立了客家協會，能與您共同參與此事，是我畢生的榮幸。

　　最後感謝家人們的包容與支持，以及學校同事的鼓勵。更要感謝敬愛的母校中興大學，給予我寶貴的青春年華，如此豐厚及美好的學習。

呂萍芳　謹誌

2015 年 6 月於臺中中興大學

目

次

圖　次

第一章　緒　論

一、研究動機

　　位於太平洋中心的夏威夷群島，早在兩百多年前，華人就已經抵達，其中有部分是客家人。在歷史發展中，客家人曾歷經多次遷徙，明末清初之際，客家人開始向海外遷移，至清代中葉後，由於內憂外患接踵而至，更造成大批客家人被迫出走，離鄉背井遷往世界各地。經過長時間的發展，如今客家移民幾乎遍及世界各地，包括夏威夷群島及太平洋島嶼等地，都能夠發現客家移民的蹤跡，因此至今可以說有海水的地方，就有客家人。

　　18 世紀末至 19 世紀中葉，零星華人開始前往夏威夷發展，其中或許已有客家移民前往。19 世紀中葉起，華人被大量招募到夏威夷各島的蔗糖園擔任契約勞工（contract laborer），其中廣東中山籍移民約佔七成比例，其餘約三成則是來自廣東各地的客家人，此時抵達的移民多為男性。在大批契約勞工進入夏威夷之時，少數客家婦女亦與丈夫一起前往，共同投入於勞動生產，這些客家移民同其他華人移民般，對早期夏威夷的開發，作出了貢獻。特別的是，客家婦女不同於其他中國婦女，她們不施行纏足，能夠活動自如，因而受到關注。另外，19 世紀下半葉，在西方基督教會積極在廣東客家地區傳教的影響下，更促成大批客家基督徒集體遷往夏威夷，並且長久在此發展，客家移民雖分散在夏威夷及太平洋群島各地，但檀香山（Honolulu）始終是傳統華人移民及客家移民聚集的中心地，在客家移民的努力下，美國華人教會、醫院、學校等組織陸續設立，對日後夏威夷華人社會，均有重大影響。

　　1894 年，客家先賢孫中山以檀香山作為推翻滿清專制政權的起點，在此

創立興中會，展開革命事業，當時受到夏威夷地區華僑們的熱烈支持。夏威夷檀香山不僅與中華民國的誕生有其深厚的歷史淵源，亦是太平洋地區客家文化傳承發揚的重心所在。1918 年由客家人共同組成的「人和會館」（Nin Fo Fui Kon）在檀香山成立，1937 年更名爲「夏威夷崇正會」（Tsung Tsin Association），發展迄今已近百年歷史，這不僅是美國早期出現的客家組織之一，也是強調海外客家團結與提倡海外客家文化延續之重要象徵。〔註1〕

　　如今夏威夷地區的客家後裔，多爲第四、第五代的土生華人，他們幾乎已融入美國主流社會。近百年來，以「夏威夷崇正會」爲中心所代表的客家文化傳統，如今正面臨老一輩客家移民漸次凋零，及客家後裔因深度同化，幾乎已無法使用客語溝通的處境。即使如此，其成員對客家身分與客家文化，仍保有認同。1965 年美國新移民法通過後，華人移入美國的管道較往昔更加廣闊，開始有大量的新移民赴美，此時的華人新移民主要是來自臺灣、香港、中國、東南亞等地。1970 年代後，由於越來越多華人新移民移往夏威夷，他們所發展出許多的各式新僑社團，爲夏威夷傳統華僑社會帶來不同的風貌，也使華人社會更加活絡、多彩。

　　夏威夷群島地處太平洋中心位置，與臺灣之間一直有密切往來，1949 年中國共產黨取得大陸政權後，在共產統治下，嚴禁人民出境，因此鮮少有移民赴美；二次戰後到 1960 年代中期，由於臺灣當局對於民眾出入境的管制十分嚴格，故早期前往美國的移民多以留學生爲主〔註2〕，因此二次大戰後抵達

〔註 1〕 在美國最早見記載的會館是 1851 年在舊金山成立的「三邑會館」和「四邑會館」。隨著 1852 年，香山（即今的中山縣）、東莞和增城縣僑梓組織「陽和會館」。1852 年，新安人又組織「新安會館」（後來改稱「人和會館」，主要成員是客籍人）。因此「舊金山人和總會館」是全美出現最早以客家移民爲主的僑社，後來紐約與檀香山，亦有「人和會館」的設立。但受到 1921 年 9 月 29 日「崇正總會」在香港成立之影響，世界各地客家社團以擁護「香港崇正總會」爲號召，包含美國地區歷史悠久的舊金山、紐約、檀香山等地的客家組織，亦紛紛統一名稱，改以「崇正」爲名。「檀香山崇正會」（即「夏威夷崇正會」）的前身爲「人和會館」，成立於 1918 年冬，1936 年甘華煥擔任主席時，提出以擁護「香港崇正總會」爲號召，倡議改組「人和會館」爲「崇正會」，以期促進客族大團結，1937 年宣告改組成功。另外，「舊金山崇正會」於 1928 年 10 月 10 日正式宣布開幕，1935 年「旅美紐約崇正會」亦正式成立。參見麥禮謙，《從華僑到華人：二十世紀美國華人社會發展史》，香港：三聯書局，1992 年，頁 29 及楊日超主編，《香港崇正總會金禧紀念特刊》，香港：香港崇正總會，1971 年，頁 31〜36。

〔註 2〕 1954 年教育部規定，凡出國者均需通過教育部舉辦的留學考試，1962 年開始

的臺灣移民，應是繼早期主要爲來自中國廣東的華人移民後，最早抵達夏威夷發展的華人新移民。

1965 年以前赴美的臺灣移民，絕大多數是留學生。1980 至 1990 年代，夏威夷的臺灣移民人數才有較明顯的增加。這些新移民當中，一直不乏客家人，有的臺灣客家移民，甚至赴美之初就抵達夏威夷，後來持續在此深耕發展，長達近半世紀。無論是客家移民，或是其他臺灣新移民，有高達九成以上都住在歐胡島的檀香山地區，這些新移民一開始就遠離傳統華埠而居，他們只是偶爾到華埠走動，整體而言，老僑與新僑〔註3〕之間，可說幾乎沒有任何交集，除此之外，來自臺灣的客家移民，亦鮮少參與在當地的傳統客家社團中。臺灣移民漸漸發展出各式新僑社團，或許是因爲臺灣客家移民人數不多且居住分散，因此長久以來檀香山地區一直未有臺灣客家組織或社團的成立；同樣地，客家文化活動，在夏威夷也十分少見。儘管如此，部分旅居夏威夷多年的臺灣客家移民，仍十分關注臺灣客家文化的發展，第一代臺灣客家移民，大多仍具有相當程度的客語溝通能力，雖然對客家的了解程度深淺不一，但他們大致都認同自己是客家人。

綜觀過去的歷史脈絡，了解到客家移民在夏威夷的發展已十分久遠，且有一定程度的影響性，夏威夷的客家文化發展，對太平洋地區，亦具有十分重要的意義。二次戰後來到夏威夷發展的臺灣新移民中，雖然不乏客家人，不過今日以海外地區的美國爲例，臺灣客家文化的延續與發揚，仍偏重在美國本土幾個大城市如紐約、洛杉磯、舊金山等地爲主，未來若能讓臺灣客家組織或社團，穩健持續地在夏威夷發展，對臺灣在海外客家文化的推展上，將具有重要意義。因此本文以「美國夏威夷檀香山臺灣客家移民社群之建構」爲題，探究以下問題：

（一）回顧夏威夷客家移民的發展，概述早期華人移民對夏威夷的開

有免試出國留學的辦法，此辦法大開留學方便之門。中華民國僑務委員會編印，《美國臺灣僑民生活適應及發展之研究——以洛杉磯爲例》，臺北：僑務委員會編印，2006 年，頁 12。

〔註3〕 所謂的「老僑」，主要是包括 19 世紀末進入美國的中國僑民，和二次大戰前移居美國的華人。對於這些早期移民而言，他們多抱著「落葉歸根」的想法，主要以經濟謀生爲目的，每隔一段時間便把積蓄寄回家鄉，等積蓄存夠時，便想辦法返家團聚，因此美國社會對他們而言，是一個暫時居的地方，因而這些早期的美國華人被稱爲所謂的「異鄉孤客」（sojourner）。所謂的「新僑」，多指的是二次大戰後來自中國、香港、臺灣和中南半島的華人。

拓，及客家移民在夏威夷華人社會中扮演的角色，進一步分析今日夏威夷客家文化發展之現況。

（二）透過訪問及實地訪查，除了解目前夏威夷臺灣客家移民的移民原因、生活適應及社會參與情形外，再進一步探究夏威夷的客家組織及客家文化發展之情形，以及對夏威夷臺灣客家移民的客家認識與客家認同，進行更深入的了解。

（三）說明促進夏威夷客家文化的活絡，及增進目前分別以老僑及新僑爲中心所組成的客家社團間之互動交流，對夏威夷臺灣客家社團的穩定成長、美國臺灣客家文化的持續推展，及臺灣積極推動與海外客家群體的聯繫等多方面，具有多方重要意義及影響。

（四）試以離散理論等角度出發，探討夏威夷臺灣客家移民之適應認同情形，並結合實查訪談資料，分析其社群特性。此外，進一步剖析該社群特性在未來臺灣客家文化能於夏威夷多元文化中展現，所能扮演的角色。

近年來，由於客家研究越來越受到國內專家學者的重視，各類型客家相關研究，已有相當豐碩的成果。在這些研究成果的基礎上，學者們提出多項願景和看法，其中不斷強調的一項，便是希望未來客家研究能逐步走向國際化，並呼籲應更多加強對海外客家研究的重視。由於今日客家人廣佈全球，唯有以多元觀點了解每一地的客家文化發展，才能更精準地掌握其族群及文化之變動。

目前海外客家的相關研究，仍偏重以亞洲地區爲主，如東南亞的泰國、新加坡、馬來西亞等地，這些地區的相關客家主題研究，已有諸多成果呈現，包括東南亞客家群體與當地其他族群互動，及客家文化與其他文化接觸後，其同化與轉變的情形如何，及客家文化本身如何調適？這些改變又將如何牽動未來客家文化發展的走勢等，上述學者專家的相關研究成果及理論，可作爲本研究之參考。

近半世紀以來，臺灣移民對美國社會的發展，作出了多方面的貢獻。臺灣新移民中已有多位客家移民在美長期奮鬥打拼，如今在社會、經濟、文化等方面均有相當卓越的成就。身爲客家人，他們積極參與在海外臺灣客家文化的推動，爲延續客家、認同客家而努力，值得肯定。

美國本土不少臺灣客家組織與社團，發展至今已數十餘載，具有相當規

模，不僅扮演凝聚海外臺灣客家人的角色，更推展許多客家活動讓臺灣新移民，甚至其他群體能對臺灣客家文化有所接觸與認識。與美國其他華人集中的城市比較，夏威夷長期以來均未出現任何臺灣客家組織或社團，在客家文化發展十分久遠的夏威夷多元社會中，臺灣客家文化也尚未有一定的能見度。以過去廣東客家移民為中心的傳統客家文化，經過百餘年的發展，移民後代深度同化後，今日客家文化的實質展現與延續，面臨到不少挑戰。因此本研究嘗試以夏威夷臺灣客家社群為研究主體，冀盼將海外客家社群研究推向亞洲以外地區。筆者以為，夏威夷臺灣客家社群之研究，可作為日後美加地區其他城市，臺灣客家發展研究的開端，相信此主題之研究，無論是對美國華人史、夏威夷華人史，或是海外客家研究等面向，均具有多方意義。

二、前人研究成果

　　本研究先以美國華人史為基礎，再結合新移民史及海外客家研究，來進行探討。首先，必須先對美國華人史及夏威夷華人史，有充分掌握。夏威夷華人史屬於美國華人史的一環，尤其是 1898 年美西戰爭（The Spanish-American War, 1898）後，夏威夷被併入美國，實行於美國的各項移民政策一併適用於夏威夷，對夏威夷華人移民造成最直接影響的，就屬 1882 年美國所通過的《排華法案》，這項重大改變使華人移民長期以來，能自由移入夏威夷的時期，就此宣告結束。華人移入夏威夷已有兩百多年歷史，不過往昔對早期美國華人史的研究，仍多聚焦在舊金山、紐約等幾個傳統華埠上，關於夏威夷華人的記述，相對較少。無論是早期的客家移民，或是二次戰後陸續抵達的臺灣客家移民，兩者均受到華人在夏威夷長久發展之影響，因此本論文必須對夏威夷華人史的發展，先有完整認識。

　　美國華人史部分，可參考幾部基本的中文通論著作，如劉伯驥的《美國華僑史》〔註4〕、《美國華僑史續編》〔註5〕、《美國華僑教育》〔註6〕、《美國華僑逸史》〔註7〕等，在劉氏的著作中，主要記述早期華人在美國的各項發展，如華埠發展、各項移民法令、華人社團組織、華僑經濟、華僑文教、宗教活動、社會習俗及華僑對祖國的貢獻等，惟其中有關夏威夷華人的直接相

〔註 4〕　劉伯驥，《美國華僑史》，臺北：黎明文化事業，1984 年。
〔註 5〕　劉伯驥，《美國華僑史續編》，臺北：黎明文化事業公司，1981 年。
〔註 6〕　劉伯驥，《美國華僑教育》，臺北：華僑教育叢書編輯委員會，1957 年。
〔註 7〕　劉伯驥，《美國華僑逸史》，臺北：黎明文化事業公司，1984 年。

關資料，十分有限。過去在美國華僑史著作中，對夏威夷華人的論述不多，已故美國華人史著名研究學者麥禮謙（Him Mark Lai, 1925～2009）就曾多次強調，在研究美國華人史時，不應忽略夏威夷華人部分，因此其著作《從華僑到華人：20世紀美國華人社會發展史》〔註8〕一書中，特別廣泛蒐羅不少有關夏威夷華人過去長期發展的珍貴史料。此書將華人至美國發展，大致區分為早期（20世紀前）、排華時期、以及二次戰後到1980年代三個時期，探討從最早華人移入美國到1980年代前，美國本土與夏威夷華人分別發展之情形，亦對兩地華人發展的差異，進行多方面比較。麥氏亦發表過數篇關於夏威夷華人發展的文章，對夏威夷華人史研究的投入可謂甚深，其研究成果，對本研究在夏威夷華人社會發展的整體掌握上，有相當大的助益。

有關夏威夷華人的發展，中文專著部份，楊磊《夏威夷漫筆》〔註9〕一書，廣泛蒐羅關於夏威夷的各項主題，包括地理、歷史、政治、經濟、文化和軍事等等，不僅能從歷史演變、人口組成變化、各民族特色等章節的介紹中，了解華人的情況，書中更有專章討論中國與夏威夷的關係。在「中國與夏威夷」一章中，簡要敘述最早抵達夏威夷的少數華人，以及19世紀中期，被運送到夏威夷蔗園、農場的大批契約農工，還有早期幾名在夏威夷蔗糖業發展卓越的中國移民。書中還特別收錄了對中國近現代史發展具有影響力的關鍵人物——孫中山與張學良，關於他們在夏威夷的活動及影響，最後亦對傳統檀香山華埠以及當地華人社團的現況，作了簡要描述。此外，中山市華僑歷史學會所編的《中山人在夏威夷》〔註10〕一書，亦可作為了解早期華人在夏威夷發展的重要著作。

吳燕和、王維蘭所合譯的《夏威夷的華裔移民》〔註11〕一書，全書是翻譯自葛力克（Clarence E. Glick, 1924～1993）《過客與居民——夏威夷的華人移民》（*Sojourners and Settlers: Chinese Migrants in Hawaii*）一書，此部中文譯作中，僅摘譯了原著的前四章，內容主要是談到移民法規政策之變遷，中國

〔註8〕 麥禮謙，《從華僑到華人：二十世紀美國華人社會發展史》，香港：三聯書局，1992年。

〔註9〕 楊磊編，《夏威夷漫筆》，黑龍江：黑龍江人民出版社，2003年。

〔註10〕 中山市華僑歷史學會編，《中山人在夏威夷》，廣東：中山市華僑歷史學會，1995年。

〔註11〕 葛力克（Glick, Clarence E.）著，吳燕和、王維蘭譯，《夏威夷的華裔移民》，臺北市：正中書局，1985年。

工人和移民之種類和背景，裡面有許多早期華人的記錄，特別是關於早期華人在夏威夷蔗糖農場工作與生活的點滴情形。

依循以上《夏威夷的華裔移民》一書，進一步取得原著，由 Clarence E. Glick 所撰寫的 *Sojourners and Settlers: Chinese Migrants in Hawaii*〔註12〕，葛氏從 1930 年代到夏威夷大學任教，到 1970 年代退休為止，一直致力於夏威夷華人社會的研究。書中大量採用官方檔案、政府與私人統計、書報雜誌，以及 1930 年代，以英文訪問老移民及華僑領袖的口述資料等。這是一部夏威夷華人的專著，也是一部經過考察的歷史著作，更是一直以來研究夏威夷華人史的重要參考依據。葛氏在書中不僅有詳盡記載，亦提到早期夏威夷華人移民中，有所謂本地（Punti 或 Bendi）與客家（Hakka），這兩大群體的不同，另外還對客家移民有特別的描述，包含他們的來源以及客家移民及客家婦女的獨特之處等。另一位夏威夷華人史家謝廷玉（Tin-Yuke Char, 1905～1990）〔註13〕曾出版過多部有關早期夏威夷華人的著作，如 *Bamboo Path:*

〔註12〕 Clarence E. Glick, *Sojourners and Settlers: Chinese Migrants in Hawaii* (Honolulu: University of Hawaii Press, 1980).

〔註13〕 謝廷玉（Tin-Yuke Char, 1905～1990），1905 年出生於美國夏威夷檀香山。其父謝喜益（Char See Yick）是廣東中山縣人。早年隻身來南洋，在新加坡錫礦公司任職多年。1890 年移民檀香山，在皮科克大酒莊（Peacock & Co.）任職。謝廷玉 1924 年畢業於麥金利中學（McKinley High School）後，曾進入夏威夷大學念書。不久，轉入上海燕京大學求學，1928 年考獲文學士學位。大學畢業後，曾在天津南開中學當歷史教師。1930 年他回到夏威夷大學深造，1932 年考獲碩士學位，論文題目是《The legal restrictions against the Chinese in the English-speaking countries of the Pacific》。從 1930 至 1936 年他曾擔任夏威夷大學講師，主講《中國語言》和《中國歷史》。1934 年至 1935 年間，他曾在哥倫比亞大學進修。1936 年至 1938 年他出任廣東嶺南大學註冊主任兼行政部主任。中日戰爭爆發後，他回到檀香山，從事保險事業，他是夏威夷獲得保險專業資格的首位華人。1952 年他創立了 Continental Insurance Agency of Hawaii 並擔任董事主席。他的保險事業，業務發展迅速，聘用了大批保險從業員，並擁有自己的保險大廈。1969 年退休，退休後，曾到香港中文大學崇基學院擔任學生輔導顧問至 1970 年底。謝廷玉對中國歷史和文化有濃厚的興趣，在燕京大學求學時期，受洪煨蓮教授的影響從事客家人和客家人移民海外的研究。曾在《Honolulu Star-Bulletin》和《Honolulu Advertser》兩份報紙刊登多篇有關客家人移民海外和華人傳統文化的文章。他從商場退休後，積極從事華人移民的研究和著述工作。他的夫人謝陳慧珍（Char Wai Jane Chun）是他從事研究工作和著述的重要合作人。他們曾在 Hawaiian Journal of History 發表多篇有關早期華人移民夏威夷的文章。他們也到夏威夷 8 個島作實地調查、訪問和收集早期華人移民到各島的史蹟，他出版了 3 本有關考艾島、歐

Life and Writings of a Chinese in Hawaii 〔註14〕、*Chinese Historic Sites and Pioneer Families of Rural Oahu* 〔註15〕、*Chinese Historic Sites and Pioneer Families of the island of Hawaii* 〔註16〕、*The Sandalwood Mountains: Readings and Stories of the Early Chinese in Hawaii* 〔註17〕等，謝氏本身爲華人移民第二代，是一名在夏威夷出生、成長的土生華裔，晚年他積極從事華人移民的研究和著述工作，他曾經前往夏威夷 8 個主要島嶼做實地訪查，蒐集不少關於早期華人移民的珍貴史料，在各島的田野訪查資料中，也有部份關於早期客家移民的論述。

由 Arlene Lum 所編著的 *Sailing for the Sun: the Chinese in Hawaii, 1789～1989* 〔註 18〕一書，是一本紀念華人抵達夏威夷兩百年的著作，書中敘述華人最初至夏威夷的過程，還有許多華人後代回憶，早期先祖如何從中國原鄉飄洋過海到夏威夷，從最初在各群島的農場中工作，到決定永久居留，並設法將中國的家眷接到夏威夷來一起發展的歷史。書中最後略談到 1965 年後陸續來到夏威夷的新移民，對傳統華人社會逐漸造成的各項改變，全書蒐羅許多珍貴照片，對華人在夏威夷經營的點滴，有詳實的記載。

關於早期華人在夏威夷發展情形的中文期刊論文部分，以夏威夷中山籍移民的討論是最多的，如高民川〈中山華僑早期出國簡史〉〔註 19〕、梁紅女

胡島和夏威夷島的華人移民史蹟。1971 年夏威夷華人歷史中心（Hawaii Chinese History Centre）成立後，謝廷玉夫婦是該中心的主要贊助人，他們曾爲該中心舉行多次演講會、研討會、家譜座談會和口述歷史資料討論會等並出版了多種刊物。謝廷玉的主要編著有《The Hakka Chinese》（1969），《Chinese proverbs》（1970），《The Sandalwood Mountain》（1975）和《The bamboo path life and writing of a Chinese in Hawaii》（1977）等。他於 1990 年逝世，享年 85 歲。參閱網址：http://www.lib.nus.edu.sg/chz/chineseoverseas/oc_xty.htm，參閱日期：2015 年 2 月 17 日。

〔註 14〕 Tin-Yuke Char, *Bamboo Path: Life and Writings of a Chinese in Hawaii* (Honolulu: Univ. Hawaii Chinese History Center, 1977).

〔註 15〕 Tin-Yuke Char, *Chinese Historic Sites and Pioneer Families of Rural Oahu* (Honolulu: Univ. Hawaii Chinese History Center, 1988).

〔註 16〕 Tin-Yuke Char,; Wai Jane Char, eds., *Chinese Historic Sites and Pioneer Families of the island of Hawaii* (Honolulu: University of Hawaii Press, 1983).

〔註 17〕 Tin-Yuke Char, *The Sandalwood Mountains: Readings and Stories of the Early Chinese in Hawaii* (Honolulu: Univ. Press of Hawaii, 1975).

〔註 18〕 Arlene Lum, ed., *Sailing for the Sun: the Chinese in Hawaii, 1789~1989* (University of Hawaii, Center for Chinese Studies, Three Heroes Publishers, Honolulu, 1988).

〔註 19〕 高民川，〈中山華僑早期出國簡史〉，《中山文史》第 15 輯，1988 年。

〈中國廣東移民抵達夏威夷二百周年及其紀念活動〉〔註 20〕、葉顯恩〈中山縣移民夏威夷的歷史考察〉〔註 21〕、黃華健〈19 世紀在夏威夷的中山華僑〉〔註 22〕及蔡志剛〈中山地區商人在中國和世界各地的商業活動〉〔註 23〕等多篇文章。

　　上述有關夏威夷華人的著作或專文，大多仍偏重在早期的夏威夷華人，尤其以探討中山籍華人為主，其中部分略提到一般的廣府人與客家人兩方之差異。筆者參考以上中英文專著大致僅能瞭解 1965 年以前包含早期客家移民在內的傳統夏威夷華人社會之發展經過。至於二次戰後，夏威夷華人新移民相關的研究相當少，尤其 1990 年代至今，新移民在夏威夷發展的相關專文論述甚少。經多方努力蒐集後發現，二次戰後華人新移民在夏威夷發展的相關文獻資料，幾乎是微乎其微，因此這部分筆者則是先透過報章、期刊、網路資料等其他方式擴大蒐集後，再於 2013 年 1 月前往夏威夷當地進行實查訪問，期間筆者實地參與當地的僑社活動，訪問多位在檀香山居住已久的臺灣移民，亦尋訪到多位來自臺灣的客家移民，與他們進行深入訪談，透過第一手訪談及調查資料，對戰後新移民在夏威夷的發展，始有更充分的了解，亦能補充現有文獻資料的嚴重不足。

　　早期客家移民移往夏威夷發展，與過去客家移民的源流、遷徙、特色，及清代因發生多次嚴重的土客之爭及內憂外患不斷，而導致客家人大量移往海外發展的背景有緊密關聯，因此對客家歷史發展，應先有初步掌握。有關客家源流部分的探討，已有相當多的研究成果，甚至在一些客家議題研究上，如中國歷代客家族群多次大規模遷徙，及近代對所謂「客家」的界定等，均已達成大致共識，關於上述問題，筆者參考幾部客家重要研究著作，如羅香林的《客家研究導論》〔註 24〕、陳運棟的《客家人》〔註 25〕、王東的《客家

〔註 20〕梁紅女，〈中國廣東移民抵達夏威夷二百周年及其紀念活動〉，《嶺南文史》，1992 年第 2 期。

〔註 21〕葉顯恩，〈中山縣移民夏威夷的歷史考察〉，《華僑華人歷史研究》第 3 期，1988 年，頁 8～18。

〔註 22〕黃華健，〈19 世紀在夏威夷的中山華僑〉，中山市華僑歷史學會編，《中山人在夏威夷》，1995 年，頁 3～5。

〔註 23〕蔡志剛，〈中山地區商人在中國和世界各地的商業活動〉，《近代中國與世界》第 2 卷，頁 569～583。

〔註 24〕羅香林，《客家研究導論》，臺北：南天出版社，1992 年。

〔註 25〕陳運棟，《客家人》，臺北：東門出版社，1978 年初版。

學導論》〔註26〕等書，綜合歸納上述著作的研究成果，適時引用於本論文的相關章節中。

　　早期客家移民雖然在夏威夷華人中佔有一定的比例，但目前並無蒐集到有關的專文或專著的研究，對夏威夷早期客家人的描寫，僅能參考夏威夷華人史中的部分撰述。另外，夏威夷客家移民亦屬於客家海外發展的主題，一些海外客家發展的專著，也值得作為參考，如羅英祥的《飄洋過海的客家人》〔註27〕和湯錦台的《千年客家》〔註28〕等著作。舉例來說，湯錦台他以一位長期住在國外的臺灣客家人身分，採用通俗筆法寫出一部綜合介紹客家歷史與現況的著作，將客家介紹給一般讀者，不僅回顧客家民系的源流與發展，也提出有別於一般學者對客家形成獨到看法〔註29〕，《千年客家》特別著重在明代以後的中西接觸過程中，海上貿易對客家地區的經濟衝擊，及其對客家族群形成之影響。在該書中有一小節簡述了早期夏威夷客家移民的發展，透過描述19世紀這些客家華工，和成千上萬前往海外，尋找生活出路的自由客家移民在海外的發展，以及客家男子與土著婦女所生混血客家華人後代，展現今日全球客家人的面貌，該書作者在文末還對客家未來發展的思考提出新見解，亦對本研究有啟發作用。

　　早期夏威夷的客家移民有相當高比例是基督徒，這與清末基督教巴色會（Basel Evangelical Missionary Society）積極在廣東各地的客家地區傳教有關，不少專文曾探討清代基督教巴色會在廣東客家地區的傳教。許多客家人在前往夏威夷前，已受洗為基督徒，1879年在西方傳教士的指導下，及幾名客家移民共同努力下，在夏威夷始成立第一所華人教會，為華人服務。在此背景下，西方傳教士更進一步了解到客家人與本地人的差異，吸引他們開始著手研究客家，留下許多珍貴的資料。相關研究可參考：左芙蓉的〈基督教在近代客家人中間的傳播與影響〉〔註30〕和范純（Carol C. Fan）的 *A Century of Chinese Christians: A Case Study on Cultural Integration in Hawaii*

〔註26〕　王東，《客家學導論》，臺北：南天書局，1998年。

〔註27〕　羅英祥，《飄洋過海的客家人》，開封：河南大學出版社，2003年。

〔註28〕　湯錦台，《千年客家》，臺北：如果出版社，2010年。

〔註29〕　例如許多學者認為客家是在宋朝時期就已經形成，而作者則以為客家人稱呼的出現，是在清初粵東客民向珠江三角洲方向遷徙以後，到鴉片戰爭後始在西洋人傳教士當中流傳。湯錦台，《千年客家》，頁9。

〔註30〕　左芙蓉，〈基督教在近代客家人中間的傳播與影響〉，《北京聯合大學學報（人文社會科學版）》，2004年9月第2卷第3期（總第5期），頁78～83。

〔註31〕；及 *A Century of Chinese Christian churches in Hawaii, 1879～1980*
〔註32〕等文章這些早期教會的成立，以及後來中文學校等組織的設立，都與
夏威夷的客家移民，有密切關聯。

在研究客家時，客家婦女的獨特之處經常被提及與關注，尤其是詹姆斯‧
米契納（James Michener, 1907～1997）的著名小說《夏威夷》（*Hawaii*）〔註33〕
一書中對客家婦女，特別讚譽有加。米契納在其著作中，寫到一位名叫魏經
的美國醫生，當時想要到廣東雇用三百名華工，計畫將他們送往夏威夷協助
甘蔗種植，這名美國醫生堅持要雇用半數客家人，原因是他認爲客家人能努
力勤奮工作，在書中有一段對客家婦女的特別描述：「魏醫生偶然注意到高地
上的婦女都沒有裹腳，還說也許有一天夏威夷會需要中國婦女，不過一定要
客家人去，她們看起來又強健又聰明。後來魏醫生在無意中招募了一名叫夏
美玉的客家婦女，她到夏威夷當女傭，每日僅有 5 角美金的工資，但她並不
計較工資多寡，每天自清晨 5 點忙到晚上 9 點，不停辛勤地工作著，一週 7
天，天天如此。後來魏強太太被夏美玉的辛勤所感動，願意改付她每日一元
美金工資。」〔註34〕這段描述不僅讚許傳統客家人勤懇打拼、紮實奮鬥的特
質，亦對這位傳統客家婦女的表現，給予高度肯定。往後許多客家研究，特
別是在客家婦女研究，米契納於《夏威夷》一書中的相關描述，成爲經常被
引用的重要資料之一。

有關客家人在夏威夷的研究，僅有幾篇文章曾做過嘗試性的探討，例如
馮秀珍〈客家人與夏威夷的拓荒〉〔註35〕和〈客屬華人華僑與夏威夷的開發

〔註31〕 Carol C. Fan, "A Century of Chinese Christians: A Case Study on Cultural Integration in Hawaii." *Chinese America: History & Perspectives-The Journal of the Chinese Historical Society of America* (San Francisco: Chinese Historical Society of America with UCLA Asian American Studies Center, 2010), pp. 87~93.

〔註32〕 Carol C. Fan, "A Century of Chinese Christian churches in Hawaii, 1879~1980.", Paper presented in the conference, *Lucky Come Hawaii: The Chinese in Hawaii*, July 18~21, 1988 East-West Center Honolulu, pp. 87~93.

〔註33〕 米契納生於紐約，二戰時加入美國海軍，在所羅門群島作戰。1947 年，他根據自己的參戰經歷創作了《南太平洋的故事》，榮獲普利茲獎，1949 年定居夏威夷。他被譽爲美國 20 世紀歷史的編年者，一生出版近五十部著作，已被譯爲多國語言。其代表作爲 1959 年出版的《夏威夷》一書，是一部獨樹一格的歷史小說，從夏威夷的地質形成，一直寫到夏威夷歸併美國。

〔註34〕 引自陳運棟，〈有關客家婦女的言論〉，《客家人》，臺北：東門出版社，1978 年，頁 17。

〔註35〕 馮秀珍，〈客家人與夏威夷的拓荒〉，2005 年世界客屬懇親大會國際學術研討

建設〉〔註36〕，還有費鄧洪摘譯〈清末廣東客家人在夏威夷的社會狀況點滴〉〔註37〕。以上諸篇文章僅就早期華人在夏威夷的發展，探析是否已有客家移民參與其中，不過礙於資料有限，上述研究也僅能臆測客家或許有參與其中，無法確切映證。其他有關夏威夷客家婦女的研究，像是高木・羅納德（Ronald Toshiyuki Takaki, 1939～2009）著，吳藜編譯〈夏威夷的早期移民與美國大陸的華人和日本婦女〉〔註38〕一文，指出由於客家婦女沒有纏腳，因此有助於她們順利移民到夏威夷做工。還有安國樓〈早期夏威夷客家婦女的"黃金"夢——《夏威夷》對中國客家人的描述〉〔註39〕，及譚元亨〈世界文學視野中的客家文學——兼論Ａ・米切納的《夏威夷》〉〔註40〕等文，著重於探討傳統客家女性的特質。

　　綜合以上資料，有關早期客家人在夏威夷發展之情形，尚無全面完整的探討。因此本文將先了解清末客家大舉遷往海外之歷史背景；其次，是有關基督教對客家的影響，及客家人移往夏威夷後，如何繼續發揮客家精神立足於夏威夷，完整呈現於論文中。

　　二次戰後抵達夏威夷的臺灣客家移民，目前同樣無法搜尋到相關研究結果，這是本研究力求突破的部分。戰後臺灣新移民在美國的發展，已有部份成果，不過有關美國臺灣客家移民及其發展部分，資料仍十分零星且分散。海外臺灣客家移民發展情形，目前可參考由行政院客家委員會〔註41〕所出版

　　　　會論文。

〔註36〕 馮秀珍，〈客屬華人華僑與夏威夷的開發建設〉，《客家風情》，2005年第3期，頁27～32。

〔註37〕 費鄧洪摘譯，〈清末廣東客家人在夏威夷的社會狀況點滴〉，《嶺南文史》，1992年第2期，頁56。

〔註38〕 高木・羅納德著，吳藜編譯，〈夏威夷的早期移民與美國大陸的華人和日本婦女〉，《八桂僑刊》，1993年第3期，頁53～58。

〔註39〕 安國樓，〈早期夏威夷客家婦女的"黃金"夢——《夏威夷》對中國客家人的描述〉，《中國圖書評論》，2007年第5期，頁22～26。

〔註40〕 譚元亨，〈世界文學視野中的客家文學——兼論Ａ・米切納的《夏威夷》，《嘉應大學學報》，1999年第2期，頁56。

〔註41〕 「客家委員會」係配合行政院組織再造，自民國101年1月1日起改制的新機關，其前身爲90年6月14日成立的「行政院客家委員會」，是全球唯一的中央級客家事務專責主管機關，以振興客家語言文化爲使命，以建構快樂、自信、有尊嚴的客家認同爲信念，以成爲全球客家文化研究與交流中心爲任務，以「牽成客家、繁榮客庄」爲目標，以「榮耀客家、藏富客庄」爲願景。參閱網址：http://www.hakka.gov.tw/mp1.html，參閱日期：2015年2月17日。

的兩本海外客家系列重要叢書——《深耕躍動：北美洲 22 個客家精采人生》
〔註42〕及《客勤遠拓：中南美洲 20 位客家人足跡》〔註43〕，書中敘述分佈於
美洲各地，多名來自臺灣的海外客家人奮鬥有成的故事，及他們積極在海外
持續推動臺灣客家文化傳承與發揚的事蹟。從這些成就卓越的臺灣客家移民
辛苦的歷程中，除了看到海外客家移民如何發揮客家刻苦自立、勇於挑戰的
硬頸精神，立足於海外並開創出輝煌事業與成就外，更能一窺 1980 年以來，
強調客家精神與文化如何在海外延續與傳承。從多名臺灣客家移民的打拼故
事中很容易發現，第一代臺灣客家移民對客家精神十分重視，並且強調客家
精神實為客家文化的精隨及核心。

　　另外，筆者再透過美國各地的臺灣客家組織的網站，試圖多方了解戰後
臺灣客家移民在海外發展的種種，這些網站上有不少客家移民的海外奮鬥故
事，及關切臺灣客家發展議題的抒發。由臺灣客家電視臺製作的關於海外客
家的節目、專輯，或是客家雜誌對海外客家現況發展等相關報導，亦可作為
參考，以期對海外的臺灣客家移民有更多認識。筆者進而在這些基礎上，於
2013 年初前往夏威夷，訪問到多位來自臺灣的客家移民，深入了解他們對臺
灣客家文化發展的各項看法。

　　有關夏威夷臺灣客家移民社會之探析，需先從戰後美國臺灣新移民的相
關研究中，找出適當資料，目前這類研究大多偏重在美國幾個臺灣移民較集
中的地區，如洛杉磯、紐約、舊金山等地，透過這些論文，能對 1965 年以來
的臺灣新移民社會，有較全面的掌握，甚至對新移民在夏威夷發展情況之了
解，亦能有所助益。至於夏威夷臺灣客家移民的生活適應、社會參與部分，
筆者主要參考僑委會出版的《美國臺灣僑民生活適應及發展之研究——以洛
杉磯為例》〔註44〕一書中的研究架構與模式，再針對研究主題設計問卷，前
往檀香山地區，對臺灣客家移民進行訪談，並將訪談內容整理、分析，應用
於研究中。

〔註42〕　行政院客家委員會，《深耕躍動：北美洲 22 個客家精采人生》，臺北：行政院
　　　　　客家委員會，2010 年。
〔註43〕　行政院客家委員會，《客勤遠拓：中南美洲 20 位客家人足跡》，臺北：行政院
　　　　　客家委員會，2011 年。
〔註44〕　中華民國僑務委員會編印，《美國臺灣僑民生活適應及發展之研究——以洛杉
　　　　　磯為例》，臺北：僑務委員會編印，2006 年。

三、研究主題與理論說明

根據《客家基本法》定義的客家人係指：「具有客家血緣或客家淵源，且自我認同為客家人者。」〔註45〕參考上述界定後，筆者將本研究中「臺灣客家移民」一詞，簡要說明如下：本研究受訪之臺灣客家移民，係指本身來自臺灣，或原本具有中華民國國籍，移民至美國，其父母、祖父母、外祖父母任一方具有客家血統者，主要於1945年二次大戰後，前往美國或夏威夷，目前於夏威夷居住或發展者屬之。本論文研究範圍以夏威夷檀香山為中心，主要是檀香山位於歐胡島，該島為夏威夷八大主要島嶼中的第三大島，首府檀香山市位於該島東南端，一直以來便是夏威夷的政治、經濟中心所在，夏威夷州全境90%以上的人口，無論是哪一族群，均高度集中於歐胡島，包含臺灣移民在內的所有華人移民，有九成以上亦以歐胡島檀香山市為主要居住區，目前歐胡島的臺灣移民，並沒有形成一明顯集中的據點，本研究所訪問到的臺灣客家移民，與大部分在美國的臺灣移民相同，主要居住區大多分佈於檀香山市區及檀香山郡近郊為主。

受訪對象的篩選及決定，筆者在前往夏威夷前，先透過社群網站與「夏威夷臺灣人中心」（Hawaii Taiwanese Center）負責人呂華蕙（Flora Lu）女士密切聯繫，呂女士旅居夏威夷已逾三十餘載，在夏威夷多元社會中，積極透過各項活動的參與將臺灣文化多元性展現在夏威夷社會中，在夏威夷僑界是一相當活躍的人物，對推動各項僑務事務，向來熱心積極。出發前，筆者向呂女士說明研究主題所需的客家移民，希望夏威夷臺灣人中心能協助尋找受訪者。由於夏威夷一直以來並無臺灣客家組織的成立，呂女士僅能從其交友圈開始多方詢問，透過多位友人協助，陸續找到幾位臺灣客家移民，再透過多位僑民所提供的其他臺灣客家人，受訪人數才得以逐一增加，漸漸地擴散開來。

由於筆者行前並無預先設定訪問目標，因此受訪者背景互異，逐一尋訪

〔註45〕《客家基本法》第2條說明：本法用詞，定義如下：一、客家人：指具有客家血緣或客家淵源，且自我認同為客家人者。二、客家族群：指客家人所組成之群體。三、客語：指臺灣通行之四縣、海陸、大埔、饒平、詔安等客家腔調，及獨立保存於各地區之習慣用語或因加入現代語彙而呈現之各種客家腔調。四、客家人口：指行政院客家委員會就客家人所為之人口調查統計結果。五、客家事務：指與客家族群有關之公共事務。參閱網址：http://www.hakka.gov.tw/mp1.html，參閱日期：2015年2月17日。

到的受訪對象，累積下來以女性偏多，筆者當時亦盼望能找到更多的男性客家移民，但仍無法找尋到合適的受訪者，在此特別說明。另外針對每位受訪者，採以深入訪談的方式進行了解，以彌補樣本數不足的缺失，因此研究結果對於瞭解夏威夷臺灣客家移民特性及社群的建立，仍具有一定的參考價值。二次大戰後，美國華人心態逐漸由過去的「落葉歸根」，轉變到「落地生根」，往昔在研究早期移民時，多從「推拉理論」（push-pull theory）的角度去探討，著重在移出國與移居國之間的差異，以及移民的文化適應及同化過程。但在二次大戰後，美國華人普遍希望能在美國「落地生根」，漸漸融入於主流社會，與過去以男性為主的華工移民在美國賺取足夠積蓄後，極度渴望返回家鄉的「落葉歸根」想法迥異。尤其在 1960 年代以後的跨國移民，受到全球化的影響，與早先的移民已有多方面顯著的差異，因此研究國際移民的學者，越來越轉向以「離散」（diaspora）的觀點，來解釋全球化各類型跨國移民之現象，以及洞悉特定移民群體與其他族群外社會間的互動關聯。

　　字首大寫的「離散」，即 Diaspora，原意是專指因歷史事件而分散到世界各地的猶太族群，二次大戰後「離散」開始被擴大應用在猶太族群以外的移民群體，如非裔美國人、海外華人以及因為持續戰亂而流離失所的亞美尼亞人等，甚至於印度人、海地人、加泰羅尼亞人、墨西哥人、古巴人、巴勒斯坦等族群。簡言之，diaspora 指寓居異域，卻又與故鄉保持密切聯繫的各類族群。1970、1980 年代後，在受到後現代主義、跨國主義、後殖民主義等思潮影響下，「離散」又被導引到另一新的論述上，例如跨國主義被應用於解釋移民的適應型態，並且認為跨國主義與同化之間有相當的連結。人類學者在1990 年代開始更強調，應站在移居地的情境來重新分析海外華人，主張「將海外華人放在當地文化脈絡下來進行研究」，而不是繼續困於在海外找原鄉特質的思路上，但也由於過去的「海外」概念（相對於原鄉的「內地」），對於已經離散甚久且已同化於當地，但仍保有其族群特性，因而人類學者建議從社群（community，或譯為共同體）概念來重新探討認同與邊界，並注意社群與更大社會群體之間的環扣關係。

　　1990 年代後，「離散」概念繼續擴大及轉變，越來越多學者主張，當以「離散」觀點來研究某一群體時，應重視其內部差異性，其主要論點有三：一是主張應拋棄將離散群體視為一「整體」或「中心」的研究模式；二是認為離散群體對故土文化的認同與想像，並非一定是一「單一」或「實體」的

存在方式；三是離散群體在文化適應及自我認同，有時是處在一個具有自主性及變動性的過程中；另外，美國杜魯門大學歷史系教授，亦為美國華人及亞裔主要研究學者之一的令狐萍教授，提出「文化社區理論」（Coultural Community Theory）的概念，將之應用於因中華文化凝聚力而產生的社區，不僅有助於理解華人社區並不局限於傳統的唐人街理念，更可以擴大應用在任何沒有地理聚集地的少數族裔社區，以及適用於少數族裔在經濟與就業方面雖已同化於主流社會，但在文化上仍保持其族群特性的社區。因此本論文主要採用 1990 年代後「離散」理論所發展出，強調從去中心等觀點出發，輔以文化社區理論的觀點作補充，以夏威夷臺灣客家移民為實例，討論其文化適應及身分認同等問題。

四、章節架構

本研究共計分為 7 章 12 節，各章節內容簡要說明如下：

第一章為緒論，敘述研究動機與目的，提出問題意識和說明研究主題與方法，並探討前人相關研究成果，其次說明論文應用的理論與方法，最後簡要說明論文章節架構安排及預期研究成果。此外從目前海外客家文化發展、夏威夷華人研究、夏威夷客家移民等主題，做文獻回顧與評論，並提出在過去的研究基礎之上，本研究力求突破之處。

第二章為美國夏威夷客家之移民背景。本章以 1965 年為分界，先描述 1965 年以前，從最初華人開始移入夏威夷，到華人社會的逐漸發展，主要以討論早期客家移民的移入對傳統夏威夷華人社會的影響；其次再介紹 1965 年以後包含臺灣客家移民在內的新移民移入後，對傳統華人社會的影響。除了分述各時期的客家移民背景，並就各時期的變遷作探討，以及客家移民如何參與在當時的華人社會中。

第三章為夏威夷臺灣客家移民社會。筆者分為三節作探討。首先探討受訪檀香山臺灣客家移民之移民背景，包含赴美動機、移民年代、年齡結構、學歷與職業、性別及婚姻狀況等。其次是探討臺灣客家移民在當地的種種生活適應，大致從語言問題、經濟狀況與住房擁有、飲食習慣與娛樂休閒，及種族歧視的經驗等方面進行了解；最後是社會參與情形，從其族群互動、社團參與和交友圈，以及對當地節慶活動的參與進行探究，各節中針對受訪資料，再一一作分析探討。

　　第四章為探討夏威夷客家文化發展。第一節探討客家組織與客家活動之發展情形，第二節討論受訪臺灣客家移民對客家特色與客家認同的看法。關於客家組織與客家活動部分，主要利用筆者在夏威夷實地訪問取得的口訪資料，輔以書籍、報刊、網路等資料呈現，分成傳統客家組織的發展現況，與新移民客家組織之發展分別作討論，另特別就檀香山臺灣客家文化相關活動，進行了解；客家特色與客家認同部分，主要是透過問卷方式，訪問夏威夷的臺灣客家移民，針對目前臺灣客家事務、客家印象，及對客家發展與期許等主題自由表達其意見，並從訪談資料中彙整分析。

　　第五章為夏威夷臺灣客家精神之展現。本章分為三個小節作探討，筆者首先參酌過去對客家精神的諸多探討，歸納出普遍受到認同的客家精神，即客家人無論到海外各地，均展現出「不服輸的硬頸精神」、「勤勉簡樸的生活態度」，以及「重視教育與家庭」這三項特質。進而，從以上三點特質為出發，輔以移民的訪談資料，包含訪談者自述過去客家成長背景，及多年的海外生活經驗，分析夏威夷臺灣客家移民如何展現這些客家精神。

　　第六章為移民理論與實例印證。主要從離散觀點來探討，洞悉文化適應及自我認同，以增進對夏威夷臺灣客家移民社群特質的了解。此外再透過與其他理論的應用與實際的結合後，進一步討論其侷限性及適切性。

　　第七章結論，為總結先前各章的討論與分析，並提出綜合性的論述，並說明此主題的延展性及未來海外客家研究可繼續發展的部分。

　　2013 年初，筆者停留在檀香山期間，正值傳統華人農曆新年將近，各類華人團體在華埠舉行各式慶祝，筆者感受十分特別。此外，筆者在檀香山期間，透過當地友人的協助與帶領，前往華埠內的華人歷史博物館參觀，並且至州立圖書館及夏威夷檔案館蒐集不少早期華人珍貴史料及照片，更多次前往華埠，拍下華埠的現貌，該趟夏威夷之行，可謂收穫滿滿。

　　最後，透過本研究，筆者期盼達到幾項預期成果：首先是從歷史角度探討客家移民前往夏威夷發展的歷程，及其對夏威夷華人社會，乃至於整個夏威夷社會做出的影響。其次，亦為更重要的是，期盼凝聚臺灣客家移民社群，日後能有更豐富的臺灣客家文化，在夏威夷多元社會中展現，讓臺灣客家文化，在美國本土以外及太平洋地區，有更進一步的跨越。

第二章　美國夏威夷客家之移民背景

　　1778 年英國航海家庫克船長（Captain James Cook, 1728～1779）發現夏威夷群島；1795 年，卡米哈米哈酋長（Kamehameha the Great, 1758～1819，即後來的卡米哈米哈大帝）征服了大部分島嶼和其它部落，並且建立夏威夷王國（The Kingdom of Hawaii, 1795～1894）。1898 年美西戰爭（The Spanish-American War, 1898）後，夏威夷與美國合併，很快地，夏威夷在 1900 年被納入美國領土；1959 年，夏威夷正式成爲美國的第 50 州。從地理上看，夏威夷位於太平洋中部，大小群島屬於火山形成；就位置而言，是美國通往亞洲太平洋地區的必經通道。從 18 世紀末，庫克船長發現夏威夷後不久，夏威夷就成爲中國華南地區與美國西北海岸間貿易船隻的往來要地。當時夏威夷大量出產的檀香木，便經由貿易運送到中國，且廣受中國人喜愛。對中國人而言，檀香木就是夏威夷的代表，由於中國與夏威夷之間很早就有密切的貿易往來，因此在 18 世紀末的人口統計表裡，就已記錄了 1 名中國人，此人很可能是因爲跳船而滯留在當地。

　　19 世紀上半葉，開始有零星華人前往夏威夷工作，他們主要是到當地嘗試製糖及從事貿易，其中部分華人便與夏威夷土著婦女通婚，並長久留下來發展。19 世紀中葉開始，由於當地土著勞動力缺乏，爲了因應夏威夷蔗糖業蓬勃發展之需要，夏威夷政府遂於 1852 年引進首批契約華工，到夏威夷各島的蔗園工作，這時夏威夷華人與過往相比，才有較明顯的人數成長。1875 年到 1898 年之際，大批契約華工抵達，移民中男性青年佔 95% 以上，其中有少數華人婦女與孩童隨行，這些婦女不施行纏腳，她們幾乎都是來自廣東各地

的客家人。累計到 1898 年夏威夷被併入美國爲止，共計約有 46,000 名華人抵達夏威夷。[註1] 1898 年以後，由於美國《排華法案》在此實施，華人自由移民夏威夷的時期，也就此結束。

大多數契約華工在 5 年契約期滿後，便從鄉村轉往城市發展，尤其是位於歐胡島的檀香山，因華人聚集趨勢明顯，於是在 19 中葉檀香山華埠便已大致形成。華埠內發展出許多由華人移民組成的各式組織，較著名的如：1884 年成立的「檀香山中華總會館」（United Chinese Society of Hawaii），及 1911 年「中華商會」（Chinese Merchants' Association）等組織的設立，這些組織在早期夏威夷華人社會中，扮演重要的角色。值得注意的是，許多早期前往夏威夷的客家移民，在他們抵達前有爲數不少已受洗爲基督徒。1879 年夏威夷第一所華人教會，便是由一批客家移民所倡導而設立的，華人教會不僅成爲許多華人活動的中心，更與後來的中文學校、華人醫院等組織的設立有密切關聯。甚至，華人教會也扮演華人移民與當地白人互動，以及華人逐步邁向主流社會的重要橋樑，當時客家婦女亦參與其中，共同做出貢獻。1918 年，旅居檀香山的客家移民，組織了「人和會館」（Nyin Fo Fui Kon），這是夏威夷歷史最悠久的客家組織代表——「夏威夷崇正會」（Tsung Tsin Associtaion）的前身，該組織標榜團結客家、延續客家傳統，及提倡客家精神與文化，發展迄今已近百年。

19 世紀末留在夏威夷的華人，不僅參與在夏威夷各方面的建設，並且成爲夏威夷多元族群社會中的一份子。20 世紀後，隨著土生華裔人數增多，加上普遍接受到更高的教育，華人逐漸轉向各專業領域發展。相較於美國其他地區，夏威夷族群多元，種族歧視情況較不明顯，族裔通婚的情形一直是相當普遍，因此有助於華人融入於主流社會。二次大戰後夏威夷華人以更積極的方式加速融入，相較於美國本土，夏威夷華人在同時期政治、經濟、教育、社會等多方面，均有傑出的表現。

1943 年美國宣佈撤銷《排華法案》，之後移民法案幾經修改，對華人移民不再採取嚴格限制入境的態度。至 1965 年新移民法通過後，華人移入美國的管道更爲廣闊，新移民開始大量移入，此時的華人新移民，主要來自臺灣、香港、中國、東南亞等地區，戰後臺灣新移民中，亦有部分爲客家人，臺灣

[註1] Clarence E. Glick, *Sojourners and Settlers: Chinese Migrants in Hawaii* (Honolulu:Hawaii Chinese History Center and The University Press of Hawaii, 1980), p. 23.

客家移民與過去主要是來自中國廣東的早期客家移民，是爲不同群體，兩者之間幾乎無任何交集。1970 年代以後，在夏威夷華人新移民人數不斷增長之情形下，順勢發展出各式的新僑社團，不僅爲傳統夏威夷華人社會增添了另一番風貌，亦使得原本的華人社會更加活絡。

　　本章擬以 1965 年新移民法通過爲一分界，探討早期的華人移民社會，與 1965 年後新移民移入對傳統夏威夷華人社會所造成的種種改變，兼論客家移民在各個時期的華人社會中所扮演的角色。

第一節　1965 年新移民法修正前

　　華人移民夏威夷至今，已逾兩百年。大致可以 1965 年美國新移民法通過爲分界，1965 年以前的夏威夷華人，幾乎都來自於中國，且以沿海的廣東地區爲主；新移民法通過後，華人新移民自臺灣、香港、中國、中南半島、東南亞等地，開始不斷移入。早期夏威夷的華人移民，以廣東中山籍華人佔最大宗，約七成比例，來自廣東各地的客家人居次，約佔了三成左右。19 世紀中期以前，華人移民移入十分稀少，主要是零星到此地發展製糖業，或是從事貿易買賣的商人。1850 年以後，由於夏威夷蔗糖業開始蓬勃發展，當地土著勞動力不足，夏威夷政府遂於 1852 年起，自中國引進了第一批契約華工，將他們安排到夏威夷各島的蔗園工作，1875 年至 1898 年期間，大量契約華工被輸往夏威夷，直到 1898 年夏威夷併入美國後，1882 年美國所公佈的《排華法案》同樣適用在此後，華人移民才開始明顯受到限制。

　　早期在夏威夷各島蔗園工作的契約華工，大多是簽訂 5 年契約，期滿後有多數華人選擇留下並且轉往城市發展，還有部分華工選擇歸返中國家鄉。華人移民多集中在夏威夷首府檀香山，約 1860 年左右檀香山華埠已然成型，華埠內有各式商店，華人組織與社團也相繼集中在此發展。然而，檀香山華埠在一開始就並非純粹由華人組成，也有其他族裔混雜居於其中。許多後來留在夏威夷發展的華人，他們會想方設法將在中國的妻小接到夏威夷團聚；另外部分華人與土著婦女通婚，因此混血華人第二代的情形相當普遍。隨著混血華人與土生華人第二代的出生，華人人數逐漸成長，再加上夏威夷政府向來十分鼓勵華人婦女移入，逐漸使傳統華埠內男多女少的失衡情形稍有緩和。

　　18 世紀末至 1965 年，期間長達一百餘年，夏威夷華人移入主要受到兩項重大政策影響：一為 1852 年夏威夷政府首度引進契約華工，此為華人以一定人數及規模移往夏威夷的開始，在此之前，華人僅為零星移入；1852 年以後契約華工移入後，華人人數較以往，有顯著地增加。二是 1898 年夏威夷正式被併入美國領土，華人自由移民夏威夷的時期就此結束，造成往後華人人數成長趨緩。因此接下來在本節中，筆者將 1965 年以前夏威夷華人的發展分成三個時期：即 1852 年以前、1852 年至 1898 年，及 1898 年至 1965 年，分別就各時期華人的移入情形與成就、客家移民在其中的參與和發展，及華人社會的特色與演變等課題，作一分析探討。

一、1852 年以前

　　夏威夷群島，主要是由 8 大島嶼〔註2〕和 124 個小島所組成。（如圖 2-1-1）1778 年英國航海家庫克船長發現夏威夷群島後不久，西方商船便經常在太平洋上航行，1795 年卡米哈米哈酋長征服了大部分島嶼和其它部落，並且建立夏威夷王國。18 世紀末西方與中國澳門之間，已有密切的貿易往來，西方商人經常將美洲西北部的皮毛、人蔘等商品運往中國，用以換取中國的茶葉、瓷器、絲綢等貨物，於是夏威夷群島很自然地發展成為東西方往來商船，補充食品、飲水和航行休息的中途站〔註3〕，亦順勢成為中美貿易船隻來往的重地。1788 年，英國船長米爾斯（John Mears, 1756～1890）航行抵達中國廣州後，他購買了兩艘船，分別命名為弗利斯號（Felice）和依非珍尼號（Tphigenia），米爾斯本人擔任弗利斯號的船長，航行返回夏威夷。此船載有 50 多名中國船員〔註4〕，弗利斯號在 1788 年 10 月 18 日～10 月 26 日期間停靠在夏威夷；另一艘依非珍尼號，則是在 1788 年 12 月 6 日～1789 年 3 月 15 日，在夏威夷停留將近四個月，船上同樣有多名中國船員。〔註5〕

〔註2〕　夏威夷的八大島由東到西依序是夏威夷島（Hawaii，亦稱大島）、茂宜島（Maui，或譯為茂伊島）、卡胡拉威島（Kahoolawe，或譯為卡霍奧拉威島）、拉奈島（Lanai）、莫洛凱島（Molokai）、歐胡島（Oahu，或譯為歐阿胡島）、考艾島（Kauai，或譯為可愛島）、你好島（Niihau，或譯為尼豪島）。

〔註3〕　馬克生，〈夏威夷話古〉，《海內與海外》，北京市：中華全國歸國華僑聯合會，1998 年第 1 期，頁 42。

〔註4〕　Eleanor C. Nordyke and Richard K. C. Lee, "The Chinese in Hawaii: A Historical and Demographic Perspective." *The Hawaii Journal of History* Vol. 23 (1989), p. 197.

〔註5〕　楊磊，《夏威夷漫筆》，黑龍江：黑龍江人民出版社，2003 年，頁 235～236。

<table>
<tr><td align="center">圖 2-1-1
夏威夷群島八大主要島嶼圖</td><td align="center">圖 2-1-2
夏威夷州首府檀香山位置圖</td></tr>
</table>

資料來源：http://kids.britannica.com/。　　　　資料來源：http://kids.britannica.com/。
參閱日期：2014 年 10 月 23 日。　　　　　參閱日期：2014 年 10 月 23 日。

　　1794 年，加拿大籍船長溫哥華（George Vancouver, 1757～1798）第 5 次航行到夏威夷時，在他的航行日記中曾記載，夏威夷國王卡米哈米哈一世（Kamehameha I, 1756～1819）的隨從人員中有中國人；而且在 1794 年的人口統計表中，也記錄了 1 名中國人，此人可能是因貿易關係，跳船滯留於當地。〔註 6〕究竟中國人最早是何時到夏威夷，至今已難以考究。但由於 1788 年兩艘航行至夏威夷的船隻，載有多名中國船員，因此一般便以 1789 年作為華人最早移民夏威夷的開始。〔註 7〕1939 年時夏威夷華人曾舉行紀念活動，慶祝華人抵達夏威夷 150 週年。1989 年夏威夷華人更是舉行了延續 1 年之久的慶祝活動，以紀念華人到達夏威夷 200 週年。〔註 8〕

　　夏威夷首府檀香山〔註 9〕，或音譯為火奴魯魯（Honolulu）（如圖 2-1-2），在夏威夷語中，意為「屏蔽之灣」或是「屏蔽之地」，檀香山一詞是因島上盛產檀香木而得名。早在 1792 年當時就有外國貿易商人跟夏威夷土著酋長討價還價，以便購買檀香木轉賣到中國。檀香木廣受中國人喜愛，例如以檀香做成

〔註 6〕卡米哈米哈一世（Kamehameha I），即卡米哈米哈大帝（Kamehameha the Great）。
〔註 7〕資料來源：周南京主編，《華僑華人百科全書》，地平線月刊，2005 年第 7 期。參閱網址：http://www.skylinemonthly.com/，參閱日期：2014 年 10 月 7 日。
〔註 8〕楊磊，《夏威夷漫筆》，頁 236。
〔註 9〕檀香山，音譯為 Tan Heung Shan，意譯為 Sandalwood Mountains。

檀香扇,或是在廟宇裡點燃的檀香,由於檀香山盛產檀香木,因此對中國人而言,檀香山就是夏威夷的代表。後來中國人一開始抵達夏威夷,最初就是在首府火奴魯魯上岸,因此時至今日,中國人仍把火奴魯魯稱為檀香山,雖然後來檀香木早已被砍伐殆盡,但檀香山一詞,仍然被沿用至今。〔註 10〕

1850 年以前,有零星華人在夏威夷發展,1828 年時夏威夷當地約有 400 多名外國人,其中有 30 至 40 名中國人。〔註 11〕根據 1850 年夏威夷人口統計,當時 1,962 名僑民中,中國人只有 71 名,這 71 人中已有數名開始獨立經營小型的製糖作坊。根據 1852 年發表的一項文獻記載,一位名叫黃子春〔註 12〕的中國人,他在 1802 年便來到夏威夷的拉奈島(the Island of Lanai)展開他的製糖事業,可惜後來並沒有成功,隔年他就返回中國了,這是華人到夏威夷從事製糖業的最早記錄。〔註 13〕1828 年,又有 2 位名為阿桓和阿泰的華人,合夥成立了一個桓泰商行,他們在莫艾島(the island of Maui)上建造了一座榨糖作坊。〔註 14〕到了 1830 年代,中國人所擁有的製糖公司已發展得相當好。1820 到 1830 年代,華人張寬、唐敘、黃朱、吳逢等首開蔗園糖榨,帶著幾位華人師傅劉璋、鄧秋、鄧善、杜佐、曾妹和曾成等 6 人,分別擔任糖房煮糖師和木匠,糖業發展相當蓬勃〔註 15〕,他們較有可能是來自廣東中山籍的華人。當時許多中國人和夏威夷總督共同合夥,取得當地的公民權和土地所有權,他們和土著婦女通婚,其中有些人甚至娶夏威夷土著貴族婦女為妻,長久在島上定居下來。〔註 16〕1838 年夏威夷政府公佈了《外僑法則》(the Alien Law of 1838),該法則的主要內容,是鼓勵和夏威夷人通婚的外國人,並鼓勵他們儘快入籍夏威夷。1839 年首位入籍夏威夷的中國人名為阿巴凱(Apana Pake, Kina)。〔註 17〕

〔註 10〕 Clarence E. Glick, *Sojourners and Settlers: Chinese Migrants in Hawaii*, p. 2.

〔註 11〕 Clarence E. Glick, *Sojourners and Settlers: Chinese Migrants in Hawaii*, p. 2.

〔註 12〕 英文名為 Wong Tze-chun,或譯作王子臣,參考陳翰笙主編,《華工出國史料匯編第 7 輯:美國與加拿大華工》,北京:中華書局,1984 年,頁 225。

〔註 13〕 Tin-Yuke Char, *The Sandalwood Mountains: Readings and Stories of the Early Chinese in Hawaii* (Honolulu: Univ. Press of Hawaii, 1975), p. 54.

〔註 14〕 Tin-Yuke Char, *The Sandalwood Mountains: Readings and Stories of the Early Chinese in Hawaii*, p. 54.

〔註 15〕 〈夏威夷華人的移民歷史(檀香山)〉,參閱網址:http://bofoomen.mysinablog.com,參閱日期:2014 年 10 月 7 日。

〔註 16〕 Clarence E. Glick, *Sojourners and Settlers: Chinese Migrants in Hawaii*, p. 3.

〔註 17〕 Tin-Yuke Char, *The Sandalwood Mountains: Readings and Stories of the Early Chinese in Hawaii*, pp. 60~61.

　　19 世紀初，前往夏威夷發展的華人，幾乎均爲男性，華人婦女移入的相關紀錄，最早是出現在 1850 年以後。不過有 1 名中國婦女，她是唯一一名被記載於 1850 年以前便已到達夏威夷的中國婦女，這名中國婦女名爲瑪麗塞西亞（Maria Seise）。據記載，她於 1837 年移民到夏威夷，其後又於 1848 年抵達加州，成爲最早抵達的中國婦女。〔註 18〕據三藩市三一聖公會教堂（Trinity Episcopal Church）記載，1854 年英格拉吟姆（Ingraham）主教替瑪麗塞西洗禮，而瑪麗塞西當年正要逃離在廣東的父母，以免被販賣爲奴。到澳門後，她在一戶葡萄牙人的家庭中工作，並且接受了他們的服飾和羅馬天主教的信仰。不久，她嫁給一位名爲塞西的葡萄牙籍水手，可惜其丈夫在一次出海後便無音訊。因生活困苦，瑪麗塞西亞後來在一戶美國人家庭中幫傭，並在 1837 年時隨同這個美國家庭遷移至三文治島嶼（Sandwich Island，即夏威夷）。〔註 19〕這是相關中國婦女到夏威夷發展的最早紀錄，至於這位名爲瑪麗塞西亞的女子，是否爲客家人，礙於資料有限，恐怕難以確認。

　　19 世紀中葉起，夏威夷蔗糖業蓬勃發展，有政治勢力爲後盾和擁有雄厚資本的白人莊園主，逐漸在此地的蔗糖業中取得優勢，華人製糖業最終慘遭淘汰。〔註 20〕例如 1849 年美國商人皮特曼與一名夏威夷女酋長結婚。女酋長擁有廣大土地，皮特曼於是開始雇用中國人種甘蔗、榨糖，他發現華人能很成功地種出甘蔗，並且擅長管理榨糖廠，於是皮特曼便把土地租給一些華人栽種甘蔗，甚至任用中國人來協助管理榨糖廠。1850 年代，夏威夷各島上的

〔註 18〕 Tin-Yuke Char, *The Sandalwood Mountains: Readings and Stories of the Early Chinese in Hawaii*, pp. 60~61.

〔註 19〕 1778 至 1898 年間，夏威夷也被稱爲「三明治群島」（Sandwich Islands）。關於瑪麗塞西後來的發展是，她於 1843 年返回香港，並在一美國商人查爾斯・吉萊斯皮（Charles V. Gillespie）家中工作。1848 年又隨吉萊斯皮一家到三藩市。據教堂紀錄，瑪麗塞西漸漸成爲吉萊斯皮太太的好朋友，並且深得其信任。當時瑪麗對英語已有十足的認識，如此一來使她能充分瞭解及回答懷亞特（Wyatt）先生的問題。而懷亞特先生和吉萊斯皮太太對瑪麗塞西的工作能力，十分肯定。禮拜時，吉萊斯皮太太一直在瑪麗旁邊，並且同一時間跪下接受禮儀。據歷史學家查爾斯・多比（Charles C. Dobie）研究，瑪麗塞西與吉萊斯皮家庭一起在三藩市華埠附近生活了近 30 年。參考陳玉冰，《中國婦女傳記辭典（清代卷）》，澳洲：悉尼大學出版社，2010 年，頁 137，及 Tin-Yuke Char, *The Sandalwood Mountains : Readings and Stories of the Early Chinese in Hawaii*, p. 42.

〔註 20〕 麥禮謙，《從華僑到華人：20 世紀美國華人社會發展史》，香港：三聯書局，1992 年，頁 17。

白人商人和企業家，逐步開發灌溉水源；又從歐洲引進各種新設備和技術。同時，他們還利用政治上的優勢從夏威夷酋長手中，取得了大片土地以栽種甘蔗，至此中國人幾乎已無法與白人共同競爭，只好紛紛退出製糖業，轉往其他方面發展，華人經濟發展在此時因此受到相當大的阻礙。〔註 21〕其時，華人在夏威夷蔗糖業中，稍有成就的僅陳芳〔註 22〕（Chun Afong, 1825～1906，廣東省香山縣人）一人（如圖 2-1-3、圖 2-1-4），他創設了佩佩凱奧蔗園（Pepeekeo Sugar Plantation，粵人稱庇庇嬌糖榨），資產估值超過百萬美元，他也因此成為檀香山的首位華人首富。〔註 23〕

　　1851 年，夏威夷華人僅 200 多人，絕大多數為商人，1844 年檀香山出現的 15 間商店中，華人佔了 3 間。在 1852 年，已有百餘人在檀香山從事商業，上述檀香山第一位華人首富陳芳，便是以製糖業而致富。陳芳從事鴉片、種植業、商業及航運業的投資，他就是於 1849 年經營買賣中國貨物，從香港運往夏威夷轉賣而發跡的，他與程植合辦的商行——芳植記，在 1870 年被列名

〔註 21〕 楊磊，《夏威夷漫筆》，頁 240～241。

〔註 22〕 陳芳，生於 1825 年廣東省香山縣梅溪村，1849 年隨伯父陳仁傑運送貨物到夏威夷，此後便留在夏威夷，開啟商店經營各式買賣。此後他更從事勞工輸入，從廣東引進數千名勞工，他的財富因此快速積累。1850 年代，陳芳經營的商行——芳植記，曾名列 “檀香山的八家名店” 之一。1860 年代，陳芳轉投資航運業，他擁有一艘私人貨船，開始往返於香港與檀香山之間。隨著美國南北戰爭後，糖價大漲，1876 年夏威夷與美國簽訂互惠條約，蔗糖得以免稅進入美國，大大刺激夏威夷蔗糖業的發展。陳芳此時收購了著名的潑比可蔗糖種植園（即佩佩凱奧蔗園，Pepeekeo Sugar Plantation，粵人稱庇庇嬌糖榨）一半的股權，到 1887 年，該種植園被視為夏威夷最好的農場，資產價值達 100 萬美元，於是他成為當地華僑中的首富，有 “商業王子” 與 “糖業大王” 之美稱。陳芳經營事業有成之際，也不斷努力設法打入夏威夷上層社會，1857 年他入籍夏威夷，成為夏威夷上朝樞密院議員，並於同年與擁有夏威夷貴族血統的朱麗亞·費葉韋撒（Julia Faycrweather）結婚。1871 年，檀香山商會成立，陳芳獲選為首任會長。1881 年華商董事會改為領事館，陳芳又被任命為首任領事，期間他不斷替華人爭取公平待遇。1890 年陳芳返回故鄉定居，興辦不少公益事業回饋鄉里，1886 年和 1891 年清光緒皇帝還賜陳芳及其父母等建造 “急公好義”、“樂善好施” 石牌坊，以示嘉獎。1906 年 9 月，陳芳病逝於澳門，死後安葬於家鄉梅溪，享年 81 歲。陳芳家族的墓碑朝著夏威夷方向，墓裡葬著以他為首的祖孫三代，而夏威夷島上的墓地裡，則埋著陳芳的異國夫人朱麗亞和他們的兩個女兒。《僑報》，2010 年 5 月 11 日，參閱網址：http://www.chinapressusa.com/，參閱日期：2014 年 10 月 7 日。

〔註 23〕 麥禮謙，《從華僑到華人：20 世紀美國華人社會發展史》，頁 17。

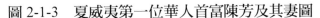

圖 2-1-3　夏威夷第一位華人首富陳芳及其妻圖

年輕時的陳芳（左）及其夏威夷土著妻茱莉亞（右）
資料來源：http://zh.wikipedia.org/。參閱日期：2014 年 11 月 7 日。

圖 2-1-4　陳芳位於夏威夷及中國的故居圖

1850 年代陳芳在夏威夷的豪宅（左），位於中國廣東珠海陳芳故居的梅溪牌坊（右）
資料來源：http://zh.wikipedia.org/。參閱日期：2014 年 11 月 7 日。

為夏威夷八大企業之一，〔註24〕此時期有的華人從事水稻種植，有的則是以種植甘蔗為生。到了 19 世紀中葉，由於美國西部人口激增，為夏威夷蔗糖業開闢更廣闊的市場，於是蔗園主紛紛追求產量增加；復以 1840 年起美國對夏威夷王國的影響力越來越大，白人開始在此購買大片土地經營蔗糖業，在土著勞力不足的情況下，開始需要從其他地方輸入勞力。

　　無論是 18 世紀末因航行滯留於夏威夷的零星中國船員，或是在 19 世紀上半葉少數前往夏威夷嘗試製糖或發展貿易的中國人，雖然其中已有少數人

〔註24〕葉顯恩，〈中山縣移民夏威夷的歷史考察〉，《華僑華人歷史研究》，1988 年第
　　　　3 期，頁 9〜18。

有所成就，但在夏威夷當時的人口總數中，華人佔極少數。這些早期移民，多為來自廣州鄰近一帶地區的商人，其中以中山一地的商人為主，至於是否有客家人前往，這部分因無直接資料顯示，則難以確知。

二、1852 年至 1898 年

1830 年代起，部分白人在夏威夷經營蔗糖業時，便已招募一些會製糖的華人來擔任榨糖與糖廠管理的工作，但至 1850 年《主僕法案》（Act for the Government of Masters and Servants）通過後，才真正打開了雇用契約勞工的大門，由於當時夏威夷土著人口銳減，造成勞動力短缺，於是夏威夷皇家農業協會（the Royal Hawaiian Agricultural Society）和船長約翰·卡斯（John Cass）簽訂合同招募契約勞工。卡斯船長於 1852 年 1 月 3 日，率領一艘名為特蒂斯號（Thetis）的船隻，自廈門載送了 195 名華工前往夏威夷，這批華人契約勞工抵達時在檀香山登陸，一上岸後就被直接分派到各島甘蔗園中工作，這是首批抵達夏威夷的契約華工。同年 8 月 2 日卡斯船長又載來 98 名華工〔註 25〕，不過由於蔗糖銷售的利潤不如預期，蔗園擴張速度因此轉緩，招募契約華工的活動也停頓了。據表 2-1-1 統計，1853 年到 1864 年期間，抵達檀香山（即夏威夷）的華人不過是 411 名，每年平均只有 34 人入境，其中有些是由種植園主引進夏威夷的，另外有些是自費前往的。〔註 26〕

表 2-1-1　1852 年至 1864 年夏威夷契約華工人數統計表

年代（年）	華工人數（名）	年代（年）	華工人數（名）
1852	293	1859	171
1853	64	1860	21
1854	12	1861	2
1855	61	1862	13
1856	23	1863	8
1857	14	1864	9
1858	13		
共　計		704	

資料來源：Clarence E. Glick, *Sojourners and Settlers: Chinese Migrants in Hawaii* (Honolulu: University of Hawaii Press, 1980), p. 12.

〔註 25〕Tin-Yuke Char and Wai-Jane Char, "The First Chinese Contract Laborers in Hawaii, 1852," *Hawaiian Journal of History* 9 (1975), p. 128.

〔註 26〕Clarence E. Glick, *Sojourners and Settlers: Chinese Migrants in Hawaii*, p. 10.

　　1852 年抵達的首批華工，相關契約內容如下：契約規定華工除旅費、伙食費、服裝費外，每月工資 3 美元，契約期為 5 年。登船前，每位契約華工可先在中國預先支領到 6 美元，不過這筆錢必須在往後的每月工資中陸續扣還。同船還有 20 名男少年，他們是被雇用來擔任家僕，同樣是 5 年期限，每月工資 2 美元，但在中國預支的錢是其雇主負擔。由於契約華工抵達時，夏威夷政府並無制定單獨適用於中國人的法律，因此 1838 年公佈的《外僑法則》對中國人和其他外籍人士均同樣適用。〔註27〕

　　1865 年美國南北戰爭（American Civil War）後，為夏威夷蔗糖帶來新的繁榮，由於糖價上漲，重新帶動了蔗糖業景氣，於是在糖業主的要求下，1865 年又重新展開契約華工的輸入。根據表 2-1-2 統計，1865 年至 1875 年間，總計有 1,921 名華工抵達，相較於前一波（即 1852 年至 1864 年間）抵達的華工總數，成長了一倍多。此外，夏威夷政府向來十分鼓勵中國婦女與丈夫一同移民，因此再次招募契約華工時，已可見中國婦女與孩童隨行。

表 2-1-2　1865 年至 1875 年夏威夷契約華工人數統計表

年代（年）	華工人數（名）	年代（年）	華工人數（名）
1865	615	1871	223
1866	117	1872	61
1867	210	1873	48
1868	51	1874	62
1869	78	1875	151
1870	305		
共　計			1,921

資料來源：Clarence E. Glick, *Sojourners and Settlers: Chinese Migrants in Hawaii* (Honolulu: University of Hawaii Press, 1980), p. 12.

　　1865 年夏威夷移民局委任赫立佈蘭德醫生（Dr. William Hille Brand）前往中國招募勞工，他是一位在檀香山極有聲望、受人尊敬的醫生。在勒白西特牧師（Reverend Wilhelm Lobscheid）和中國代理處——何行公司（Wohang Co.）的協助下，佈蘭德醫生主要負責指示和交涉移民的船運事項，招募工人

〔註27〕Tin-Yuke Char, *The Sandalwood Mountains: Readings and Stories of the Early Chinese in Hawaii* (Honolulu: Univ. Press of Hawaii, 1975), p. 60.

的廣告是由勒白西特牧師來主持。不出幾星期，就有比原本預定招募人數還要多的人前往應徵，每個登船者不僅可免費乘船到夏威夷群島，並且事先每個人可先領取到 8 美元，還有衣服鞋子等必需品。在合同中載明，500 名移民必須身強力壯，能夠勝任工廠、田間或家庭內的任何工作，年齡不得超過35 歲。夏威夷政府很歡迎這些應募華工可以攜家帶眷，因此何行公司必須招募佔華工人數 20%至 25%的已婚婦女，若是夫妻一同前往的，夏威夷政府會儘量將其安排在同個農場中工作。通常農場主雇用勞工時是大量成批的，倘若是有親戚關係、來自同村落，或是在船上結交成友的，只要能拿到連號的契約書，基本上都會被安排在同一農場中工作。除此之外，移民局官員還幫忙促成在移民前就已受洗的中國基督徒，將他們集中分配到幾個特定農場去。〔註28〕

此外，夏威夷政府特別歡迎中國婦女，1865 年年底前所輸入的 522 名中國人當中〔註29〕，有 52 名婦女和 3 名兒童。〔註30〕這批最早抵達的婦女，全都是客家人。〔註31〕（如圖 2-1-5、圖 2-1-6、圖 2-1-7）1870 年，政府為了應付農場主的要求，又再輸入了 188 名中國人，這次僅有 2 名是婦女〔註32〕，她們同樣也在農場中工作。在 1870 年的合同中載明，所有中國兒童都可以免費上學，男女工每月工作均為 26 天，每月平均工資為 5 美元，星期天工作，雇主需另付工資，擔任家僕工作的男女工，若星期日及每日晚間不能休息，每月工資男工為 7 美元，女工為 6 美元。〔註33〕

根據夏威夷檔案資料，有極少數的中國婦女在 1850 年代時，就已經抵達夏威夷，最早移往夏威夷的中國婦女中，有一名為 Nip Ashue 的女子，抵達時她芳齡 20 歲，1855 年還有兩名中國婦女，一位是在 1855 年 6 月 27 日自Kinfisher 登陸，可惜姓名不詳；另一位則在同年 8 月 19 日在 Yankee 一地上岸，這名中國婦女的丈夫名叫 Ayum。〔註34〕可惜無法進一步取得有關這幾名

〔註28〕 Clarence E. Glick, *Sojourners and Settlers: Chinese Migrants in Hawaii*, pp. 28~31.
〔註29〕 耿殿文，《夏威夷的故事》，臺北：黎明文化事業公司，1988 年，頁 135。
〔註30〕 Clarence E. Glick, *Sojourners and Settlers: Chinese Migrants in Hawaii*, p. 10.
〔註31〕 May Lee. Chung, Luk e, Dorothy Jim. ed., *Chinese women pioneers in Hawaii* (Honolulu: Associated Chinese University Women, Inc., 2002), p. 261.
〔註32〕 Clarence E. Glick, *Sojourners and Settlers: Chinese Migrants in Hawaii*, p. 10.
〔註33〕 Tin-Yuke Char, *The Sandalwood Mountains: Readings and Stories of the Early Chinese in Hawaii*, p. 279.
〔註34〕 Clarence E. Glick, *Sojourners and Settlers: Chinese Migrants in Hawaii*, p.370.以

圖 2-1-5	圖 2-1-6	圖 2-1-7
早期抵達夏威夷的 客家婦女圖（一）	早期抵達夏威夷的 客家婦女圖（二）	早期抵達夏威夷的 客家婦女圖（三）

資料來源：夏威夷檔案館，2013 年 1 月 24 日筆者翻拍。

早期中國婦女的詳細資料，因此無法了解她們前往夏威夷的眞正目的，以及她們是否爲客家婦女。

由於中山籍華人很早就前往夏威夷發展，因此少數人在當地的成功，便很容易對後來的移民起推波助瀾的作用，尤其像陳芳在 1857 年與後來的卡拉鳩國王之義妹結婚，並於同年入籍夏威夷。由於妻子的關係，使得他在政界成爲知名人物。1879 年，陳蘭彬公使奏准任他爲商董，1880 年兼任領事，陳芳的成就對故鄉香山縣人，產生了相當大的吸引力。陳芳在開辦蔗糖業的過程中，曾與其他華僑商人回國招收華工。〔註35〕1880 年代，每年往返中國及

及 Ah Jook Ku, "The Pioneer Women," *Chinese in Hawaii Who's Who* (1957), p. 22. 及 "Chinese Women in Hawaii: a brief history"，參閱網址：http://www.soc. hawaii.edu/hwhp/china/history.html，參閱日期：2014 年 11 月 23 日。

〔註35〕 1876 年，夏威夷王國與美國簽定互惠條約，夏威夷的糖免稅進入美國，製糖的高額利潤，使大量廉價勞動力進入夏威夷。1876 年以後，中國移民以兩年 1,000 人左右的速度增加，1876 年 1,283 人，1884 年在夏威夷的華僑已達

夏威夷的船次，達 4～5 次之多，每次載送華工達數百人之多，只要有一人在檀香山立足，便容易相互吸引而去，形成一股拉力，這也是為什麼香山（中山）人一直在檀香山能佔大多數的原因。另一方面，1850 年代起，廣州經濟地位逐漸被上海取代，直接或間接依賴廣州外貿服務的行業，逐漸面臨到停頓或衰落的窘境，對廣州居民及珠江三角洲的農民造成嚴重的衝擊。廣州市場經濟的蕭條，使珠江三角洲的社會經濟失調，數以千萬計的人失去生計，自然也導致人口外移的推力。〔註36〕

1876 年夏威夷和美國訂定互惠條約，糖可以免稅出口到美國，這項政策對夏威夷製糖業產生極大的激勵作用，儘管此時反對契約勞工制度的聲浪很大，但製糖業主仍堅持引進更多華工。1852 到 1899 年間，到達夏威夷的中國人口數，於 1876 年首度突破千人，1876 到 1899 年間（除了 1877、1889、1890、1893 及 1899 年外）每年移入人數約介於 1,500 到 4,500 人，而且大多都以成年單身男性為主，此階段華人移入人數，參見表 2-1-3。

表 2-1-3　1876 年至 1899 年夏威夷契約華工人數統計表

年代（年）	華工人數（名）	年代（年）	華工人數（名）
1876	1,283	1888	1,526
1877	557	1889	439
1878	2,464	1890	654
1879	3,812	1891	1,386
1880	2,505	1892	1,802
1881	3,924	1893	981
1882	1,362	1894	1,459
1883	4,243	1895	2,734
1884	2,708	1896	5,280

18,254 人，而記錄在案的其他亞洲國家的移民只有 116 人，這 116 人都是日本人。從 1876 年到 1899 年的 23 年中，華人已達 54,095 人。香山人陳芳、程利、程名桂、孫眉等也曾回香山招募華工。陳迪秋，〈三個老華工的遭遇：當"豬仔"挨餓無自由〉，《中山僑刊》，2010 年 11 月 19 日，參閱網址：http://www.chinanews.com/zgqj/2010/11-19/2667513.shtml，參閱日期：2014 年11 月 23 日。

〔註36〕參閱網址：http://bofoomen.mysinablog.com/index.php?op=ViewArticle&articleId=846199，參閱日期：2014 年 12 月 2 日。

1885	3,108	1897	4,481
1886	1,766	1898	3,100
1887	1,546	1899	975
共　　計	54,095		

資料來源：Clarence E. Glick, *Sojourners and Settlers: Chinese Migrants in Hawaii* (Honolulu: University of Hawaii Press, 1980), p. 12.

　　1876 年到 1898 年間，契約華工大批湧入夏威夷，這些契約華工主要來自珠江三角洲的香山縣（今中山縣）和新寧縣（今臺山市），當時兩縣人口中有相當比例的客家人，因此夏威夷也引進了不少客家籍華工。〔註 37〕1895至 1897 年，獲准登陸檀香山的 7,097 名契約華工中，有 6,223 名是來自說廣東話的地區，另外有 671 名是來自新安、歸善、東莞和其他客家縣。〔註 38〕事實上，客家移民的來源還擴及寶安（Pao On）、惠陽（Fa Yuan）、惠州（Waichow）、東莞（Tungkun）、嘉應州（Ka Ying Chow）、中山（Chungshan）、華興（Hauhsien）、梅縣（Meishien）等地。〔註 39〕（如圖 2-1-8）

　　促成客家此時大舉往海外及夏威夷遷徙，甘冒風險出洋尋找新生計，主要與清代中葉以後，中國面臨嚴重內憂外患而導致民不聊生是息息相關的。在中國歷史上，客家人一直不斷在遷徙，客家（Hakka，或 Kejia）一般認為他們是中國五代之後才逐漸興起的族群，也是漢族裡一系統分明的支派。他們最早是住在中原地區近黃河流域一帶，由於西晉末五胡亂華，迫使中原民族往南遷徙，有部分便移居到今福建廣東地區，這些可說是客家的先民。客家名稱的確立，一般認為是在唐末時的黃巢之亂以後，當時客家先民為避難遷徙到閩粵贛的三角地帶，經過五代的紛爭及宋的統一，客家族群才逐漸成為一系，客家的名稱也在此時確立。

　　唐末黃巢之亂後，客家移民的主力遂由長江南岸遷移到贛南山區，後來就以寧化一帶為據點，在閩粵贛地區從事拓殖，此為客家移民第二次大遷

〔註37〕湯錦台，《千年客家》，臺北：如果出版社，2010 年，頁 203。

〔註38〕Clarence E. Glick, *Sojourners and Settlers: Chinese Migrants in Hawaii*, p. 238.

〔註39〕可參考 Tin-Yuke Char, *The Sandalwood Mountains: Readings and Stories of the Early Chinese in Hawaii*, p. 16.以及 Carol C. Fan, "A Century of Chinese Christians: A Case Study on Cultural Integration in Hawaii," *Chinese America: History & Perspectives-The Journal of the Chinese Historical Society of America* (San Francisco: Chinese Historical Society of America with UCLA Asian American Studies Center, 2010), p. 88.

圖 2-1-8　廣東縣際客家人口分佈圖

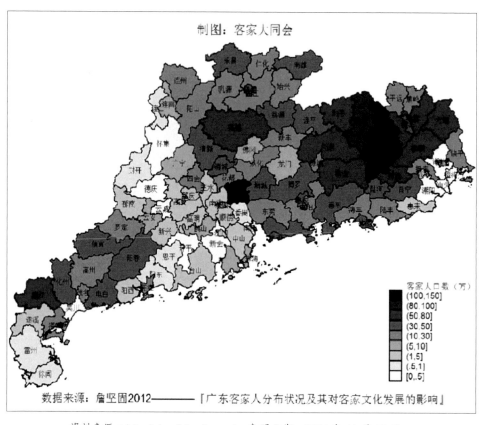

資料來源：http://zh.wikipedia.org/。參閱日期：2014 年 11 月 23 日。

徙。北宋末，金人南下，蒙古人入主中原，又迫使客家人展開第三次大遷徙。史學家羅香林在其著作《客家研究導論》一書中指出，客家人南遷可分爲五個時期，除上述三次大遷徙外，第四次爲明末滿人入侵之際，第五次遷徙則是在清同治年間，受廣東西路事件〔註 40〕及太平天國事件影響。〔註 41〕客家人在這五個時期，在受到外力影響下，不斷由北向南遷徙。

　　清初，人口大量增長的廣東東部一帶人口壓力甚大，尤其是潮州、惠州

〔註40〕廣東西路事件主要是發生在清朝咸豐、同治年間，位於廣東臺山、恩平、開平、高州等地，客家人與當地土著發生大規模的械鬥，造成數十萬人死傷。根據客家研究學者羅香林先生的研究中指出，「廣東西路土客大械鬥」始於咸豐 6 年（西元 1856 年），終於同治 6 年（西元 1867 年），相持互 12 年，雙方傷亡人數合計達 5、60 萬，而官兵因鎮壓而造成死傷者，亦達數千人。

〔註41〕陳運棟，《客家人》，臺北：東門出版社，1978 年初版，頁 44～45。

兩地。傳統上粵東客家分佈地區原本就屬於山多田少，又聚居了大批的窮困人口。僅嘉應州〔註42〕（雍正 11 年，西元 1733 年，由程鄉升格後改稱）一州就擁有長樂、興寧和豐順三個廣東最窮的縣分。據派赴中國發展基督教巴色傳道會（Basel Mission，或稱巴色差會，為客家崇眞教會的前身）的西方傳教士在 19 世紀中後期的描述，長樂縣由於過度開發，周圍山峰已是一片光禿，景象淒涼；這裡的居民衣衫襤褸，骯髒不堪，普遍住的是破爛的泥巴土房，但其中夾雜幾戶地主和經商或開當舖的石砌大戶人家。大部分居民的主食是紅薯，他們很難得能吃上米飯，主要靠種植菸草、藍草、大麻和油桐維生。〔註43〕

　　迫於生計，客家人必須不斷地往其他地區遷出，大體上客家的分佈地區，以廣東東北部、江西東南部，及福建西南部一帶最為集中。這三個區域，實際上是相連在一起的，統稱為「粵贛閩邊區」，主要為客家族群的居住區。嘉應所屬梅縣、興寧、五華、平遠、蕉嶺五縣，由於地處韓江上游，與鄰接潮汕地區，地處交通要道來往便利，因此人口密集文物豐盛。以上五地向來被視為是客家人的中心，即所謂的「嘉應五屬」，也被視為是近代客家的大本營。〔註44〕

　　在廣東客家人不斷向外遷徙的過程中，與當地原本居民間發生不少糾紛與衝突，由於客家人是後至者，與講廣府話的本地人（官方文書稱他們為土著）不同，一般常以土（本地）客（客家）來稱呼兩方之間的關係。清代由於移墾，因語言和生活習慣不同或水源利用、地權疆界等糾紛而產生的種種矛盾，也就越來越多。一旦衝突浮上檯面，事態就難以收拾，最後成為層出不窮的公開武力抗爭。〔註45〕

〔註42〕　嘉應州（今梅州）中國古代行政區劃名。清朝雍正 10 年（1732 年）廣東總督鄂彌達向朝廷奏報，將惠州府興甯、長樂（今五華）2 縣，潮州府程鄉（今梅州市梅縣區）、平遠、鎮平（今蕉嶺）2 縣，建置嘉應州（今梅州），直隸廣東布政司，稱之為＂嘉應五屬＂，翌年 3 月准置，也就是說，嘉應州（今梅州）於清朝雍正 11 年（1733 年）正式設置。嘉慶 12 年（1807 年）又升格為嘉應府（今梅州）。嘉慶 17 年又恢復為嘉應州（今梅州），仍領程鄉（今梅縣區）、興甯、長樂（今五華縣）、平遠、鎮平（今蕉嶺縣）五縣。嘉應州即是今天梅州市（2 區 1 市 5 縣）的絕大部分地區。參閱網站：http://baike.baidu.com/view/3729979.htm，參閱日期：2015 年月 2 日。
〔註43〕　湯錦台，《千年客家》，頁 112。
〔註44〕　陳運棟，《客家人》，頁 65。
〔註45〕　湯錦台，《千年客家》，頁 117。

1851 年，以廣東花縣人洪秀全為首的客家反動力量展開，爆發了震撼中外的太平天國事件，此事件持續了十餘年。這場動亂又使得原本難以化解的土客之爭更為加劇，也造成客家人嚴重死傷。據長期居住香港的英國學者艾德爾（Ernest. J. Eitel）於土、客械鬥結束同一年（1867 年）五月在香港《中國評論》（The China Review）雜誌第 1 卷第 5 號發表的〈客家人種誌略〉（Ethnographical Sketches of the Hak-ka Chinese）第 1 篇指出，到此時為止，廣州府 14 縣中，只剩從化和花縣兩縣是完全的客家人縣。另有大批禍亂地區的客家農民被迫遷徙到珠江三角洲以外的地區重新安置，主要他們是被送往廣東西南高州、廉州（今屬廣西省）、雷州和瓊州（海南島），及今廣西東部和東南部各縣，有的則是被遷回粵東原籍。更有大批客家人在動亂事件後，被當成「豬仔」〔註46〕，先運送到澳門，再被賣到祕魯、古巴等地充當苦力。〔註47〕

　　除上述背景導致客家人移往海外，此時期客家移民前往夏威夷發展的情形也不少，這與清中葉起基督教積極在廣東客家地區傳教，有密切關聯。基督教在香港客家地區的傳播，大約開始於 1840 年鴉片戰爭後。最早認識客家人，並且向西方報導中國客家人的傳教士是郭士立（Karl Friedrich August Gützlaff, 1803～1851）〔註48〕。鴉片戰爭前，郭士立曾到過中國，在福建等沿海各省傳教，他學習客家話、閩南話、潮州話、廣府話等多種語言，以便於其傳教活動的展開。1834 年起，郭士立多次向瑞士巴色傳道會致函，請求派遣傳教士來中國。在信中，郭士立談及他與客家人的接觸和祈禱聚會，瑞士巴色傳道會方知中國有客家族群。1844 年，郭士立在香港組織福漢會（The Chinese Union）〔註49〕，招收信徒。1846 年，韓山明（Theodore Hamberg,

---

〔註46〕 所謂「豬仔」泛指於晚清時，前赴海外工作的華人勞工以至苦力，通常是來自窮鄉僻壤的農民或漁民，被招工館等中介公司欺騙或詐騙至海外謀生，他們會收到首期的預付薪酬，但是需要扣除一筆介紹費用、交通費用和傭金，然後前往海外，如東南亞、美國、加拿大及澳洲，甚至是遠至古巴和秘魯等國家，進行刻苦的勞動工作。他們當中不少人因為無法返回中國，而且得不到僑居地的公民權利、無法獲得移民資格而客死異鄉。在 19 世紀中後期至 20 世紀初，由於這些出國的勞工都會簽約，稱為契約華工，俗稱為賣豬仔。販運、交易豬仔的地方名為招工館，俗稱為豬仔館。

〔註47〕 湯錦台，《千年客家》，頁 125。

〔註48〕 自稱郭實獵、郭士立，又被譯為郭實臘，是普魯士來華新教傳教士，曾任香港英治時期的高級員撫華道。

〔註49〕 福漢會是郭實臘於 1844 年在香港創立的基督教（新教）傳教差會，專門差

1819～1854）〔註 50〕和黎力基（Rudolf Christian Friedrich Lechler, 1824～1908）
〔註 51〕受瑞士巴色會派遣來華，他們曾分別向郭士立學習客家話和潮州話，
同時進行傳教活動。韓山明牧師先在廣東新安縣佈吉和東莞縣李朗一帶傳
教，後來他派華人傳教士深入花縣和東江傳道，許多客家人接受基督教。黎
力基一開始則是先在潮州地區傳教，後來宣教過程並不順利，甚至遭到驅趕，
因而決定與韓山明，及稍後來華的韋永福（Philipp Winnes, 1824～1874），三
人合力以客家族群爲宣教對象。他們分南、北兩會，南會以香港爲基地，專
向珠江流域地區傳教，而北會是以五華爲首，深入廣東北部以至廣西建立教
會。傳福音的工作包括建立教會，開辦醫院及學校。後來，黎力基自潮州被
驅逐回到香港，開始在西營盤高街設立教會，該區成爲巴色會首創的客家教
會，也是世界上第一個客家教會，參加聚集崇拜的客家信徒不斷增多。西營
盤客家教會不但成爲凝聚客族活動中心，同時亦成爲國內客家信徒移居海外
集散中心。〔註 52〕

派華人向華人傳教。「福漢」指「造福漢人」，該會在 1855 年後因郭實臘病故
而結束。福漢會（The Chinese Union），常容易與「中國傳教會」（China
Evangelization Society）混爲一談。兩會雖同由郭實臘創辦，但前者創於香港，
以向華人傳教，再將其派遣內地爲業；後者創於倫敦，以招募歐洲基督徒來
華傳教爲業。兩會創辦目的完全不同，不是同一組織在兩地的不同名稱，互
相從屬的母會、分會。Carl T. Smith, *Chinese Christians* (Hong Kong: Hong Kong
University Press, 2005), p. 8.

〔註 50〕韓山明，或譯爲韓山文，是一位活躍於中國的瑞典傳教士，以對早期太平天
國的重要記載和在廣東省建立基督教差會而著稱。韓山明牧師於 1849 年開
始有系統地學習客家話，並著手編輯《德語——客家對照字典》（Kleines
Deutsch Hakka Wortuerbuch），創立了西方研究客家方言的基礎，1854 年，韓
山明在香港去世，由黎力基牧師繼續其未竟的工作，這本字典於同年出版。
韓山明牧師亦是瑞典化學家 Nils Peter Hamberg 的弟弟。參見湯錦台，《千年
客家》，頁 128。

〔註 51〕黎力基爲基督教新教來華傳教士，中國巴色會（今基督教香港崇眞會）的主
要首領人之一。黎力基在華 52 年（1847～1899 年）。1874 年被選爲中國巴色
會首領，與同工們建立了 51 所傳教站，56 間學校。受洗者超過 2,000 多人。
他也在《萊克勒——梅德赫斯特協議》（Lechler-Medhurst Accord）之下，協
助客家基督徒逃避者移民定居到東南亞國家，現今的馬新信義會因此被成
立。他對中國文化與中國哲學有很深的研究知識而後來能夠講流利的當地廣
東客家方言，並且把《馬太福音》及《路加福音》翻譯到該語言。黎力基對
客家基督教的早期發展與貢獻不小。

〔註 52〕左芙蓉，〈基督教在近代客家人中間的傳播與影響〉，《北京聯合大學學報》，
2004 年第 2 卷第 3 期，頁 80～81。

　　基督教巴色會在土客之爭後，協助不少客家難民遷往西印度群島，後來這也影響到客家人遷往夏威夷。1876 年，透過黎力基牧師的安排，第一批基督徒客籍家族抵達夏威夷，他們被安排前往夏威夷大島〔註53〕的可哈拉農場（Kohala）工作，這個農場的經營者是 Res. Lias Bond（1813～1896）〔註54〕，他在大島經營蔗園農場，是為了推展福音工作。於是在黎力基的協助與鼓勵下，客家人以家庭為單位，被安排前往 Res. Lias Bond 的農場工作。由於客家婦女沒有纏足，因此她們與丈夫抵達夏威夷後，能共同投入於蔗田種植與各項生產，多數客家基督徒不但很快被說服而決定前往，且相當能夠適應當地的生活方式。不出幾年，農場的客家移民快速成長，於是 Res. Lias Bond 便寫信請求派遣一名華人牧師來協助福音工作。〔註55〕1877 年江德仁（Kong Tet Yin, or Kong Sue Yin, 1848～1902）自澳洲被派遣至此。江德仁在廣東巴色會受完訓練後，就被派往澳洲從事傳教工作，江德仁在可哈拉農場 6 年期間，華人主日崇拜漸漸在這個農場中確立。〔註56〕這群客家基督徒，大多是從廣東寶安地區應募的，創立客家路德教會、創辦學校、組織兄弟會等各項社區建設。客家婦女工作勤奮，無纏足習俗，能讀能寫，聲譽傳千里，在西方文化的影響下，這群移民匯合該地適應迅速，工作表現十分出色。〔註57〕1884 年可哈拉農場華人人數達到最高峰，共有 1,265 名華人居住在此，當時夏威夷島的華人人數，佔全夏威夷華人總數的 27%。不同於一般的華工，客家移民自一開始就將夏威夷視為他們的新家鄉，打算在此落地生根不再返鄉，可哈拉農場成為許多客家移民的目的地，因為這裡氣候涼爽，以及群山環繞的景致、純樸的村落，與他們在中國南方的家鄉環境十分相仿。〔註58〕

〔註53〕夏威夷大島（Island of hawaii），即夏威夷島，位於夏威夷群島最南端，為夏威夷八大主要群島中面積最大的，因此又有大島（Big Island）之稱。

〔註54〕Elias Bond, Ethel M. Damon, *Father Bond of Kohala: a chronicle of pioneer life in Hawaii* (Honolulu, Hawaii: Published by the Friend, 1927), pp. 210~211.

〔註55〕Jessie G. Lutz, "Chinese Emigrants, Indentured Workers, and Christianity in the West Indies, British Guiana and Hawaii," *Caribbean Studies* (Institute of Caribbean Studies, UPR, Rio Piedras Campus, Vol. 37, No. 2 July-December 2009), p. 144~145.

〔註56〕Diane Mei Lin Mark, *Seasons of Light: The History of Chinese Christian Churches in Hawaii* (Honolulu: Chinese Christian Association of Hawaii, 1989), pp.75~76.

〔註57〕Tin-Yuke Char, Wai Jane Chareds. *Chinese Historic Sites and Pioneer Families of the island of Hawaii* (Honolulu: University of Hawaii Press, 1983), p. 100.

〔註58〕Diane Mei Lin Mark, *Seasons of Light: The History of Chinese Christian Churches in Hawaii*, p.77.

19 世紀末，美國西岸爆發激烈的排華運動，隨後《排華法案》在 1882 年通過，部分西岸的中國人就轉遷移到夏威夷。此外原本有一些是要移往美國西岸的華人，亦在半途中轉往夏威夷。他們決定來夏威夷的原因之一，是島上的中國移民和許多移到美國的中國人，均來自廣東同一地區。1883 年初，有 3,600 名中國人來到夏威夷，由於許多人拒絕簽署農場契約，於是政府下令拒絕中國移民從香港到夏威夷去。1888 年夏威夷政府公佈禁止中國勞工入境的法律，但學生、婦女和商人不在此禁止之例，爲了甄別中國移民，夏威夷政府在司法部大樓裡特別成立了一個中國移民局。〔註 59〕此後的幾十年間，控制中國男工入境的法令又歷經多次變更，雖然大體而言，對中國婦女和眞正的子女入境是沒有受到限制，但先前自由移民的時期至此可說是結束。

1893 年夏威夷王國（Hawaii monarchy）被推翻，由夏威夷共和國（The Republic of Hawaii）取代，1895 年間約有 1,087 名中國農業者在合約之下被准入境。這批人大多數是到蔗糖農場工作，一小部分則到中國人的稻米農場中工作。1896 年初，政府宣佈新政策，規定農業經紀人在申請勞工入口時，中國勞工人數一定要比日本勞工多一倍。這是政府有心要平衡農場裡的移民勞工，直到 1898 年夏威夷成爲美國屬地，華人移民才遭到限制。〔註60〕

19 世紀到夏威夷的華工的待遇很差，不僅遭到雇主剝削，還常遭受農場主、管工的鞭撻苛待。不過，他們也相對作出請願或暴動的反抗行爲，相較於同時期在美國本土或其他地區的華工，他們的待遇已相對較好。契約華工一般合同期爲 5 年，每月工資 3 美元，每天必須從天亮工作到天黑，因此合同期滿後多數人都不再續約，少數人選擇返回中國，多數則是選擇留下來自謀發展。〔註 61〕甚至有很多華工設法脫離蔗園工作，走投當時已經在鄉村或市鎮裡定居的同胞。因此到 1890 年代，白人莊園主便開始放棄雇用華工而改雇用日本人了。此外，從 1880 年代中期以後，華人移民當中包含了相當比例的非勞工人口，即商人、銀行家、華文學校教師、醫師、神職人員、教授、藝術家等。

19 世紀中葉起，基督教巴色會在檀香山積極展開傳教活動。1868 年，檀香山傳道會委任蕭雄（Samuel P. Aheong、S. P. Aheong、Siu Pheoung、S. P.

〔註59〕 Tin-Yuke Char, *The Sandalwood Mountains : Readings and Stories of the Early Chinese in Hawaii*, p. 74.

〔註60〕 Clarence E. Glick, *Sojourners and Settlers: Chinese Migrants in Hawaii*, p. 20.

〔註61〕 湯錦台，《千年客家》，臺北：如果出版社，2010 年，頁 203。

Ahiona，或 Xiao Xiung, 1835～1871）〔註62〕爲第一位傳播福音的華人。1876
年一批客家基督徒帶著妻兒子女從中國移民夏威夷。過去部分華人移民往往
到夏威夷賺了一筆錢就返鄉回國，而這些基督徒移民卻積極學習英文，在農
場契約期滿後，馬上就能自行開店創業，並且建立自己的教會，迅速融入夏
威夷社會。當時，在北斗街海員教會（Bethel Church）擔任牧師的撒姆耳——
德門（Dr. Samuel Chenery Damon）牧師在教會中開設中文主日學，免費教導
英語，向華人傳播福音，這批華人基督徒受到德門牧師及北斗教會熱烈的歡
迎。〔註63〕

　　1877 年，火奴魯魯中國青年會成立，後來成爲中國基督徒協會（Young
Men's Christian Association，簡稱 YMCA）。1877 年 11 月 13 日，夏威夷卡拉
卡瓦國王（King Kalakaua, 1836～1891）特許他們可以合法聚會，許多的中國
人前來參加，隨著聚會人數增多，他們募款建立了一座新教堂。1879 年 6 月
8 日，北斗教會、福特街教會等當地英文教會的牧師、長老、執事召開「傳道
理事會」，決定由 37 位客家籍的中國基督徒組成一個華人教會。大會選舉出
11 人理事會，其中 5 位理事是華人，包括劉祥光（Law Cheong Kwong）、古
今輝（Goo Kim Fui, 1835～1908）、薛滿（Sit Moon）、陳福（Chun Fook-Matthew）
和鄭揚秀（Chang Young Seu-Luke Aseu），撒姆耳——德門被選爲執事會主席。
他們在福特街（Fort St.）購買了土地，爲了確保產業能永久爲聖工所用，教會
在夏威夷國王卡拉卡瓦（King Kalakaua）的特許下，於 1879 年 10 月正式註
冊成爲公司法人。兩年後，夏威夷第一所華人教堂落成——「中華基督教會」，
此即「夏威夷第一華人基督教會」（The First Chinese Church of Christ In Hawaii）

〔註62〕　蕭雄，音譯爲阿香，在基督徒影響下信了主。他後來聽從神的呼召，放棄在
　　　　茂宜島的盈利豐厚的生意，向在夏威夷的 1,500 多名華人傳福音。阿香有許多
　　　　恩賜，會講 12 種中國方言，又會唱歌，又會彈手風琴。他在北斗教會每週二
　　　　晚上帶領禱告會，講道時常用兩種方言，有時甚至用英文、夏威夷語講道，
　　　　帶領許多人信主，被稱爲夏威夷第一位華人基督教佈道家。1869 年阿香在北
　　　　斗教會爲華人開辦英文班，其中成績最好的包括古今輝、李三、鄭楊秀（這
　　　　三個人在 10 年後成爲傳辦第一華人教會的重要成員）。1870 年阿香離開夏威
　　　　夷，以基督教傳教士身份回中國向父母和兄弟姐妹及其他同胞傳福音。參考
　　　　Tin-Yuke Char, "S.P. Aheong, Hawaii's First Chinese Christian Evangelist,"
　　　　Hawaiian Journal of History 11 (1977), pp. 69~76 及程星，〈夏威夷第一華人基
　　　　督教會簡史〉，2013 年，頁 3。參閱網址：http://www.fccchawaii.org/，參閱日
　　　　期：2015 年 1 月 5 日。
〔註63〕　程星，〈夏威夷第一華人基督教會簡史〉，2013 年，頁 3。

的前身，首任牧師薛滿（Sit Moon，或譯爲薛滿興）以客家話講道。

「中華基督教會」創辦人之一的古今輝，是 1835 年出生於中國廣東梅縣的客家人（如圖 2-1-9），古氏年輕時曾前往東南亞尋覓商機，後於 1866 年前往夏威夷創業發展。由於他的英文很好，有助於他迅速融入當地貿易商圈；在短短數年間，他就成爲檀香山成功的華人富商之一。1882 年，古今輝被選爲「夏威夷中華會館」的副會長，後來在 1892 年 7 月接任「檀香山中華會館」會長一職，因當時排華運動越演越烈，古今輝在 1894 年成立了「衛聯會」保護華人安全，並且在 1897 年 3 月建立一所專爲華人服務的惠華醫院（Wai Wah Yee Yin），讓被當地醫院拒收的華人病患，能得到妥善的醫療照顧。在他的一名重要基督徒朋友，即夏威夷總統杜爾（Sanford B. Dole, 1844～1926）的協助下，古今輝協助華人移民打贏了官司，保護華人移民在夏威夷擁有居住權及工作權，並且可以合法獲得美國公民權。〔註64〕

圖 2-1-9　夏威夷著名客家華人　　　圖 2-1-10　夏威夷著名土生客家
　　　　　　移民古今輝圖　　　　　　　　　　　後裔威廉葉桂芳圖

資料來源：http://www.bdcconline.net/。　　資料來源：http://www.hawaii.edu/centennial/
參閱日期：2014 年 12 月 7 日。　　　　history. html。參閱日期：2014 年 12 月 7 日。

　　1900 年檀香山華埠遭到大火肆虐，幾乎全被焚毀，當時古今輝積極協助華埠重建，並且設法減輕當地華商的巨額損失。他自身捐出相當多錢財來賑濟災民，此義舉傳回中國，當時清朝政府特別褒獎表揚其貢獻。1902 年，古

〔註64〕 參閱華人基督教史人物辭典，參閱網址：http://www.bdcconline.net/zh-hant/
　　　　 stories/by-person/g/gu-jinhui.php，參閱日期：2014 年 12 月 3 日。

今輝被擢升擔任中國駐夏威夷執行總領事一職。在他任職於「檀香山中華會館」時期，他與其他僑領合力建立了幾個社區中心來服務僑民，包括保安局、聯衛會、中華基督徒協會、和福特街上的華人基督教會、中西義學、惠華醫院等。

　　另一名對夏威夷華人社會亦有相當大貢獻的，是具有客家血統的土生華人第二代威廉葉桂芳（William Kwai Fong Yap, 1873～1935）（如圖 2-1-10）。1873 年出生於檀香山的葉桂芳，其父葉天壽（Joseph Tien Siau Yap）是一位在中國就已經受洗的基督徒，亦為早期從廣東農村移民到夏威夷的契約華工。葉天壽在夏威夷以從事勞力的工作為生，爾後在檀香山與文黃氏結婚，並且生下獨子葉桂芳。1877 年，葉桂芳 4 歲時母親文氏因病去逝，父親再娶繼室黎三姣，撫育葉桂芳成長。由於當時家境貧困，必須靠社會福利補助，才能供葉桂芳上學。1877 年至 1879 年，葉桂芳在夏利威教會學校讀書，1880 年至 1886 年，轉往住家附近的福特街華人教會學校學習。葉桂芳 13 歲後由於貧困無法繼續就學，因此輟學後他開始在一家裁縫店當學徒，做了 8 年裁縫。由於成長背景艱困，葉桂芳飽受年少失學之苦，工作中又受到不少苛待，自幼身心遭受壓迫，致使他年少時就萌發關注社會現實，嚮往社會變革的心志。1894 年 11 月 24 日，孫中山在檀香山創立中國第一個革命團體「興中會」之時，當時 21 歲的葉桂芳毅然選擇加入，成為早期「檀香山興中會」126 名會員之一。〔註65〕

　　1899 年，葉桂芳開始進入夏威夷銀行任職，最初擔任收帳員，後來擢升為財務助理（襄理），他是第一位擔任到此一高階職位的華人。葉桂芳在夏威夷銀行任職共 29 年，至 59 歲因病退休。他一生從事過實業、保險、教會及社區服務，1935 年 2 月葉桂芳辭世，享年 62 歲。他育有 11 名子女，8 位男孩與 3 位女孩。他晚年與他 8 個兒子一同發展地產投資及保險業。葉桂芳對華人社會最大的貢獻，莫過於是他努力促成後來夏威夷大學的成立，1918 年葉桂芳發起運動，向準州議會請願，要求將當時的夏威夷農科機械大學改組為綜合性的夏威夷大學，對往後華人在當地追求高等教育，有直接的促進作用。〔註66〕

〔註65〕《檀報》（*Hawaii Chinese News*），September 16～September 30, 2011, p.13.

〔註66〕1982 年由葉桂芳的家屬捐款數萬元，在夏威夷大學內漢彌爾頓（Hamilton Library）圖書館內設立葉桂芳紀念室。該紀念館設有紀念銅牌，上鑄刻葉桂

　　李啓輝與江棣香兩人原先是在廣東醫學院學習西醫，畢業後在香港短期開業後，決定前往夏威夷。他們在檀香山華埠開立診所，病患幾乎都是中國人，後來其他族裔的人也來前來求診，李啓輝夫婦是檀香山最早的華人西醫。〔註 67〕其妻江棣香是夏威夷首位華人西醫婦女，當她還在強褓之時，她的客家籍父母便把她棄於香港 Berlin Mission Foundling House 的階梯上，成爲一名棄嬰（Basket Baby）〔註68〕，自此江棣香便在那裡長大和受教育。14 歲時，她取得獎學金進入廣州醫院醫學院就讀，在醫學院內結識了丈夫李啓輝，1896 年兩人畢業並共結連理，隨後兩人決定前往夏威夷謀生。

圖 2-1-11　夏威夷著名客家華人西醫李啟輝圖　　　圖 2-1-12　夏威夷著名客家婦女西醫江棣香圖

資料來源：*Plague and Fire: Battling Black Death and the 1900 Burning of onolulu's Chinatown, p. 35.*
參閱日期：2014 年 11 月 7 日。

資料來源：*Plague and Fire: Battling Black Death and the 1900 Burning of Honolulu's Chinatown, p. 35.*
參閱日期：2014 年 11 月 7 日。

　　芳的辦學事蹟及遺像。爲此，檀香山英文報紙《星報》（Honolulu Star Bulletin）於 1982 年 1 月 28 日報導，以「一個男士的夢想，促成夏威夷大學誕生」爲標題，揭示葉桂芳的事蹟，公開宣稱他是「夏威夷大學之父」（Father of University of Hawaii），表揚他的貢獻，肯定他畢生促成夏威夷大學的成立，造就往後華人能接受更高教育，走向主流社會的成果。《檀報》（*Hawaii Chinese News*），September 16～September 30, 2011, p. 13.

〔註 67〕　Clarence E. Glick, *Sojourners and Settlers: Chinese Migrants in Hawaii*, p. 101.

〔註 68〕　Dennis A. Kastens, "Nineteenth Century Chinese Christian Missions in Hawaii," Honolulu, Hawaiian Historical Society Vol. 12 (1978), p. 63.

　　李啟輝夫婦盡全力照顧所有求診的病人，一同對抗當時華人常染上的淋巴腺鼠疾和鴉片毒癮，他們願意收取任何東西，例如米、鹽、香蕉、雞蛋作爲醫藥報酬，以取代金錢。他們亦創辦《新中國報》，和明倫中文學校（Mun Lun Chinese School），李啟輝夫婦也一直是夏威夷支持中國改革運動的活躍分子。江棣香女士是一名婦產科醫生，從醫 55 年，她前後共接生過 6,000 名嬰兒，這使她成爲檀香山一地接生率最高的私家醫生。在她忙碌的工作之餘，仍抽時間協助成立「第一華人基督教會」（the First Chinese Church of Christ），及擔任 Chinese Church's Women's Society 和 the Honolulu Chinese Orphanage Society 的總監；又出任美國紅十字會中國委員會和 American United Welfare Society 的主席，同時她也是 the First Chinese Church's Yau Mun School 的委員會成員。江棣香被視爲夏威夷傑出的華人女性，她更被選出代表出席泛太平洋婦女會議。〔註69〕

　　客家移民最初移往夏威夷，就與其他華人移民不同，客家移民多數並非打算短暫停留，而是從一開始就以夏威夷作爲他們的新家鄉，因此客家移民一般來說都是舉家遷徙。這些客家移民，不但在蔗糖生產等農業方面做出貢獻，更協助讓檀香山很早就有華人教會的設立。華人教會除有助於增進移民彼此之間的團結合作外，也開辦了教育、醫療等社會照護機構。上述幾位早期的客家移民及其後代，對日後華人在夏威夷能有越來越穩定的發展，的確有其相當的貢獻，而客家移民能快速地立足於夏威夷社會中，與他們很早就願意接受基督教及西方思想，亦有關聯。

　　隨著移民人數漸增，1850 年代的火奴魯魯逐漸形成華人較集中的地區，後來就發展出華埠，當地華人稱「檀山正埠」。相較於美國本土，夏威夷的種族矛盾情形較爲緩和，種族隔離現象也較不嚴重，所以檀香山華埠基本上是一個多種族混雜居住的區域。〔註70〕1880 年代，華人在此區大約佔四成。檀香山這裡的幫會組織，大都屬於洪門系統，1860 年代末到 1910 年，洪門分子在這群島各地區先後成立 30 多個公所，迎合華工社交活動的需要。夏威夷政府曾一度指控這些組織危害社會，但這些公所雖然有些成員包庇菸賭，卻很少涉及販賣娼妓。檀香山也沒有像美國本土內有一些分子脫離洪門另立門

〔註69〕陳玉冰，《中國婦女傳記辭典（清代卷）》，澳洲：悉尼大學出版社，2010 年，頁 77～78。
〔註70〕麥禮謙，《從華僑到華人：20 世紀美國華人社會發展史》，頁 25。

戶，所以這地區也倖免堂號爭奪地盤，互相殘殺的厄運。〔註71〕

　　1883 年夏威夷王國第一次立法限制中國人入境，新的法律規定每連續 3
個月時間內招運的中國人不得超過 600 人，而且只限由美國太平洋郵船公司
及遠東、遠西公司的船隻載運。這一限制法律受到種植園主的激烈反對。夏
威夷政府在 1885 年以後的 10 年內，對中國人公佈限制入境的法律不下 4 次。
1885 年的法律限定船長每次載送來的中國旅客中，無法出示曾在夏威夷居住
證件之人數，不得超過 25 人。1886 年公佈施行的限制華人入境法律，其嚴厲
程度不下美國的「格瑞爾法」（The Geary Act）。中國人若是無法出示曾在夏威
夷居住的相關證件，不准在任何夏威夷口岸登陸，此外依據該法案，華工是
絕對被禁止進入夏威夷的。對於這樣的嚴厲限制，「中國僑民聯誼會」於 1916
年在火奴魯魯聯誼會大廳舉行會議，會中決定將一封要求改善中國僑民在夏
威夷處境的申請書呈交華盛頓政府，大會委任鍾工宇和李烈負責此事。申請
書針對輿論強烈批評中國人的道德敗壞方面，夏威夷華人對此極力澄清並且
明確表示，中國男子和中國婦女都毫無瑕疵，尤其是後者，在夏威夷的中國
婦女，99%以上都是品德兼優的妻子、母親和女兒；並且提到在夏威夷境內，
凡有壞人出沒的區域和場所從未見過任何一位中國婦女，但夏威夷島上其他
國籍的婦女則不然。「中國僑民聯誼會」甚至指出火奴魯魯曾做過一次選民調
查，該地區共有 107 名妓女，其中 12 人屬於東方國籍，但之中沒有一個是華
人婦女。「中國僑民聯誼會」再三強調中國人對婚姻制度是相當尊重的，離婚
或遺棄的事例極為罕見。〔註72〕

　　1880 年代，華人越來越集中於檀香山，於是創辦中文學校及華文報紙的
條件逐漸成熟。在此一時期，一些傳教士在教會學校裡附設華文班。1882 年，
夏威夷政府的報告提及已有部分教會辦理華童學堂，但這時的中文學校才剛
起步，主要是在傳教士或是華人教會的協助下而成立，其規模不大，且尚未
穩定，許多在數年後就停辦了。此一現象在當時相當普遍，大約到 20 世紀初，
中文學校的規模才逐漸穩定。〔註73〕至於檀香山的華文報業，最早是 1883 年
程蔚南（C. Winam）在火奴魯魯出版第一份《隆記檀山新報》。由於此區華人
人口較多，辦報條件較成熟，因此華文報業得以發展，檀香山也順勢成為西

〔註71〕　麥禮謙，《從華僑到華人：20 世紀美國華人社會發展史》，頁 43。
〔註72〕　陳翰笙主編，《華工出國史料匯編第七輯美國與加拿大華工》，頁 272～286。
〔註73〕　麥禮謙，《從華僑到華人：20 世紀美國華人社會發展史》，頁 50。

半球在舊金山以外的另一個華文報業中心。〔註74〕隨著華人集中到檀香山發展後，華埠內各式華人組織也陸續成立。

華人社團方面，在檀香山中山縣人佔華人人口的七成以上，該縣在各地區的僑民則分別組織幾個會館或會館籍的團體。例如來自縣治石岐的移民設「良都會館」，石岐以東的四大都設「四大都會館」。但地域觀念對團結所起的作用卻不及宗族觀念。〔註75〕在「中華會館」、「中華公所」的領導下，一些地區能夠舉辦社區的公益事業，最普遍的是辦學校。此外在 1897 年，檀香山「中華會館」曾連同當地華商，創辦惠華醫院救濟貧病華人，不久卻因經費短絀停辦。到 1920 年，「中華會館」又與「中華總商會」募款買地，建築巴羅羅（Balolo）華僑老人院，收容無所依附的老華僑。〔註76〕

華人此時在夏威夷農業各方面，表現傑出。例如以米業著名的唐舉，有「米業大王」之稱號。唐舉在 1869 年和盧岳、梁南、林社根、林清華等人合股創設昇昌公司（Sing Chong Co.），是夏威夷最大的米業公司。此外，由於夏威夷群島的氣候與珠江三角洲相仿，所以華人又從廣東傳入不少花卉、果蔬果良種〔註77〕，隨著夏威夷經濟的發展，對物資供應的要求也不斷提高。當時夏威夷的白人人口佔少數，土人又缺乏經營工商業的經驗，華人就把握時機進入各項農業種植行業，發展生產，促進物資交流，成為夏威夷新興中產階級的一部分。1866 到 1889 年間，這時候華人差不多壟斷了餐館、屠宰、食品等行業，他們所奠定的基礎促使夏威夷華人在 20 世紀有了更進一步的發展。〔註78〕

1852 年至 1898 年間，華人幾乎都是以契約農工的身分進入，多數移民是在 1875 年到 1898 年間抵達，移民中 95%為男性青年，之中也開始有華人婦女進入。在 1880 年代初期，這些中國青年甚至佔整個夏威夷成年男性數達一半以上。〔註79〕直至 1890 年到 1910 年間，中國婦女才大批前往夏威夷。由於這些婦女的移入，土生華人人口才開始繁衍成長，估計約有 46,000 名中國人是在夏威夷與美國合併以前移民到夏威夷的。

〔註74〕麥禮謙，《從華僑到華人：20 世紀美國華人社會發展史》，頁 48。
〔註75〕麥禮謙，《從華僑到華人：20 世紀美國華人社會發展史》，頁 44。
〔註76〕麥禮謙，《從華僑到華人：20 世紀美國華人社會發展史》，頁 46。
〔註77〕麥禮謙，《從華僑到華人：20 世紀美國華人社會發展史》，頁 18～19。
〔註78〕麥禮謙，《從華僑到華人：20 世紀美國華人社會發展史》，頁 19～20。
〔註79〕Clarence E. Glick, *Sojourners and Settlers: Chinese Migrants in Hawaii*, p. 15.

三、1898 年至 1965 年

夏威夷被併入美國國土於 1898 年 8 月 12 日正式生效，同年 11 月 24 日開始，即由美國官員來負責接管中國移民事項，由於美國《排華法案》自合併起一同適用於夏威夷，於是華人移往夏威夷從此進入另一階段。之前留下來繼續發展的移民，後來都參與在當地的建設，成為夏威夷多元族群中的一員。如前所述，1880 年代中期以後，以各種特許身分入境的中國人，他們在社會建設過程中扮演了十分重要的角色，這些人包括有商人、銀行家、報紙編輯、中文學校教師、醫生、牧師、神父、和尚、道士、大學教授、以及藝術家等。在上述多種類別中，商人佔了絕大多數，其他各類的總人數合計不超過幾百人。特許入境的人，可將他們的妻子一同帶來，即便是在合併之後，仍被准許這麼做。依照出生地原則，華人在夏威夷當地出生的子女擁有取得美國國籍的資格。華人婦女的移入，不僅有助於華人家庭在此建立，亦使夏威夷華人男性過多的人口結構漸趨平衡，更為日後夏威夷華人族群的繁衍與成長，奠定基礎。〔註 80〕

1898 年《排華法案》在此實施後，對美國本土或夏威夷都造成不小的衝擊，但與美國本土相較，夏威夷的發展情況卻大不相同。在 1880 年代初，夏威夷尚未禁止華工入境，而且因經濟發展所需，還大量到中國招募華工；反之，當時美國西岸排華風潮越演越烈，使得部分原先預定前往加州的華人移民，中途決定轉往夏威夷。因此造成夏威夷華人人口由 1882 年的 14,000 人左右，到 1900 年時竟增加了八成多。但是，夏威夷在 1898 年被併入美國版圖後，這種情況很快就逆轉了；到 1910 年時，華人人口跌到最低點。在 20 世紀初年，美國本土華人人口也持續下降，直到 1920 年才達到最低點。後來由於華人在法院爭取到一些有利於華人入境的判決；同時，土生華人人口的自然增加，至 1910 年和 1920 年，夏威夷和美國本土的華人人口才慢慢回升。〔註 81〕

表 2-1-4　1900 年至 1960 年夏威夷州華人人口數統計表

年 份	純華人人口數（人）	全州總人口數（人）	純華人佔總人口比例（%）
1900	25,767	154,001	16.7
1910	21,674	191,909	11.3

〔註 80〕 Clarence E. Glick, *Sojourners and Settlers: Chinese Migrants in Hawaii*, p. 21.
〔註 81〕 麥禮謙，《從華僑到華人：20 世紀美國華人社會發展史》，頁 78～79。

1920	23,507	255,912	9.2
1930	27,179	368,336	7.4
1940	28,774	423,330	6.8
1950	32,376	499,769	6.5
1960	38,119	632,772	6.0

資料來源：Tin-Yuke Char, *The Sandalwood Mountains: Readings and Stories of the Early Chinese in Hawai* (Honolulu: Univ. Press of Hawaii, 1975), p. 308.

由於華工人口數下降，婦女比例隨之相對增加。到 1924 年，華人男女的性別比例已大幅下降，1910 年在夏威夷的男女比例為 3.8：1，但到 1940 年，男性只比女性多出 27.6%；而在美國本土華人男女的性別比例則由 1910 年的 14.3：1，下降到 1940 年的 2.9：1，仍然處於極懸殊的畸形狀態。這時在美國本土的華人已經成為極少數的族群，以華人分佈最多的加州為例，華人也僅不過佔全州人口的 0.6%；反觀華人在夏威夷總人口中，所佔比例雖然逐年下降，但這裡仍然是美國各州中，華人佔該州總人口比例最高的地區，1940 年時，華人人口（含混血華人及純華人）佔總人口的 6.8%。〔註 82〕

排華期間造成大批華人持續離開鄉村，轉往大都市發展，很多農業型華埠也因此衰落而遭淘汰，在夏威夷的情況也是如此。1884 年檀香山華人人口只佔夏威夷華人總數的 29%，但到 1940 年有高達 78% 的華人集中在檀香山。根據 1940 年的聯邦人口統計資料顯示，檀香山是美國境內華人最多的城市，共計有 22,445 人，比第二名的舊金山多了 4,663 人，第三名是紐約，有 12,753 人。〔註 83〕甚至到 1950 年代，檀香山一地的華人佔全州華人的 83%。1960 年代，檀香山華人佔全州華人的 79%，雖然微幅下滑，但比例仍高，顯示夏威夷華人集中於檀香山一帶的狀況，相當明顯。

1898 年，夏威夷被併入美國版圖，如同美國本土的華人一般，夏威夷的華人也遭受排華移民苛例的管束，所幸華人在此發展已久，已有較穩固的經濟基礎，因此他們雖然處在逆境，但在當地工商業方面，仍有些許的發展空間。「中華商會」（Chinese Merchants' Association，1926 年更名為 Chinese Chamber Commerce of Honolulu）成立於 1911 年，到了 1927 年中華商會仍持續廣收會員，其發展比美國本土的「中華商會」要早得多，反映出夏威夷

〔註 82〕麥禮謙，《從華僑到華人：20 世紀美國華人社會發展史》，頁 78。
〔註 83〕麥禮謙，《從華僑到華人：20 世紀美國華人社會發展史》，頁 78。

華人工商業的多元化，也較美國本土來得早。〔註84〕這時有多名華人在金融業方面的經營卓然有成，例如唐雄（Tong Phong，香山縣人），唐雄祖父唐貽是夏威夷製糖業的開拓者，其父唐庸昌是檀香山昇昌公司（Sing Chong Cornpany）合股人之一，該公司所產銷的米量佔檀香山一地總米量的半數。唐雄後來擔任昇昌公司經理，1902 年他又開設一鴻發公司，專營中國貨品及古董。〔註85〕

另一商人陳滾（Chun Quon，香山縣人），是於 1887 年移民檀香山後，開辦雜貨、養豬、木材、釀酒及保險事業，二次大戰以前已成為當時夏威夷的首富，擁有資本超過 200 萬美元。1912 年陳滾參加鐘工宇等創辦的華人聯合進益有限公司（Chinese Mutual Investment of Hawaii），從事地產及保險的投資。他們在經營中瞭解開設華商銀行的必要，於是在 1915 年陳滾與鐘工字、唐雄、杜惠生、程水和楊著昆等籌辦華美銀行（Chinese American Bank），由唐雄任總理，陳滾任副經理，1916 年開始營業。華美銀行之開設對中山商人資金融通有所裨益；其後林業舉（Lum Yip Kee，香山縣人）創辦檀香山共和銀行（The Liberty Bank of Honolulu），該銀行亦於 1922 年開始營業，〔註86〕這些華資銀行的設立有助於解決僑商的資金需求。〔註87〕

在農產品加工上，華人也有不錯的成就。1904 年，張深榮（Chong Sum Wing，香山縣人）在檀香山創辦永興公司（Wing Hing Co.）推銷罐頭生果。到 1915 年，開始專做咖啡生意，1922 年他和何惠光創辦夏威夷咖啡廠（Hawaiian Coffee Mill）。1920 年代，該公司在夏威夷所生產的咖啡，年生產量佔全夏威夷州的三分之一，舊金山、香港、九龍等地均設有分店。1910 年到 1915 年，林業舉、黃暖（Wong Nin，香山縣人）等華人設置工廠，加工生產當地人喜愛食用的芋漿（poi），當時幾乎獨佔了整個檀香山的芋漿供應市場。〔註88〕不少華人一開始是獨自一人前往檀香山發展，經過辛勤的打拼，而成為成功的華商。其中一典型的實例是陳寬（Chun Hoon，香山縣人），他

〔註84〕　麥禮謙，《從華僑到華人：20 世紀美國華人社會發展史》，頁 107。
〔註85〕　蔡志剛，〈中山地區商人在中國和世界各地的商業活動〉，《近代中國與世界（第 2 卷）》，頁 574。
〔註86〕　麥禮謙，《從華僑到華人：20 世紀美國華人社會發展史》，頁 108。
〔註87〕　〈夏威夷華僑富商陳滾〉，《中山人在夏威夷》，頁 99～100；麥禮謙，《從華僑到華人：20 世紀美國華人社會發展史》，頁 108～109。
〔註88〕　麥禮謙，《從華僑到華人：20 世紀美國華人社會發展史》，頁 108。

在 1889 年入境時才 14 歲，但當時就已經肩挑蔬菜到市場販賣。累積到一定積蓄後，陳寬開設了一間雜貨店，創辦超級市場，後來發展成爲食品蔬菜批發公司，接著又擴展營業，開設藥房和百貨店等。〔註89〕

1930 年代，受到經濟大恐慌影響，全球瀰漫不景氣，夏威夷很多華資工商業銀行亦大受打擊，不少華人因此倒閉，包含華資銀行、信託公司或是工業，無一倖免。華人企業雖遭受到不少挫折，但到 1939 年僅在夏威夷總人口比例中佔 7%的華人，他們所經營的工廠，仍佔夏威夷地區 275 間工廠的兩成。整體而言，至二次大戰前夕，夏威夷華人資產階級的發展，比美國本土華人來得成功，亦對夏威夷經濟繁榮，起了促進作用。〔註90〕

總之，二次大戰前，夏威夷與美國本土相比，具備了較有利的客觀條件，所以夏威夷華人在商業經營上與美國本土華人相比，在多方面都相對順利。不過由於夏威夷群島位處太平洋中心，經濟產業偏重以農業爲主，資源缺乏、土地面積小、人口數有限，因此當地華人的經濟成就，限於商業、輕工業及服務行業，影響力也僅侷限於當地。至於在夏威夷經濟佔主導地位的蔗糖業和波蘿生產業的支配權，仍操控在白人企業家手中。〔註91〕

1941 年珍珠港事變後，檀香山頓時成爲戰事前線，面對日本進攻的威脅，許多白人企業家紛紛返回美國本土，順勢將其地產以廉價方式拋售，不少華人就趁機收購，從中獲利成爲巨富。二次戰後最著名的華人實業家何清（Chinn Ho, 1904～1987）〔註92〕，在 1930 年代時便開始大舉投資房地產。

〔註89〕 麥禮謙，《從華僑到華人：20 世紀美國華人社會發展史》，頁 109。
〔註90〕 麥禮謙，《從華僑到華人：20 世紀美國華人社會發展史》，頁 110。
〔註91〕 麥禮謙，《從華僑到華人：20 世紀美國華人社會發展史》，頁 110。
〔註92〕 何清（Ho Chinn, 1904～1987），是爲一美國夏威夷華人實業家。祖籍廣東中山，生於夏威夷華人農業家庭。1926 年畢業於夏威夷大學。何清從年輕時便白手起家，艱苦創業。1930 年代，何清已擁有雄厚的經濟實力，經營甘蔗種植園、房地產、報業，打破白種人對夏威夷經濟的壟斷。太平洋戰爭前後，他大量收購土地，1944 年創立首都投資公司（Capital Investment，當地華人稱"急必圖投資公司"），何清任總經理，從事投資地產、保險等事業。1947年，何清以 125 萬美元購入瓦胡島（Oahu）厄奈糖業公司（Waianai）的 9000英畝土地，創下亞裔在檀香山有史以來最大的一宗地產交易。到 1950 年，首都投資公司的總資產達 500 萬美元。1954 年，何清被選爲夏威夷證券交易所的第一位華裔主席。1950 年代末至 1960 年代初，何清的企業開始朝向多元化、國際化發展。1962 年，他收購甘奈達太平洋報業（Gannett Pacific Publications），任董事長，擁有暢銷的《明星公報》（Star Bullet），並入股 Aloha航空，購買西雅圖棒球隊部分股權，被稱爲"夏威夷的中國洛克菲勒"。1982

二次大戰之際，何清因低價收購不少房屋而獲得巨利。到 1950 年，他的公司資產額已經達到 200 萬美元。另一名華商林關焯（Q. C. Lum），他在大戰前夕涉足建築業，在戰後數十年不斷發展之下，成爲檀香山最大型住宅的承造商之一；到 1960 年代初，在柯湖島建築了 7,000 多座房子。〔註93〕

檀香山華人在 20 世紀初期的發展，與美國本土華人正好形成一個鮮明的對照。在檀香山，華人雖然在社會上會多少受到歧視，但在這多元種族社會中，他們還是能夠找到發展的空間；在教育方面，政府也沒有頒行種族隔離的措施。如同美國本土一般，檀香山華人很早就有提出能入學受教育的要求。早在 1872 年，在檀香山的華人人口還不及 2,000 人，但當時男青年會成立的華人主日學，就有 27 名華人報名上課學習英文。20 世紀後，華人家庭繼續增長，華人父母積極鼓勵子弟入學，因爲他們很早便意識到，受教育是提升社會經濟地位的利器。因此到了 1900 年，華人學生已經達到 1,300 名，1920 年時，人數又增加了一倍，到 1930 年代中期，華人學生數已超過 8,600 名，其中七成以上是在公立學校讀書。〔註94〕1920 年，16 至 17 歲的華裔青年已有七成進入中學，比例超過夏威夷任何一個族裔，到二次大戰前夕的 1940 年，華裔青年有九成進入中學就讀，當時全夏威夷各族裔的中學生，不過佔學齡青少年的 67.1%而已。〔註95〕

在檀香山華人的經濟情況比美國本土來得好，在社會上也有較多發展，所以在 20 世紀上半葉，進入大學深造的華人學生數比加州多。在 20 世紀初，檀香山還未設有綜合性的大學，當時檀香山有志求學的華裔子弟，必需負笈遠度重洋到美國本土的學校繼續進修。後來在 1918 年，擁有客家背景的第一代土生華裔葉桂芳發起設置夏威夷大學的請願運動，向準州議會要求將當時的夏威夷農科機械大學，改組爲綜合性的夏威夷大學。這所學校在

年何清退休，事業交由其長子何德權（Stuart Ho）及次子何德華（Dean Ho）接管。在他們的努力下，1993 年首都投資公司的營業額達 1700 萬美元，盈餘高達 430 萬美元，目前家族財富超過 1 億美元。何清晚年十分關注中國大陸的建設事業，曾擔任宋慶齡基金會理事，還曾於 1982 年獲全美華人協會頒發的卓越成就獎。參考資料：華僑華人百科全書——人物卷，北京：華僑出版社，2000 年，參閱網址：http://www.chnqxw.com/2011/0511/3209.html，參閱日期：2014 年 11 月 23 日。

〔註93〕 麥禮謙，《從華僑到華人：20 世紀美國華人社會發展史》，頁 410。
〔註94〕 麥禮謙，《從華僑到華人：20 世紀美國華人社會發展史》，頁 136。
〔註95〕 麥禮謙，《從華僑到華人：20 世紀美國華人社會發展史》，頁 136。

1920 年開始招生之後，大大方便華裔直接在夏威夷當地追求高等教育，如此一來也有利於培養日後華裔中產階級生力軍。如此一來，在 1920、1930 年代，夏威夷大學是美國擁有最多華人學生數的高等學府。1936 年至 1937 年，美國共有華人留學生及華裔學生共 1,876 名，其中有 342 名在夏威夷大學，佔全美華人大學生的 18.2%，這些學生幾乎全部都是土生華裔。美國本土當時擁有最多華人學生數的學府是加州大學柏克萊分校，人數為 161 名，不及夏威夷大學華人學生數的一半。據 1940 年人口統計資料，檀香山的華人有 840 人完成了包含四年或以上的高等教育，但在加州卻只有 594 人，從這些現象看來，此一階段檀香山華裔中產階級知識份子的發展，比美國本土華人來得快速。〔註 96〕

　　20 世紀初到二次大戰前，此期間華人擁有專業及技術的比例也不斷增加。據人口普查資料，1910 年在一些工作條件較優越、社會地位較高的行業中，大部分是屬於白人，華人所佔百分比和夏威夷其他族裔一樣低。但隨著華人土生人口的增加及檀香山經濟的發展，進入這些行業的華人數開始不斷上升。1940 年，檀香山只有 3 名華人在公立學校任教，1910 年到 1928 年檀香山華人人口由 25,800 人略增加到 27,000 名，但華人教師人數卻已經增加到 288 名。據 1910 年美國人口統計，檀香山地區的華人中有 4 名西醫，1911 年首位華人牙醫鄭帝恩（Dai Yen Chang 或 Zheng Di'en）在火奴魯魯設立醫務所。9 年後，1920 年人口普查資料中有 4 名華人被列在法律業，6 名在工程業和 18 名在攝影業。到 1930 年，華人男性在檀香山所佔就業人數的百分比已經由 1920 年的 11.1%下降到 6.3%，但當時每 4 名牙醫之中就有一名是華人；法律業和工程業裡的華人人數增加到 6 名和 32 名，華裔也佔西醫總數的 8.3%。所以到美國加入二次大戰前夕，約有四成就業華人均從事於白領階級或是其他專業技術工作，當時夏威夷全境從事這些行業的人口比例為 15.6%，華人可說是遠遠超過。由此看來，檀香山一部分華裔的經濟社會地位顯然已經提高，而且已成為華人中產階段裡的重要組成部分。〔註 97〕

　　隨著華裔中產階級的發展，經濟條件的改善，華人亦逐漸分散與其他族裔混合居住。到 1930 年代，檀香山華埠的居民已有超過半數不是華人，同時由於華裔同化程度加深，他們與其他族裔之間自然互動與交往，因此華人族

〔註 96〕麥禮謙，《從華僑到華人：20 世紀美國華人社會發展史》，頁 138。
〔註 97〕麥禮謙，《從華僑到華人：20 世紀美國華人社會發展史》，頁 138。

裔婚姻情形越來越普遍，例如 1930 至 1940 年的十年間，華人有 28%是選擇其他族裔爲結婚對象。〔註98〕

在種族仍存在隔閡的社會背景下，土生華裔爲了滿足生活所需，也成立各種團體以維護並促進本身利益，逐漸形成檀香山華人社會一個組織體系。如 1906 年檀香山英文中等學校華裔學生，在德蒙牧師的鼓勵和支持下，成立華人學生聯合會（Chinese Students Alliance of Hawaii），其宗旨是聯絡學生感情、交換知識、並鼓勵會員追求更高深的學識。夏威夷各地區的中學，後來也包括夏威夷大學，都設有華人學生組織，隸屬於這聯合會。〔註99〕學生聯合會成立後的十數年，華人中學畢業生不少負笈到美國本土繼續深造。到第一次世界大戰期間，華裔大學畢業生人數已有顯著的增加，當他們返回檀香山時，就有互相聯繫進行社交活動的需求。當時出現有部分華人曾因欲加入白人爲主的學生會，而遭到拒絕的傳聞；於是在 1919 年，華裔成立華人大學生會（Chinese Universsty Club），發起人是程金翼（Ching Kim Ak）等 12 人。後來，女畢業生的人數有所增加，因此在 1931 年又有大學華人婦女會（Chinese Women's University Club）的成立。〔註100〕

以土生華人爲主的新興中產階級亦迫切要求參與在當地政治中，以爭取華人的均等地位，並維護和促進其切身利益。1925 年，一群土生華人成立華人土生會（Hawaiian Chinese Civic Association）。其宗旨是 "「……聯絡土生華人，共同結成一大團體，以爲對外之機關，而維持土生之權利……」"，結果選出鄭帝恩等 11 人爲土生華人協會的領導成員。該會的活動焦點是維護並促進美籍華人應享有的公民及政治權利。〔註101〕1926 年，黃歡和（Hoon Wo Wong）、李瑞欽（Frank S.K. Lee）、湯慶華（Ruddy Tongg）等人，又創辦美國華裔第一份中英文週刊《檀華新報》（The Hawaii Chinese News），作爲新興中產階級的喉舌。1926 年年底，土生會會員牙醫師鄭帝恩及攝影師謝有（Yew Char）參加競選，兩人後來分別成爲檀香山市市參議員及準州眾議員，是全美首位被選任職於議會的華人，比美國本土華人早了 27 年。

發展到二次大戰之時，檀香山華裔已形成一具有自我特徵的社會團體。年輕一輩的華裔其英語能力遠超過他們的華語能力。這時期，美籍華人佔了

〔註98〕麥禮謙，《從華僑到華人：20 世紀美國華人社會發展史》，頁 152。
〔註99〕麥禮謙，《從華僑到華人：20 世紀美國華人社會發展史》，頁 153。
〔註100〕麥禮謙，《從華僑到華人：20 世紀美國華人社會發展史》，頁 154。
〔註101〕麥禮謙，《從華僑到華人：20 世紀美國華人社會發展史》，頁 155。

華人人口的八成。華裔中產階級分子已經成為華人社會領導階層的重要成員，他們繼續參與在主流社會的政治活動中。不過在社交方面，白人中上階層仍然不願意以對等態度接受他們，因此在這時期，華裔中產階級在自我認同方面，往往產生矛盾的心態。〔註102〕

夏威夷華人藉由參政以融入主流社會，亦比美國本土華人來得早。1906年出生於夏威夷檀香山的鄺友良（Hiram L. Fong, 1906～2004）〔註103〕，為華人移民第二代，父親是甘蔗園的傭工，母親是女傭。鄺友良從小接受夏威夷基礎教育，1930年他取得夏威夷大學學士學位，1935年又獲得哈佛大學法學博士。1946年，鄺友良開始經商，他與人合夥建立了“「城市市場購物中心」”。他創立「銀業」集團後的十幾年間，鄺友良逐步建立起金融、保險、房地產和投資公司等商業機構國，成為夏威夷華裔首富，他一共擔任過9家公司的總裁。1938年鄺友良參選並當選為夏威夷准州眾議院議員。1959年夏威夷獨立建州後，他成為該州第一批聯邦參議員，在他當選後曾兩度連任，直到1976年退休。他近18年參議院生涯共歷經過5任總統，問政表現亦得到高度肯定，還因此被譽為「華人第一參政人」。他推動各項民權法案，如：保障少數族裔的投票權，使亞裔享有和其它各族裔同等的移民配額。鄺友良分別於1964年和1968年兩次參加共和黨內的美國總統初選。他不僅是美國首位華裔國會參議員，同時也是第一位參與美國總統競選的亞裔美國人，在美國華人參政史上，具有重要的意義。

二次戰後，有越來越多華人在夏威夷政壇中脫穎而出。除了鄺友良外，李桂賢在1955年代表民主黨被推選為參議院的多數黨領袖。當時的參議院議長為混血華人鍾望賢（William H. Heen）。在各郡級政府，譚福善（Eddie F. Tam）1942年進入政界，在1950到1960年代多次擔任茂宜郡參議員和郡長；

〔註102〕麥禮謙，《從華僑到華人：20世紀美國華人社會發展史》，頁156。

〔註103〕鄺友良（1906～2004）是美國第一位華裔民選官員，也是官階最高的一位。1906年出生於夏威夷，是第二代美籍華人，祖籍中國廣東省中山市，其父16歲到夏威夷，目不識丁。鄺友良1930年畢業於夏威夷大學，1935年在哈佛取得法律學位。當時夏威夷尚未成美國的一州。1938年當選為夏威夷區代表，任職至1954年。期間1944～1948年為副區議長，1948～1954年為正區議長，二戰期間1942～1945年，服役於美國第7隊空軍。1959年夏威夷正式成為美國的一州，是年鄺友良當選為國會參議員，至1977年退休為止。2004年8月18日，鄺友良在檀香山家中病逝，享年97歲，為紀念鄺友良，當局將夏威夷檀香山華埠郵政局命名為鄺友良郵政局。參閱網址：http://chinatowncenter.com/hawaii/hiram-leong-fong/。

其同僚甘官強（K. K. Kam）在1946年到1958年期間，長期擔任該郡財政部門職位，夏威夷各地區其他華人官員更不勝枚舉。〔註104〕

此外，戰後華人在檀香山的發展始佔有重要地位。1960年代，檀香山華人人口大約是當地總人口的6%，但擔任老闆及經理的華人男性卻高達就業華人的兩成，超過任何族裔在這個項目的百分比。根據1972年美國聯邦政府商業部的調查，檀香山華人企業的平均歲收入，比其他各州華人超出一倍，顯示檀香山華人工商業的業務規模比美國本土大得多。

早期移民至夏威夷發展的客家人，與其他華人相同，除持續融入於主流社會外，亦希望能促進客家族群團結及傳承客家文化。在夏威夷的客家移民，儘管他們並非多數，亦能團結一致，互相協助，並且希望客家文化能繼續在海外延續下去，今日夏威夷歷史最悠久、最具代表性的客家組織「檀香山崇正會」（即「夏威夷崇正會」），一開始便是為了促進客家人的團結而成立。檀香山崇正會的前身為「人和會館」，成立於1918年冬，倡組者為楊景亮、何三仁、王有、古今福、何帝衍等人，首任主席為楊景亮，繼之由羅文才、甘金帶、范慈和、刁貴、曾有發等先後出任主席。1936年甘華煥擔任主席時，出財出力使組織更形興盛，加上當時以擁護「香港崇正總會」為號召，倡議改組「人和會館」為「崇正會」，期盼促進世界各地客家族群之大團結。

該會於1937年宣告改組成功，同時鼓勵成員積極捐款，其後於華埠向拿基街（Maunakea Street）購買一兩層樓建築物，樓上作為「檀香山崇正會」會所，樓下作為租賃之用，當時價值約十萬餘美元，並訂1937年2月22日為該會成立紀念日，強調堅定正義立場、共謀團結、互助合作、以及加強社會服務等四項宗旨。創會之初，會員人數僅寥寥數十人，根據1936年調查，會員數達1,600人，至1963年已超過2,000之眾，據了解，旅居檀香山客家人數約在6,000以上，真正加入「檀香山崇正會」者，僅佔三分之一。

〔註104〕 在1940、1950年代比較著名的有鄺榕廣（Leonard Fong），曾任檀香山市、與檀香山郡審計員；張寬（Willam Chung-Hoon）則是擔任檀香山市（郡）財政部長，李金泰擔任準夏威夷州財政部長；劉秀璋（Daniel S. C. Liu）任檀香山市警察局局長；李桂池（Richard Lee）任檀香山市衛生局局長；鍾桂香（Norman Chung）任火奴魯魯市、縣檢事；林赫爾曼（Herman Lum 音譯）任夏威夷聯邦檢察官，毛澤（Chuck Mau）在1950年代被委任火奴魯魯巡迴法院法官，他是第一位擔任此一職務的華裔。參考麥禮謙，《從華僑到華人：20世紀美國華人社會發展史》，頁373。

客家移民過去遠渡重洋至夏威夷發展，秉持進取精神、不辭艱苦，講求勤儉美德，逐漸累積財富，客家後裔無論在夏威夷政治、軍事、警政、教育、工程、醫藥、銀行、實業等各方面，不少身居要職者，舉凡曾爲夏威夷上議院院長的鍾威森賢，擔任過警察廳長的劉秀璋，曾任財政廳長的何義初，衛生廳長李桂池，還有檀香山華人實業巨擘何清，以及中美銀行及共和銀行董事長毛觀喜、曾記福，還有榮膺過全美華人福利總會常務理事的王吉兆，皆爲該會會員或前任主席，對夏威夷社會有其影響及貢獻。檀香山崇正會每年均舉辦各式活動，增進夏威夷客家後裔彼此間的互動聯繫，他們相當肯定客家先輩對於早期華人社會的開發，並強調對客家文化尊崇。

自 1898 年至 1965 年新移民法通過前，夏威夷華人儘管在總人數及人口比例上逐漸降低，但華人仍在各方面有一定的表現。華人透過族裔通婚，致使混血華人取代純華人成爲華人主體，另外透過接受更高的教育，躋身專業階層，並且懂得掌握時機，在經濟上站穩腳步，甚至透過參政，積極爲自己發聲。1918 年成立的「人和會館」，於 1937 年更名爲「檀香山崇正會」，對客家文化在夏威夷的發展，深具意義。

第二節　1965 年新移民法修正後

1943 年美國取消了《排華法案》，二次大戰後，美國又陸續通過了多項法案，例如 1946 年的《戰時新娘法》（The War Brides Act）、1952 年的《麥卡倫・華爾德法案》（McCaran-Walter Act）、1953 的《難民救濟法》（Refugee Relief Act）等，美國逐步放寬其移民政策。除有助於促進親屬團聚，也使戰後華人在質與量上能有所提升，不過這時在諸多限制下，能移入美國的華人還是少數，眞正的改變則是在 1965 年的美國新移民法修正。

1960 年代末，美國歷經了民權運動後，加強了各少數民族的自信心和爭取認同的決心。在此風潮影響下，美國通過了「移民國籍法修正案」（Amendment to the Immigration and Nationality Act），即所謂「新移民法」。該法內容強調家庭團聚做爲選擇移民的基礎，除此之外，也對美國所需要的專業人員和政治「難民」分別給予優先的考慮，該法是美國移民政策史上的重要轉折。1982 年後，美國更單獨給予臺灣每年 2 萬名的移民配額，使得 1980 到 1990 年間，部分臺灣移民也移往夏威夷。臺灣移民的到來，爲傳統夏威夷華人社會，以

及向來強調多元文化發展的夏威夷，注入了更豐富的色彩。

　　1965 年美國總統詹森（Lyndon Baines Johnson, 1908～1973）向國會提出並通過「移民和國籍修正法案」（又稱爲「修正麥卡倫——華爾特法案」的新移民法），是美國華人發展的分水嶺。該移民法案在取消原始國籍配額制之後所採用的優先系統（preference system），除了強調人道的家庭團聚的移民類別（佔 80%），也提供給具有美國所需技能、專業人員與高技能的工作者（佔 20%）移居美國的機會。前者讓許多華人家庭得以團聚，造成許多華人社群家庭及社會結構的質變，也造成華人逐漸向華埠外圍遷移的現象。後者吸引專才的政策，成爲吸引留學生前往美國的誘因之一。1976 年和 1978 年美國國會陸續通過修正案，將東、西半球獲准移民人數上的不平等取消，採取一致標準的移民配額系統，每年 29 萬人。1980 年的「難民法」（The Refugee Act）通過，建立專屬的年度配額。經過在美移民的奔走之下，1982 年美國政府再度修正移民法，將臺灣自中國移民配額中獨立而出，享有每年 2 萬人的移民配額。1990 年的新移民法，增加年移民總數至 67 萬 5 千人；分爲親屬移民（48 萬名），工作移民（14 萬名）和多樣移民（Diversity Immigrantion，5 萬5,000 名）。〔註 105〕

　　相對於臺灣，美國是世界強權國家，二戰後美國一直在政治、軍事、經濟及文化上與臺灣保持密切的關係，在民間貿易及大眾媒體的推波助瀾下，美國的正面形象，包括其民主政治、自由開放經濟和良好的生活品質，吸引了臺灣人前往移民。然而從 1960 年代中期至 1980 年代，臺灣當局對於民眾出入境的管制趨於嚴格，故早期能前往美國的，以留學生爲主。此時臺灣雖然也有著高度的經濟成長，但對於高級技術人才的就業機會仍缺乏，因此許多高級人才嚮往美國先進科技及生活水準，選擇留學美國，且多半在取得學位後，便就地尋求移民的身分，這些人促成了第一波移民潮。根據統計，從1960 年至 1979 年間，50,000 名留學生中，只有 6,000 人回國；而 1965 年美國新移民法中鼓勵家庭團聚，讓這些留學生的家人有了赴美的途徑。他們多是科技留學生，有很高的比例即是因其優越的學歷和專業技能得以移民美國，此即當時所謂的「人才外流」（brain drain）現象。〔註 106〕

〔註 105〕中華民國僑務委員會編印，《美國臺灣僑民生活適應及發展之研究——以洛杉磯爲例》，頁 11～12。
〔註 106〕中華民國僑務委員會編印，《美國臺灣僑民生活適應及發展之研究——以洛

　　另外，1970 年代發生 1971 年中華民國退出聯合國，以及 1978 年中美斷交等事件，使臺灣外交立場發生劇烈變化，從而帶來在國際孤立的恐慌，也促動了幾波的移民潮。從國際形勢與美國國內經濟的氛圍以及對移民素質從優考量的條件下，美國政府不僅企圖吸引具有技術的專業人士移入外，也樂於接受挾帶大筆資金前來投資的移民。相對應於美國，1980 年代是臺灣政治和社會發生重大變化的年代。當時政府開放黨禁、報禁，經濟快速成長，股市房地產狂飆，個人收入大幅提升；再加上 1989 年 7 月政府開放觀光，種種因素都使國人出國旅遊及外移的機會增加。另一方面，國內快速的社會變遷也帶來了政治不安定、治安不好、小孩教育壓力過重、生活環境惡化等現象，再加上中共長期壓力的因素，使得臺灣人民在比較國內外制度和生活環境後，增加了他們移出的動機。在這雙重的利基下，臺灣移民在 1980 年代發生了第二波大規模的移民潮。1980 年代赴美的臺灣移民具有幾項特點：首先是他們的教育程度和平均收入高，有高比例移民具有碩博士以上的學歷，且多從事專業技術方面的工作；其次是他們的年齡多處青壯年；再則他們在移民前，大多居住在臺北、高雄等大城市中；第四是移民後仍和臺灣親友往來互動且聯繫頻繁；第五是他們的職業多樣化，視野國際化，有些甚至在移民後，又再轉往其他地區發展。〔註107〕

　　1965 年以後，臺灣移民主要以加州的洛杉磯以及東岸紐約為集中地。與加州相比，夏威夷的臺灣移民呈現出明顯量少而分散的情況。臺灣移民一般都遠離華埠居住，逐漸發展出新華人社區。二次大戰後到 1965 年間，臺灣移民主要以留學生為主，本研究訪談到的臺灣客家移民，1965 年以前抵達美國或夏威夷的，幾乎都是留學生；1980 年以後，才有非留學生身分進入的臺灣客家移民。1980 至 1990 年間，美國的臺灣移民增加快速，臺灣移民前往夏威夷發展，也大致符合此一趨勢。由於夏威夷政府與臺灣之間，經常有密切往來，亞洲文化色彩濃厚，許多人喜愛此地氣候，不過由於地區面積小，就業機會相對低，消費偏高，亦為其缺點。

　　1959 年夏威夷成為美國第 50 大州〔註108〕，它位於北太平洋中心，為亞

杉磯為例》，頁 12〜13。

〔註107〕中華民國僑務委員會編印，《美國臺灣僑民生活適應及發展之研究——以洛杉磯為例》，頁 13。

〔註108〕1959 年 3 月 11 日美國參議院正式批准夏威夷群島成為夏威夷州，1959 年 8 月 21 日美國正式宣佈夏威夷為第 50 州。

洲及南太平洋國家進入美國之交通樞紐。夏威夷群島由海底火山爆發熔岩堆積而成，多爲坡地平緩之丘陵地，其中包括 8 個主要島嶼及 124 個小島，呈西北、東南走向排列，綿延 337 英里，總面積 6,425 平方英里（約爲 16,633 平方公里），其中以南端的夏威夷島最大，因此夏威夷即以該島而得名。夏威夷 8 個主要島嶼，按照面積大小排列，依序爲夏威夷島（Hawaii）、茂宜島（Maui）、歐胡島（Oahu）、可愛島（Kauai）、Molokai、Lanai、Nihau 及 Kahoolawe 等八個島嶼。歐胡島上的檀香山（Honolulu）〔註 109〕爲夏威夷州之政治、經濟、交通、文化及藝術中心，島上人口約佔全州的 80%。〔註 110〕

　　夏威夷州與美國其他各州有明顯區別，它除了是美國最南的州外，也是美國唯一一個全部位於熱帶的州，夏威夷州與阿拉斯加州是美國各州中，夏威夷州不僅未與美國其他州相連，另外也是唯一在美國本土以外的州。在族群分佈上，它是兩個非白種人居多數州份的其中之一〔註 111〕，比起其他各州，夏威夷州擁有最大的亞裔人口比例。〔註 112〕夏威夷州在生態及農業方面，是全世界擁有最多瀕臨絕種物種的地方，也是美國唯一具有工業規模咖啡生產的一州。〔註 113〕

　　夏威夷州設有州政府，下轄 4 個郡（County），全州劃分爲 4 個郡（市）行政區，分別是檀香山市（City and County of Honolulu）、茂宜郡（Maui County）、夏威夷郡（Hawaii County）及考艾郡（Kauai County）。州政府設有州長、副州長各 1 名，此外州政府下設 17 個廳處。根據夏威夷州商業廳 2000 年人口普查統計報告，夏威夷地區純華裔人數 56,600 人，如加上混血之華裔則人數共爲 170,439 人，85%是四、五代前自廣東中山移民。依據 2011 年美國人口統計局資料，夏威夷州居民有 1,374,810 人，其中未與其他族裔混血之華裔佔 4.3%，約爲 5 萬餘人。華裔人口中，絕大多數是三、四代以前自廣東

〔註 109〕1845 年檀香山取代拉海納（Lahaina），成爲夏威夷王國的首府，拉海納位於夏威夷群島茂宜島的最西端。

〔註 110〕檀香山臺北經濟文化辦事處網站，參閱網址：http://www.roc-taiwan.org。參閱日期 2014 年 12 月 2 日。

〔註 111〕另一個非白種人居多的州爲加利福尼亞州，加州拉丁美洲裔爲全美各州之冠。

〔註 112〕據 2014 年美國人口資料統計，夏威夷州境內的亞裔比例爲 56%，居全美各州之冠，此外也是唯一一個亞裔比例超過一半的州。

〔註 113〕參閱中文百科在線，網址：http://www.zwbk.org/MyLemmaShow.aspx?zh=zh-tw&lid=134603，參閱日期：2014 年 12 月 2 日。

中山移民至此的老僑後裔。來自臺灣之移民約有 2,000 餘人，近年來，中國大陸移民來夏威夷州者，有增加之趨勢。〔註 114〕

　　夏威夷現有華裔近 17 萬，其中 10 萬為與其他族裔通婚之後代，由於夏威夷是美國與華僑華人有深厚歷史淵源一州，不僅華人移居夏威夷至今已逾兩百年歷史，近代史許多先賢如孫中山等人曾在此居住或留學，華人對夏威夷做出許多卓越貢獻，至今華裔仍然活躍在夏威夷政治、經濟、社會等各個領域。夏威夷華人不僅融入當地社會，也持續讓中華文化在此延續，夏威夷州政府長期以來對華人態度趨於友善，積極推行多元文化及多元經濟的發展，主流社會亦持續關注華人社區的發展。〔註 115〕

　　根據表 2-2-1 顯示，夏威夷州境內純華人人口數比例不斷在下降，2010年全境華人總數佔總人口數的 4%，包含純華人在內的混血華人總數為199,872 人，約佔總人口數的 14.7%。〔註 116〕

表 2-2-1　　1970 年至 2010 年夏威夷州華人人口數統計表

年　份	全州純華人人口數 （Chinese alone）	全州總人口數 （Total population）	純華人佔總人口比例 （%）
1970	52,375	768,559	6.8
1980	56,285	964,691	5.8
1990	68,804	1,108,229	6.2
2000	56,600	1,211,537	4.7
2010	54,861	1,360,301	4.0

資料來源：U.S. Census of Bureau, *Census 1970~2010* (State of Hawaii Department of Business, Economic Development & Tourism Research and Economic Analysis Division Hawaii State Data Center).

〔註 114〕檀香山臺北經濟文化辦事處網站，參閱網址：http://www.roc-taiwan.org/US/HNL，參閱日期：2014 年 12 月 2 日。
〔註 115〕中華民國僑務委員會檀香山華僑服務站，參閱網址：http://www.ocac.gov.tw/OCAC，參閱日期：2014 年 12 月 2 日。
〔註 116〕Chinese Population by County, Island and Census Tract in the State of Hawaii: 2010.

圖 2-2-1　2010 年夏威夷歐胡島華人分佈圖

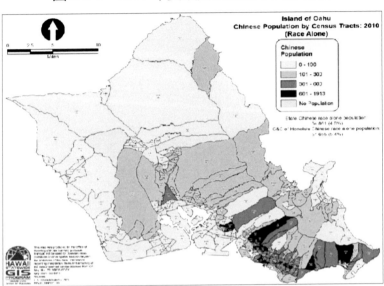

資料來源：U.S. Bureau of the Census, *Chinese Population by County, Island and Census Tract in the State of Hawaii: 2010* (State of Hawaii Department of Business, Economic Development & Tourism Research and Economic Analysis Division Hawaii State Data Center).

圖 2-2-2　2010 年夏威夷歐胡島檀香山地區華人分佈圖

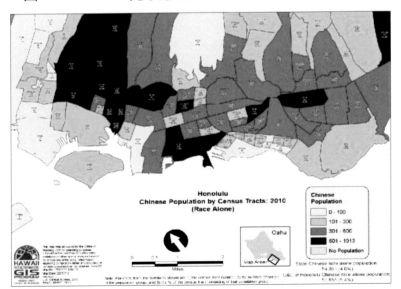

資料來源：Chinese Population by County, Island and Census Tract in the State of Hawaii: 2010. (State of Hawaii Department of Business, Economic Development & Tourism Research and Economic Analysis Division Hawaii State Data Center).

表 2-2-2　1970 年至 2010 年檀香山華人人口統計表

年份	檀香山華人人口數（名）（Chinese alone）	全州華人人口數（名）（Total population）	檀香山華人佔全州華人人口比例（%）
1970	48,288	52,375	92.1
1980	52,301	56,285	92.9
1990	63,265	68,804	91.9
2000	53,322	56,600	94.2
2010	51,655	54,861	94.0

資料來源：U.S. Census of Bureau, *Census 1970~2010* (State of Hawaii Department of Business, Economic Development & Tourism Research and Economic Analysis Division Hawaii State Data Center).

根據表 2-2-2 顯示，夏威夷州境內華人有越來越集中在檀香山的趨勢，臺灣移民同樣集中在檀香山市發展，根據表 2-2-3，2000 年及 2010 年人口普查資料顯示〔註117〕，夏威夷全州單一血統認定的臺灣移民人數為 777 人，其中在檀香山市及檀香山郡的臺灣移民人數為 736 人，顯示有高達 95%的臺灣移民集中在此。另外全州混合血統認定的臺灣移民人數為 1,056 人，分布於檀香山市及檀香山郡的混血臺灣移民人數為 982 人，也高達 92%以上，2010 年，夏威夷臺灣移民，以單一血統的比例較高。

表 2-2-3　2000 年及 2010 年夏威夷臺灣移民人數統計表

年份	夏威夷州臺灣移民人數（名）（Taiwanese alone）	檀香山臺灣移民人數（名）（Taiwanese alone）	夏威夷州總臺灣移民人數（名）（Taiwanese alone or in combination）
2000	777	736	1,056
2010	898	N.A.	1,161

資料來源：U.S. Census of Bureau, *Census 2000, 2010* (State of Hawaii Department of Business, Economic Development & Tourism Research and Economic Analysis Division Hawaii State Data Center).

根據表 2-2-3 顯示，2000 年至 2010 年，夏威夷州單一血統臺灣人共增加了 121 名，成長了 13.4%，混血臺灣移民也有漸漸增加的趨勢。以單一血統認

〔註117〕U.S. Census of Bureau, *Census 2000, 2010* (State of Hawaii Department of Business, Economic Development & Tourism Research and Economic Analysis Division Hawaii State Data Center).

定的臺灣移民來說，他們分佈的地點十分分散，根據 2000 年人口普查資料顯示，在檀香山市及檀香山郡的臺灣移民，分佈最集中前 6 個普查地點，依序是 Aina Haina-Hawaii Loa Ridge，此地最多是 55 人，其次爲 Waialae-lki 及 Kakaako 兩地均爲 26 人，再來是 Kalani 及 Kaheka Street 兩地，同樣都是 22 人，最後是 Waialae-kahala 一地，有 20 人分佈於此，其他普查區都在 20 人以下，請參考表 2-2-4。

表 2-2-4　2000 年夏威夷歐胡島臺灣移民所佔比例前十名區域統計表

排序	普查區名稱	臺灣移民人數（名）（Taiwanese alone）	臺灣移民總人數（名）（Taiwanese alone or in combination）	總人口數	佔該區總人口比例（％）
1	Aina Haina-Hawaii Loa Ridge	55	61	3,181	1.9
2	Portlock Road	17	18	1,637	1.1
3	Kalani	22	24	2,681	0.9
4	Kakaako	26	27	2,871	0.9
5	Central Business District	3	11	1,295	0.8
6	Waialae-Iki	26	26	3,825	0.7
7	Waialae-Kahala	20	26	3,661	0.7
8	Waialae Nui	14	15	2,203	0.7
9	Foster Botanic Garden	17	21	3,167	0.7
10	Kaheka Street	22	28	4,961	0.6

資料來源：U.S. Census of Bureau, *Census 2000*，筆者整理。

自 1950 年起，無論是亞裔或是華人，幾乎都集中在歐胡島發展，尤其是檀香山郡，這裡的華人佔了全夏威夷州近九成以上，其中以混血華人爲主。許多夏威夷華人，都已是第四代或第五代，可說完全融入主流社會中，包含客家移民後代，也幾乎不會說中文或是客家話。單一血統華人，主要是來自臺灣、香港或是中國、東南亞等地，相對人數較少。1990 年以後來自中國的華人快速增加。純華人與混血華人分佈區，大致上有部分重疊。臺灣移民的分佈，呈現較零散的情況，他們都遠離華埠而居，亦組成相當多的社團，社團組織或是重要活動，仍多在華埠內舉行。華埠內各式商店林立，也是移民採買日常生活所需，或是消費聚餐的中心。儘管華埠內華人人口逐漸減

圖 2-2-3　2000 年夏威夷歐胡島臺灣移民分佈圖

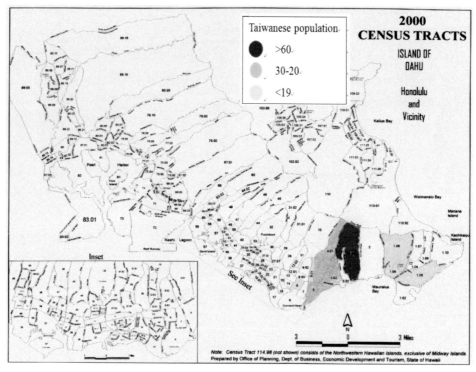

資料來源：http://planning.hawaii.gov/gis/various-maps/2000-census-reference-maps/，筆者參考
U.S. Census Bureau, Census 2000 資料繪製。

少，華人遷出華埠以外地區居住，但傳統華埠仍是新舊移民的活動中心及精
神指標。

　　二次大戰前，已有華人在夏威夷政壇上嶄露頭角。戰後，華人積極參政
的情形仍持續著，除前所述外，1970 年出生於美國洛杉磯的周永康（Charles
K. Djou），於 2010 年當選爲聯邦眾議員，他是美國第三位華裔聯邦眾議員，
也是首位華裔共和黨聯邦眾議員〔註 118〕，本身爲律師的他，也曾任夏威夷
「州眾議員」和檀香山市議員。周永康的家庭亦具有多元文化的背景，父親
是華人，母親是泰國人，妻子是日裔美國人，未來政治發展，值得關注。

　　1943 年美國撤銷《排華法案》後，移民法案幾經修改，對華人移民不再
採取嚴格限制入境的態度。1965 年新移民法通過後，越來越多華人移民移到

〔註 118〕 前兩位是民主黨人吳振偉和趙美心。全美首位華裔共和黨籍聯邦參議員是鄺
　　　　　友良（Hiram Yau Leong Fong），同樣也是夏威夷州選出。

美國本土或夏威夷，這些新移民的移入，也改變過去傳統的華僑社會。根據2000 年的人口普查資料，全美國共有純血統華人 2,314,537 人，混血華人420,304 人。總計有華人血統的人口是 2,734,841 人，若是按人口比例，夏威夷州是全美國華人人數最多的一個州，有純血統華人 56,600 人，佔全州總人口的 4.7%，混血華人為 114,000 人，是純血統華人的兩倍。夏威夷華人獨立居民戶總數為 22,645 戶（包括家庭及非家庭住戶），華人家庭總數為 16,556戶。在所得方面，與全州平均水準相比，華人的收入比較高。在 1999 年華人每住戶（包括家庭及非家庭住戶）的平均收入是 53,327 美元，高於全州平均水準的 49,820 美元。

華人喜歡購置房地產，有 73.4%的華人擁有自己的住宅，而全州住宅自有率是 56.5%。夏威夷華人就業人數最多的行業依次是：服裝製造業（華人佔26.2%）、紡織業（華人佔 18.6%）、珠寶首飾零售業（華人佔 13.7%）、汽油批發業（華人佔 12.9%）、塑膠及橡膠製品製造（華人 12.5%）。按職業來分，夏威夷的法官以及法院工作人員中有 26.5%是華人，執業醫師中有 12.7%是華人，律師業華人佔 12%，會計師和審計師中有 12%是華人，醫療化驗部門有11.5%的華人專業人員，11.5%的工程師是華人。〔註 119〕

夏威夷的一些華人表示，他們幾乎感覺不到種族歧視；反之，在這裡生活的華人感到的是自己是主流社會的一份子。據 2000 年美國最新人口統計數字顯示，雖然夏威夷的華人人數比不上位於美國本土的加州、紐約州，但是按照人口比例來計算的話，夏威夷華人比例仍排在美國的首位，這裡華裔人口佔該州人口總數的 7%，約 56,000 人，華人與本地的文化有著很強的共同性，儘管華人已經全面地融入主流社會，夏威夷的華人至今仍然希望保持自己的文化與傳統，希望下一代掌握自己是華人的認同感。〔註 120〕

儘管有部分來自臺灣的客家移民在夏威夷發展，但長久以來並未組織過臺灣客家社團，「檀香山崇正會」仍為夏威夷客家組織的唯一代表，儘管面臨挑戰，但至今成員仍以身為客家為榮，關心客家發展。崇正會每年固定舉辦聯誼餐會，增進成員之間的感情，對於客家的過去歷史，亦積極推動客家後裔對客家文化的了解，且客家婦女在該組織中，相當活躍，會員在夏威夷社會中，亦有十分不錯的成就。

〔註 119〕〈夏威夷華人基本情況〉，《中山僑刊》，2007 年第 72 期，頁 54。
〔註 120〕〈夏威夷華人感覺不到種族歧視〉，《大紀元時報》，2001 年 6 月 24 日。

第三章　夏威夷臺灣客家移民社會

　　1960 年代末，美國歷經了風起雲湧的民權運動後，加強了各少數民族的自信心和爭取認同的決心，在此風潮影響下，美國通過了「移民國籍法修正案」（Amendment to the Immigration and Nationality Act），即所謂「新移民法」，該法案特別強調家庭團聚爲原則；除此之外，也對美國所需要的專業人才和政治難民，分別給予優先入境的考慮，該法是美國移民政策史上一個重大的轉折點。1982 年後，美國更單獨給予臺灣每年 2 萬名的移民配額，自 1980 到 1990 年間，美國的臺灣移民人數快速增加，在夏威夷的臺灣移民人數也有明顯的成長。來自臺灣的客家移民，相繼到夏威夷發展，並在此深耕，如今已相當程度融入於夏威夷的多元文化社會中。但也由於臺灣客家移民抵達的時間不一，最初都必須先在自我崗位上努力，以求早日能在此立足穩固，加上移民之間並非集中發展，因此長久以來夏威夷地區，一直未見臺灣客家社團的設立。臺灣新移民人數逐漸增長後，在檀香山成立各式社團，性質種類繁多，陸續抵達的臺灣客家移民，部分亦分散參與其中。

　　夏威夷群島位於太平洋中央位置，環境舒適、氣候宜人，是許多人心中嚮往的居住勝地。夏威夷與臺灣政府之間，長久以來保持密切及友好的互動關係，兩地經常進行多方面的交流。1980 年代以前初期，已有少數臺灣移民以留學生身份赴美，前往美國各大學及夏威夷大學深造，1980 年代中期以後，選擇在夏威夷長久居住發展。臺灣新移民中，一直不乏客家人，在夏威夷居住時間最久者，甚至已近半世紀，臺灣移民多年來對夏威夷社會，也做出了相當的貢獻。

　　本章欲討論 1965 年以後檀香山臺灣客家移民社群概況，擬從移民背景分析、生活適應及社會參與三方面，佐以訪談內容，進行探討。1965 年後檀香

山的臺灣客家移民，亦屬於二次戰後臺灣新移民的一部份，因此對其社群的研究，有助於了解戰後夏威夷臺灣移民社會之發展。

第一節　移民背景分析

根據臺灣移居美國僑民長期追蹤第 10 年（2013 年）調查報告指出，促使臺灣僑民移民的原因相當多，其中依親及教育環境的考量是導致移民的最大推手，因依親而移民的比例佔四成二，因留學而移民的比例約佔三成三，兩者合計佔了移民美國因素的近八成；就留學和依親前兩大移民因素考量上，男女移民呈現出差異，男性多以留學為移民最主要的考量，佔三成八；女性則以依親最多，約佔五成。不分性別，無論移民前在臺灣從事的行業為何，求學與依親都是促使其移民的兩大主要原因，另外，家人親戚在美國是吸引僑民選擇移民美國最重要因素。〔註1〕本節先參酌僑委會美國臺灣僑民長期追蹤調查的移民動機項目，來分析 1965 年以來現居於夏威夷的臺灣客家移民，最初其赴美動機，再透過比較，進一步了解夏威夷臺灣客家移民與美國臺灣移民之間，在移民動機上，是否呈現出差異。

一、赴美留學

本研究共計訪問 20 位來自臺灣的夏威夷客家移民，分別為 4 位男性和 16 位女性，其中有 4 位男性和 7 位女性最初是以留學身份赴美，佔本次受訪臺灣客家移民人數的一半以上。下表 3-1-1 是 1940～1990 年間，各時期赴美的臺灣客家留美學人數及性別：

表 3-1-1　檀香山受訪臺灣客家移民以留學方式赴美時間及人數統計表

性別＼年代	1940	1950	1960	1970	1980	1990	共計人數
男　性	1	0	1	0	1	1	4
女　性	0	1	1	1	4	0	7
共計人數	1	1	2	1	5	1	11

資料來源：2013 年 1 月，筆者訪談整理。

〔註 1〕　中華民國僑務委員會編印，《臺灣移居美國僑民長期追蹤第 10 年（2012）調查報告》，臺北市：僑務委員會，2013 年，頁 22。

　　以留學因素赴美的人數，是本次受訪人數的最大宗。從上表發現，1980年代以前赴美的受訪人數是 5 位（2 位男性和 3 位女性），1980 年代以後赴美的受訪人數是 6 位（2 位男性 4 位女性），而 11 位留學生中，其中有 3 位（2位男性和 1 位女性）一開始就是申請到夏威夷進修碩、博士，他們抵達夏威夷的時間分別為 1960、1980 及 1990 年代，以下依照三位客家移民來到夏威夷的時間先後，訪問內容如下：

> 在臺灣念完大學後，我就一心一意想出國念書，本來我是要去日本的，但後來沒申請上，1969 年我就先申請到夏威夷大學念碩士班，一開始是自費，一年後我才獲得獎學金，1972 年我又順利進入夏威夷大學博士班就讀，畢業後我就一直在夏威夷州政府裡工作，前幾年我退休下來後，又回到夏威夷大學服務。（受訪者 L 先生）〔註2〕

　　受訪者 L 先生是本次受訪者中，唯一一位在 1980 年以前，直接從臺灣來到夏威夷發展的例子，L 先生的雙親均為臺中東勢客家人。據 L 先生表示，最初會到夏威夷讀書，純粹是因緣際會，自己並沒有刻意選擇。後來獲得博士學位後，隨即很幸運地能繼續留在夏威夷工作，等工作安定後他返臺結婚，並將太太也接到夏威夷一起生活。L 先生夫婦二人在夏威夷成家立業，至今已超過四十餘載。L 先生的專長是農業技術，夏威夷是美國重要的農業發展州，因此能夠長時間一直留在夏威夷貢獻所學發揮所長，無論是求學或是謀職，L 先生算是發展相當順利的實例。

　　另外兩位都是 1980 年以後選擇到夏威夷留學的客家移民。1980 年代赴美留學的 H 女士，說自己當初選擇到夏威夷留學，有其獨特的考量：

> 我是 1986 年過來夏威夷的，我念的是語言學方面，那時候不是有一個口號，「來來來，來臺大，去去去，去美國」嗎？我們那時候有蠻多同學畢業之後就到美國來念書，後來很多都在美國結婚生子，然後一直住下來。我來到這裡一年後，也在夏威夷結婚，我先生同樣是臺灣留學生，跟我一樣來這裡念書，不過他不是客家人，我兩個孩子也都在這裡出生，完成博士學業後，我也一直住在夏威夷⋯⋯我當初怎麼會來夏威夷的喔？因為我自己本身很喜歡日本，而且我會講日文，因為我的祖母是日本人，我們家族中有很多親戚後來都跑到日本去念書，也有一些親戚住在日本，其實我原本是計畫要去

日本留學，但我弟弟他先到美國來念書，被他影響後，我也想來美國看看，可是又不太想離臺灣太遠，後來看來看去，夏威夷這裡最適合我，因為這裡日本人很多，亞洲風味很濃厚，又到處充滿日本的感覺，甚至說日文也可以通。此外，這裡的天氣我十分喜歡，不會太熱或是太冷，所以我最後就選擇來夏威夷，至於其他地方都只是去玩玩，從來沒有在其他地方住過，我很喜歡這裡的生活，所以我一直都住在夏威夷。（受訪者 H 女士）〔註3〕

另一位受訪者 P 先生談到自己來夏威夷留學的過程：

我是 1991 年先申請到夏威夷泛太平洋大學讀碩士，讀完碩士後我就離開夏威夷好長一段時間，到美國本土去，在好多地方到處跑，在洛杉磯、紐約、堪薩斯、波士頓很多地方都住過一段時間，我自己是一個很喜歡到處跑，感受不同生活的人。我從很小的時候就有想到美國來看看的念頭，也不知道為什麼，我從小就非常嚮往留學生活，可是我家人他們不是很支持我，甚至因為這樣我跟家裡的關係也不大好，所以當初我一心一意想要能快點到美國來，夏威夷這邊的學校相對是好申請的，門檻比較沒那麼高，所以一申請到學校，我就立刻過來了，一開始我只有在夏威夷待了兩年，然後就到美國本土去，是 2005 年才又回到夏威夷這裡來住，想回來找這邊的朋友。（受訪者 P 先生）〔註4〕

綜觀以上 3 位受訪者，一開始都是先以留學生身份赴美，出國首站都選擇在夏威夷落腳，其中 2 名受訪者在夏威夷完成學業，後來因為工作與家庭的因素定居在此，另 1 位則是一開始短暫在夏威夷念書，後轉往美國其他城市工作及生活，十餘年後才又搬回夏威夷定居。訪談過程中發現到，如以上 3 位臺灣客家移民般，首站就抵達夏威夷，後來又能順利留在當地發展的例子，實屬少數。

其餘 8 位臺灣客家移民，他們則是一開始在美國本土念書，後來才到夏威夷發展。如今在此居住亦已超過 10 年以上，他們最初選擇落腳的地方，多為美國本土各大城市，如紐約、洛杉磯、芝加哥、邁阿密等地，後來由於工作或家庭因素等因素，才搬遷至夏威夷，進而久居於此。值得注意的是，這

〔註3〕 筆者於 2013 年 1 月 18 日在檀香山訪問 H 女士。
〔註4〕 筆者於 2013 年 1 月 24 日在檀香山訪問 P 先生。

些曾在美國其他城市生活過的客家移民，大多提及到夏威夷這裡舒適安全的生活環境，終年溫和宜人的氣候，及幾乎感受不太到種族歧視的和諧氛圍，讓他們感到安心，這亦是影響他們願意長久定居，進而在此發展的主要因素。部分受訪者甚至表示，他們住在夏威夷後，未來不會再有轉往其他地區發展的念頭，以下簡述訪談內容：

> 我是 1951 年考取公費留學，一開始我是在紐約念經濟學，後來也在紐約跟我先生認識結婚，我先生是廣東大埔的客家人，他也是公費留學生，我們後來會來夏威夷，是因為夏威夷大學聘請我先生過來，紐約的冬天真的是太冷了，於是我們就搬到夏威夷定居。（受訪者 L 女士）〔註 5〕

另外兩位在 1980 年代以前，到美國留學的臺灣客家婦女，也有類似經驗：

> 1967 年，我大學一畢業就到美國加州大學洛杉磯分校（University of California, Los Angeles，簡稱 UCLA）就讀，取得博士學位後，因為我先生接獲夏威夷大學教職，於是我跟他一起到夏威夷來，後來我自己也在夏威夷大學裡教書。（受訪者 F 女士）〔註 6〕

> 我是 1977 年到美國的，一開始我是在芝加哥念書，那裏實在是太冷了！後來因為有朋友住在夏威夷，在朋友的介紹下，1982 年我就決定到夏威夷來工作定居。（受訪者 W1 女士）〔註 7〕

以下 4 位臺灣客家移民，均為 1980 年以後赴美留學，後來因工作或家庭因素來到夏威夷發展：

> 我是在臺灣工作幾年後，決定來美國留學，芝加哥、紐約好幾個地方我都住過，後來我是在美國結婚，我先生是美國白人，他在聯邦政府底下做事，因為我先生工作的關係，1994 年我們全家才從加州搬到夏威夷來，我覺得這裡很不錯，尤其天氣相當好，在夏威夷也住了十幾年了吧！（受訪者 T 女士）〔註 8〕

> 我是 1982 年先到聖路易念建築，2003 年才到夏威夷來，我家人都

〔註 5〕筆者於 2013 年 1 月 27 日在檀香山訪問 L 女士。
〔註 6〕筆者於 2013 年 1 月 24 日在檀香山訪問 F 女士。
〔註 7〕筆者於 2013 年 1 月 29 日在檀香山訪問 W1 女士。
〔註 8〕筆者於 2013 年 1 月 21 日在檀香山訪問 T 女士。

在美國，目前夏威夷只有我一個人，我目前是住在夏威夷大學附近，因為我正在寫一本書，打算做些研究，所以在這裡找一些，我要的資料，我也不確定我會待多久，可能會好一陣子吧！（受訪者 G 先生）〔註9〕

1985 年我先到加州的聖荷西，念古物古蹟維護管理方面，後來在夏威夷找到與我專長相關的工作才來到這裡，因為工作家庭的關係，就一直住在這裡。（受訪者 C1 女士）〔註10〕

我是 1983 年先到洛杉磯念書，我兩個哥哥比我先來美國念書，後來我哥哥搬來夏威夷，我也跟他一起搬過來。（受訪者 C2 女士）〔註11〕

從上述訪談結果發現，1980 年前後，到美國本土或夏威夷留學的情形，二者相仿。仔細分析受訪者的留學時間，以 1980 年代所佔比例最高，共計 5 位。11 位受訪者中，男性佔 4 位，女性 7 位，與前述二次戰後臺灣移民赴美原因調查資料對照後發現，以留學因素赴美的臺灣男性移民，高達近五成比例，本次受訪的臺灣客家男性移民，因留學因素赴美的比例，更是高達百分之百。據訪談資料了解，戰後以留學方式赴美的客家移民，最早的是在二次大戰期間就抵達的丘萬鎮博士〔註12〕。丘博士祖籍廣東梅縣，在 1945 年考取了公費留學後，自中國前往美國，後因 1949 年中國共產黨取得政權，無法再

〔註9〕 筆者於 2013 年 1 月 23 日在檀香山訪問 G 先生。
〔註10〕 筆者於 2013 年 1 月 22 日在檀香山訪問 C1 女士。
〔註11〕 筆者於 2013 年 1 月 24 日在檀香山訪問 C2 女士。
〔註12〕 丘萬鎮博士為夏威夷大學氣象系教授，生於 1919 年 11 月，原籍廣東梅縣西陽村人。畢業於國立中央大學。1945 年丘萬鎮先生考取租界法案之獎學金至美國求學，1951 年以優異成績取得紐約大學氣象學博士學位。1951 年丘先生特別被推薦給國際著名的地球物理界泰斗，英國的 Sydney Chapman 博士在加州理工學院火箭研究中心，作「高空大氣氣流對火箭走向的影響」的學術研究，該研究對美國國防至為重要。丘萬鎮先生自 1951 年底至 1961 年在紐約大學從事研究，曾在許多科學雜誌發表期刊論文。1961 年秋，丘萬鎮先生接受夏威夷大學氣象系終身教授職位，期間他曾兼任系主任多年，直到 1987 年退休。丘萬鎮先生是英國皇家氣象學會、美國氣象學會、及美國地球物理聯盟等組織之會員。此外，其名被列入夏威夷男女名人錄、美國科學權威、美國科學界男女名人錄、國際名人辭典、中華民國名人錄、以及國際名人錄 21 世紀傑出科學家，並且曾被美國名人組織評選為 2010 年度知名人物。《檀報》（*Hawaii Chinese News*）January 16～January 31, 2011, p.7.

返回中國，選擇繼續留在美國，後來與來自臺灣同為客家人的 L 女士在美結婚，獲得學位後，至夏威夷大學任教並且長久定居。

　　上述訪談的另一發現是，無論是一開始就抵達夏威夷，或是後來才到這裡發展的臺灣客家移民，影響移民選擇居住在此的主要考量，與他們在當地是否能獲得穩定的工作有密切相關。夏威夷舒適宜人的氣候，是不少移民選擇在此發展的另一考量。綜上，許多臺灣客家移民最初赴美的原因是留學，後來則是因為工作或家庭因素轉往夏威夷，進而長久居留於此。透過本次訪談的結果發現，無論男性或女性，以留學方式赴美這項原因的比例，均較其他赴美因素為高，有幾位女性後來因與美國公民結婚，藉由婚姻的結合，使她們能更直接、快速地取得美國公民身份，居留美國。

二、依親移民

　　1965 年美國移民法修訂後，不僅廢除了具種族歧視意涵的名額分配制度，也將移民簽證的優先權轉向家庭團聚，這種對於家庭成員優先的移民政策，牽動了臺灣繼留學生之後的家庭依親連鎖移民的現象。亦即，移民先鋒（pioneer）的臺灣僑民藉由不同方式獲得「身份」後，他們在臺灣的親人便可以依親的方式申請移居美國，依親的親屬範圍也從美國公民，或永久居民之配偶、未婚子女、已婚子女，擴充到美國成年公民的兄弟姊妹及其配偶子女，也就是所謂的「第五優先」。〔註13〕

表 3-1-2　檀香山受訪臺灣客家移民以依親方式赴美時間及人數統計表

年代 性別	1970	1980	1990	2000〜	共計人數
男　性	0	0	0	0	0
女　性	2	2	1	1	6
共計人數	2	2	1	1	6

資料來源：2013 年 1 月，筆者訪談整理。

　　由表 3-1-2 可知，本次訪談中，一共有 6 位臺灣客家移民，是循依親管道赴美，這 6 位臺灣客家移民均為女性，且抵達美國之初，就一直定居在夏威

〔註13〕中華民國僑務委員會編印，《美國臺灣僑民生活適應及發展之研究以洛杉磯為例》，頁 74。

夷，之後亦未再轉往其他地方，部分有出現「連鎖移民」（chain migration）〔註14〕的現象。1980 年代初抵達夏威夷的臺灣客家移民婦女，已有 3 位在此居住超過 30 年，其中 1 位是與美國公民結婚，另外有 2 位是因配偶先獲得工作簽證，再以依親方式幫她們申請來夏威夷。有 3 位受訪者是因親屬或是自己本身與美國公民結婚，因而透過親屬移民方式來美國，另外 1 位則是透過家中親屬協助申請。在親屬移民的案例中，這些臺灣客家移民婦女，她們均不屬於移民先鋒，而以依親赴美的臺灣客家移民，目前全家均全數定居在美國，並無發現「分離家庭」〔註15〕的情況：

> 我會來夏威夷是因為，1970 年代我的姊姊先過來夏威夷，後來她嫁給這裡的混血華人（華人和菲律賓混血），於是我姊姊就申請讓我媽媽先過來，同時也幫忙我和我弟弟一起申請，現在我們全家都過來夏威夷了，我來的時候是 1982 年，屬於親屬移民，我們一直都住在夏威夷。（受訪者 W2 女士）〔註16〕

> 我先生是臺灣人，他是從事藝術方面的工作，因為工作的關係常到日本和美國，1963 年我先生第一次來夏威夷，就很喜歡這裡的天氣和環境，我們結婚之前，他就在這裡工作了。1979 年我們結婚後，他就幫我申請，一申請通過，我就把原本的工作辭掉，跟著他一起來夏威夷生活。（受訪者 P 女士）〔註17〕

> 我先生是臺灣人，他的職業是廚師，1982 年他自己先用技術移民的方式申請來到夏威夷，來了以後再幫我和小孩也一起申請過來。（受訪者 L2 女士）〔註18〕

> 1970 年代，我因為結婚所以到夏威夷來，我先生是夏威夷本地出生的中國人。我先生已經過世很久了，可是我一直都沒離開過夏威

〔註14〕「連鎖移民」意指移民一旦在移居地生活穩定後，便會設法迎接同鄉親友，並形成庇護和援助同鄉的網絡，如同鎖鍊的環節，一環又一環地不斷招攬親友加入移民行列。

〔註15〕所謂「分離家庭」主要是指夫妻雙方，或是父母與未成年子女之間，在移民過程中分隔兩地之情形，通常多為夫妻雙方或是其中一方留在臺灣工作以負擔經濟，而其子女留在美國就學與生活。

〔註16〕筆者於 2013 年 1 月 24 日在檀香山訪問 W2 女士。

〔註17〕筆者於 2013 年 1 月 21 日在檀香山訪問 P 女士。

〔註18〕筆者於 2013 年 1 月 22 日在檀香山訪問 L2 女士。

夷，只有去其他地區玩玩，最後也是回來這裡，我很喜歡這裡的環境，一住也住那麼久了，到其他地區都不習慣。（受訪者 C3 女士）〔註 19〕

我們會來美國，是因為我先生的大哥在 1980 年代就過來美國念書，後來他留在美國，因此幫我們辦了依親，我們一等就等了十年，終於在 1998 年拿到資格，1999 年我們就決定過來夏威夷，當初會選擇夏威夷是因為我先生的大哥在這邊工作，後來我們過來沒多久以後，他們就搬到加州去，這裡現在就只有我和我先生。（受訪者 U1 女士）〔註 20〕

我是 2012 年才從臺灣過來夏威夷的，對這裡還不是那麼熟悉，因為我先生是這裡土生生土長的華人後代，好像從他爺爺那一代，就是在這裡出生的華人吧！因為我先生之前曾經回臺灣學中文，那時他在竹科工作，等於一邊被派到臺灣交流，一邊學中文，我也是因為這樣才跟他認識，結婚後我先生的工作被調回夏威夷，所以我就跟著他過來。（受訪者 Y 女士）〔註 21〕

　　在本次訪談中，以依親方式來到夏威夷的 6 名臺灣客家移民婦女，其抵達時間在 1970 及 1980 年代，分別均為 2 位；1990 年代及 2000 年以後，僅有 1 位。相較之下，1980 年代以前抵達的較多，女性因婚姻關係，尤其是配偶為美國公民，或是已經取得長久居留身份者，其移民過程快速。訪談中還發現，客家移民婦女大多會因配合配偶工作或發展之需要，選擇一同居住在夏威夷。另一情形是，若透過兄弟姊妹等其他親屬辦理依親，其移民速度減較慢，至於影響她們長留在夏威夷的因素，與本身親屬在此有關，部分亦與她們本身嚮往能夠定居在夏威夷相關。

三、政治因素

　　1960、1970 年代之際，由於臺灣國際關係變動影響，出現了幾波臺灣移居海外的移民浪潮，期間又以退出聯合國和中美斷交二事為最。1971 年中華民國退出聯合國，接著 1978 年中美斷交，許多畏懼共產黨統治臺灣的民眾選

〔註 19〕　筆者於 2013 年 1 月 29 日在檀香山訪問 C3 女士。
〔註 20〕　筆者於 2013 年 1 月 28 日在檀香山訪問 U1 女士。
〔註 21〕　筆者於 2013 年 1 月 25 日在檀香山訪問 Y 女士。

擇移民海外。〔註 22〕對政治情況不穩定的擔憂，是促使臺灣人在當時選擇移民美國的主觀因素之一。在本研究的訪談中，只有 1 位臺灣客家移民婦女表示，當初就是家人憂心臺灣當時政治局勢不穩定，很快地安排她及其他家庭成員移民美國：

> 我父親是桃園客家人，他是個醫生，那個時候我大學畢業，中華民國剛退出聯合國，接著又是中美斷交，我父親就想說，臺灣政權很不穩定，想辦法讓我們兄弟姊妹趕快來美國，剛好我有一個阿姨，是我母親的結拜姊妹，她很早就來夏威夷做生意，是做珠寶買賣的，我就跟著她過來，剛過來的時候，我一直是在我那阿姨的店裡頭幫忙，後來阿姨的店收了，自己才出來找工作，後來也一直都住在夏威夷，我住在這裡好久囉……（受訪者 W3 女士）〔註23〕

根據統計，移民美國的臺灣移民中，當初基於擔心國內治安及臺灣政局問題而移民者，所佔比例分別為 2.9%、2.8%，怕中共不利臺灣而離開者則佔 2.2%。〔註 24〕因政治因素而導致移民的情形，無論是美國臺灣移民，或是夏威夷的臺灣客家移民，其比例與其他移民因素項目相較時，均同樣呈現出相對偏低之情形。

四、商業投資

1980 年代臺灣經濟起飛，造成許多商業移民因不同的原因移往海外。自 1970 年代末期，臺灣企業家移民浪潮便已開啟；許多大、中、小企業紛紛到海外投資設廠，當中有許多經理、技術人員、企業主，也隨廠移民或長期僑居海外。這時期美國政府不僅企圖吸引具有技術專業的人士移入，也樂於接受挾帶大筆資金的投資移民，以解決當時失業的問題。〔註25〕在這一類別中，訪問到 2 位臺灣客家移民婦女，她們當初是因為要協助家族事業拓展市場而移民美國的：

〔註22〕中華民國僑務委員會編印，《美國臺灣僑民生活適應及發展之研究——以洛杉磯為例》，頁 11、13。

〔註23〕筆者於 2013 年 1 月 29 日在檀香山訪問 W3 女士。

〔註24〕中華民國僑務委員會編印，《臺灣移居美國僑民長期追蹤第 10 年（2012）調查報告》，頁 22。

〔註25〕投資移民要至少投資一百萬美元或五十萬美元（投資於郊區），同時創造十個全職工作機會。中華民國僑務委員會編印，《美國臺灣僑民生活適應及發展之研究——以洛杉磯為例》，頁 11、13、81。

我跟別人不太一樣，不是來美國念書的，是來做生意的……我們家是自己生產皮包，開皮包工廠，大學一畢業，應該是 1986 年吧，我就被我父親派到美國來，我和我哥哥都是，我哥哥比我早一點來，後來因為他英文不太行，我父親才又把我派來，因為我大學是讀外文系，當時我父親是想要自己生產皮包自己賣，所以一開始來美國，我是先到洛杉磯，在那邊幫我哥哥，結果發現情況不是很理想，一年後我們又轉到邁阿密去，然後也是不行，就換到紐約，後來我們就一直在紐約第五大道 Broadway 那裏，才開始做起來，我也是在紐約認識了我先生，2007 我跟我先生退休，我們決定搬到夏威夷這裡來住，因為我之前來夏威夷玩過幾次，就好喜歡這裡的天氣，紐約跟這裡比，實在是太冷了，這裡的氣候真的太溫暖太舒適了。（受訪者 C 女士）〔註 26〕

另一位客家移民則說：

我父親是東勢客家人，我小的時候我們全家就搬到臺北了，不過我們很多親戚都還是住在東勢，他們都講客家話，我還記得小的時候過年，都擠火車回東勢，我們家是做珠寶的，我上面好幾個哥哥姊姊，他們全都在家族企業裡面工作，我會來夏威夷是因為我父母好多年前他們來夏威夷玩，結果回去以後就跟我們這些子女說，他們非常喜歡夏威夷，他們希望退休後可以搬到夏威夷來住，那個時候我就想說，好吧！我來這裡試試看，於是我就想說到夏威夷幾年，先幫我們家的珠寶業開闢新的點，現在我有自己的事業，所以近幾年我比較多參與在世華工商婦女會之中，而且目前我擔任會長，所以蠻忙碌的，我媽媽每年都會來我這邊住一段時間，她對這裡很習慣也很喜歡，說真的夏威夷很適合老人家。（受訪者 J 女士）〔註 27〕

以上 2 位臺灣客家移民都是 1980 年以後到夏威夷的，與 1980 年代臺灣移民前往美國等地的投資移民潮趨勢相符合。從戰後至今，台灣因經濟、政治等因素移居或居留海外的企業家，將近 20 萬人左右。〔註 28〕這股投資移民

〔註 26〕筆者於 2013 年 1 月 21 日在檀香山訪問 C 女士。
〔註 27〕筆者於 2013 年 1 月 29 日在檀香山訪問 J 女士。
〔註 28〕黃昆章，〈美國的臺灣移民〉，《華僑華人歷史研究》第 2 期，1994 年，頁 10～14。

浪潮大致起於 1970 年代末期，發展至 1980 年代中期，至 1990 年代初期是其
高峰期。〔註 29〕這些投資移民往往帶著一筆可觀的資金赴美，經濟實力相當
穩固，像以台灣移民為主的美國紐約東方飯店集團，近年來在美國連續購買
了 12 家大飯店。台灣東帝士集團、和信集團、潤泰集團、禾豐集團等大財團
僑居美國的企業家，也花了大筆的美元買下美國的不少豪華飯店，發展旅遊
觀光事業。〔註 30〕

　　本次訪談到的這兩位客家移民婦女，都為了家族事業的拓展，前往美國
擔任開拓商機的先鋒部隊。以本次訪談結果為例，因商業投資移民美國的比
例僅佔一成直接在夏威夷投資的，只一個實例。據筆者分析，這與夏威夷的
產業主要偏重在觀光、珠寶、農產加工製造等產業為主，相較於美國本土其
他大城市，在夏威夷地區投資項目相對受限且開拓市場較小，因此可能較無
法吸引臺灣移民前往投資有關。

　　綜言之，檀香山受訪臺灣客家移民，其移民背景資料結果，簡述如下：
20 位臺灣客家移民受訪者中，男性 4 位，女性 16 位（參見表 3-1-3）顯示，
就「赴美動機」部分，最初以留學方式赴美的，男性比例高達 100%，另外並
無發現以依親方式、政治因素或是商業投資等因素而移民的情形；女性因「留
學」方式赴美的也超過一半以上，比例約佔五成五；「依親」因素居次，約佔
三成；因「商業投資」因素而移民的佔一成，因「擔心政治」因素移民的比
例最少，比例低於一成。

表 3-1-3　檀香山受訪臺灣客家移民赴美動機統計表

性別＼赴美動機	赴美留學	依親移民	政治因素	商業投資	共計人數
男　性	4	0	0	0	4
女　性	7	6	1	2	16
共計人數	11	6	1	2	20

資料來源：2013 年 1 月，筆者訪談整理。

〔註 29〕 INS Statistical Yearbook, Statistical Yearbook of the Immigration and Natural-
ization Service (Washington, D.C.: U.S. Department of Justice, 1972~1990).
〔註 30〕 鄭瑞林，〈臺灣移民的特點和貢獻〉，《華僑華人歷史研究》第 1 期，1995 年，
頁 37～40。

　　依據 2003 年、2004 年、2005 年，僑委會美國臺灣僑民追蹤調查發現，臺灣移居美國僑民離開臺灣因素可能涉及多重考量。就個別因素分析，2005年的資料指出，教育環境是促成臺灣僑民移居美國最大的推力，佔 50.6%，含赴美留學 38.5%以及因子女教育佔 12.1%，其次為依親（含隨全家移民）佔43.5%，赴美工作佔 12.0%，為提高生活品質佔 9.4%，擔心國內政局及怕中共不利臺灣各佔 4.5%及 4.0%，因治安問題佔 3.8%。〔註31〕以上調查結果與本次訪談結果對照後發現，目前居住於夏威夷的臺灣客家移民與美國臺灣移民赴美動機的結果，大致相去不遠。不過在訪談中，沒有任何移民表示，考慮子女教育問題或是擔心治安問題而移民的情況。

　　根據表 3-1-4 統計，就其年齡分佈來看，檀香山受訪臺灣客家移民以41 歲至 50 歲年齡區間人數最多，共計有 7 名，41 歲至 60 歲之間，共有 11位，佔受訪人數一半以上，61 歲以上有 8 位，佔受訪人數四成，至於 31 歲至 40 歲的臺灣客家移民，僅有 1 位。再從性別部分來看，男性年齡分佈平均，女性移民以介於 41 歲至 50 歲區間的為最多，無論男、女性，年齡 50 歲以上者，男性高達七成五，女性高達五成六，均超過該性別受訪人數的一半以上，顯示目前居住在夏威夷的第一代臺灣客家移民，多數已屬中高年齡層。

表 3-1-4　檀香山受訪臺灣客家移民年齡分佈統計表

性別 ＼ 年齡分佈	31~40 歲	41~50 歲	51~60 歲	61~70 歲	71~80 歲	共計人數
男　性	0	1	1	1	1	4
女　性	1	6	3	3	3	16
共計人數	1	7	4	4	4	20

資料來源：2013 年 1 月，筆者訪談整理。

　　根據表 3-1-5 所示，20 位受訪者最高學歷，全部在大學以上，其中 2 位擁有博士學位的男性客家移民，在 1970 年代以前就抵達美國。合計有 4 位受訪者擁有博士學位，佔受訪人數比例的兩成，擁有碩士學位的受訪者，有

〔註31〕中華民國僑務委員會編印，《美國臺灣僑民生活適應及發展之研究──以洛杉磯為例》，頁 69。

三成五，受訪客家移民婦女中，有 5 位碩士，2 位博士，擁有碩博士學歷的比例相當高。

表 3-1-5　檀香山受訪臺灣客家移民最高學歷統計表

最高學歷 性別	大　學	碩　士	博　士	共計人數
男　性	0	2	2	4
女　性	9	5	2	16
共計人數	9	7	4	20

資料來源：2013 年 1 月，筆者訪談整理。

　　根據表 3-1-6 及表 3-1-7 所示，無論男性或女性，已婚者均超出該性別受訪者的一半以上，另外在配偶族裔背景統計中發現，從目前為已婚狀態的客家移民來看，無論是男性或是女性，未發現夫妻雙方同時具有客家背景之情形。受訪的客家男性移民，其配偶均為臺灣人，並無族裔通婚之情形；反之，女性客家移民，有超過三成是與其他族裔通婚，顯示夏威夷高比例的族裔通婚情形，亦能在臺灣客家移民婦女身上得到證明（參見表 3-1-7）。另外第一代臺灣客家移民家庭規模均以小家庭為主，子女數平均為 0～4 位，移民第二代有超過八成是在美國出生、成長，另外，第二代以後的子女大多在美國本土求學或工作，第二代族裔通婚的比例較第一代更高，其中有 4 位受訪者已經有第三代，都在美國出生。

表 3-1-6　檀香山受訪臺灣客家移民婚姻狀況統計表

婚姻狀況 性　別	目前單身*	已　婚	共計人數
男　性	1	3	4
女　性	5	11	16
共計人數	6	14	20

資料來源：2013 年 1 月，筆者訪談整理。
*包含離婚或喪偶。

表 3-1-7　檀香山受訪臺灣客家移民配偶族裔背景統計表

性別 ＼ 配偶族裔	臺灣人	白　人	純亞裔	混血亞裔	混血華人	共計人數
男　性	4	0	0	0	0	4
女　性	10	2	1	1	2	16
共計人數	14	2	1	1	2	20

資料來源：2013 年 1 月，筆者訪談整理。

　　有關客家血統背景部分，根據表 3-1-8 顯示，受訪臺灣客家移民以父母其中一方具有客家血統之背景者最多，共佔受訪人數七成，而男性受訪者中，有七成五為父母雙方均具有客家血統。一般而言，父母雙方均具有客家血統之背景者，受客家文化的影響以及對客家的認識會較深，父母其中一方具有客家血者，受到客家影響部分自然會減小。無論是哪一客家類別的移民，在他們與非客家背景的配偶共組的家庭中，均發現其配偶或第二代很少受到客家文化影響的狀況。檀香山第一代臺灣客家移民在其組成的家庭中，均無刻意強調自己的客家身份，或是積極促成家庭成員，包含配偶及子女、對客家文化有所認識的情況。

表 3-1-8　檀香山受訪臺灣客家移民之客家背景統計表

性別 ＼ 客家背景	父母雙方均具客家血統者	父或母一方具客家血統者	共計人數
男　性	3	1	4
女　性	3	13	16
共計人數	6	14	20

資料來源：2013 年 1 月，筆者訪談整理。

第二節　生活適應

　　移民對居留國的生活適應是一重要課題，而國際移民的生活適應，更因涉及不同的政治實體和跨文化的界限，顯得益形複雜，值得關注。臺灣移民因為社會、經濟資本的優勢，在第一代便得以進入了美國中產、中上階層社區居住，因此很快地便需要和當地的居民、社團、學校作接觸，其適應路徑

是和過去傳統第一代移民過著與主流社會隔離的生活截然不同。就文化的適應而言，遷移者需要學習另一個社會的生活方式，包含物質與非物質兩方面，經歷涵化的過程，這裡面包含語言、服裝、住宅或烹飪等，即不論食、衣、住、行、用、玩、娛樂、各種技術、生活方式以及待人接物、婚喪、祭祀、宗教信仰等活動。不同的社會文化具有不同的價值觀，當原居地與目的地的文化規範相差程度越大，遷移者在文化間的轉換就越顯困難。〔註32〕

其實移民具有跨地域、跨文化的特殊背景，其身份及文化傳統往往隨著空間的轉換，同時受到固有文化與新文化的衝擊，不斷地進行融合與再現，而呈現動態的過程。過去多項研究顯示，移居海外的臺灣僑民在時間的作用力下，多已發展出臺灣與當地社會的混合（hybrid）文化。正如 Bordy 所認為，移民在追求認同的過程中，會找到適合自己的定位，並在兩地文化的衝擊之下，建構出移民們獨特的、混血式（hybridization）的文化風格。Bhabha 也指出不同種族及文化的族群相遇後，沒有任何人能保持原樣的，一切文化的形式都處於混種的過程。在陳冠中發表的「雜種城市與世界主義」中亦認為，全球化的觀點下，許多城市的文化已經雜種化，而這雜種化現象已經衝擊到了「多元文化」的觀念。〔註33〕

1965 年新移民法通過後，來自臺灣的新移民開始移入，1980 至 1990 年代，移民人數迅速增加，夏威夷臺灣移民的增長趨勢亦大致如此。來自臺灣、中南半島及東南亞各地的華人，為傳統的夏威夷華人社會增添不同的色彩，另外夏威夷亞裔比例居全美各州之冠，豐富多元的族裔社會，使臺灣移民在此亦受到多元文化的影響。

夏威夷地區共有僑團 112 個，大致可分為傳統僑團、越棉寮僑團及新興僑團，傳統僑社以「中華總會館」（如圖 3-2-1）與「中華總商會」為代表。由於孫中山先生在檀香山創立興中會發起革命之歷史淵源，因此當地僑團在政治認同上大多能認同中華民國，新興僑團僑胞以來自臺灣為主，政治立場雖不一，但對當地各項活動亦多能夠積極參與。華人僑界與當地政府關係良好，夏威夷州政要經常受邀出席華人活動，如「中華總會館」新任職員就職典禮暨表彰傑出華人活動、「中華總商會」每年所舉行的水仙花皇后加冕典禮等華

〔註32〕 中華民國僑務委員會編印，《美國臺灣僑民生活適應及發展之研究——以洛杉磯為例》，頁 21。

〔註33〕 中華民國僑務委員會編印，《美國臺灣僑民生活適應及發展之研究——以洛杉磯為例》，頁 22。

人重要活動。〔註34〕

　　臺灣政府與夏威夷州政府，長久以來密切往來互動，雙方締結多個姊妹市，包括檀香山市與高雄市、夏威夷郡與花蓮縣、可愛郡與澎湖縣等。〔註35〕高雄市與檀香山市於 1962 年 9 月締結姊妹市，高雄市政府歷年贈送檀香山市之紀念品，包括位於中國城河濱街之國父銅像、中山公園石獅及陳列於松鶴文化廣場之龍舟，顯示兩市友好情誼。（如圖 3-2-2）2011 年 6 月上旬檀香山 Carlisle 市長應中華民國外交部邀請訪問臺灣，順道訪問高雄市，而同年 6 月中旬，高雄市議會議長率團訪問檀香山，亦顯示兩市訪問交流密切。〔註36〕臺灣與夏威夷兩方政府，在再生能源、天文、農業、災害預防與減免

<table>
<tr><td style="text-align:center">圖 3-2-1
夏威夷中華總會館圖</td><td style="text-align:center">圖 3-2-2
高雄市政府致贈檀香山市的石獅像</td></tr>
<tr><td></td><td></td></tr>
<tr><td style="text-align:center">資料來源：2013 年 1 月筆者拍攝。</td><td style="text-align:center">資料來源：2013 年 1 月筆者拍攝。</td></tr>
</table>

〔註34〕　中華民國僑務委員會檀香山華僑服務站，參閱網址：http://www.ocac.gov.tw/
　　　　　OCAC，參閱日期：2014 年 12 月 2 日。
〔註35〕　中華民國外交部網站，參閱網址：http://www.mofa.gov.tw/default.html，參閱
　　　　　日期：2014 年 12 月 2 日。
〔註36〕　檀香山臺北經濟文化辦事處網站，參閱網址：http://www.roc-taiwan.org/US/
　　　　　HNL/mp.asp?mp=41，參閱日期：2014 年 12 月 2 日。

方面，都有密切的合作與交流，檀香山計劃興建捷運與自行車租用系統，亦多次向臺北及高雄兩市借取經驗。〔註37〕

據統計，臺灣移民在夏威夷之總投資額近一億美元，為全夏威夷第 8 大外商投資國，次於日、澳、港、加、英、印尼和中國。中華民國企業在夏威夷投資主要以不動產與餐飲業為主，如松鶴公司、華航假日酒店、Alana Hotel、Hilton Waikoloa Hotel、Aloha Tower、華航及長榮等。另有十餘家臺商投資經營小型購物中心。夏威夷州人口約 128 萬，主業產業為觀光旅遊業、貿易業、零售業、及製造業等。服務業是夏威夷經濟的基礎，工業包括食品工業、成衣製造及禮品加工等。夏威夷州政府歡迎、鼓勵並支持其他科研工作的發展，包括生物化學工程、電腦軟體開發、電子工業、通訊事業及海洋工業等。2008 年平均個人所得為 40,490 美元，2009 年 2 月失業率為 6.5%。〔註38〕從早期的留學生，到 1980 年代起有越來越多的臺灣移民移入夏威夷，新移民為傳統華人社會帶來不一樣的氣象。臺灣移民普遍具有高學歷，擁有專業技能，加上 1980 年代以後具有一定經濟實力新移民相繼移入，組成另一個新移民社群，臺灣移民鮮少參與在傳統僑社中，他們逐漸發展出眾多新移民社團（如圖 3-2-3）。還有各式臺灣料理亦為夏威夷社會之特色，更加豐富夏威夷多采多姿的文化（如圖 3-2-4）。

圖 3-2-3	圖 3-2-4
夏威夷臺灣人中心圖	檀香山華埠內的臺式料理餐館圖

資料來源：2013 年 1 月筆者拍攝。　　　資料來源：2013 年 1 月筆者拍攝。

〔註37〕《大紀元時報》，2014 年 2 月 12 日，參閱網址：http://www.epochtimes.com/b5/14/2/12/n4081146.htm，參閱日期：2014 年 12 月 2 日。

〔註38〕參閱中華民國駐外單位聯合網站，參閱網址：http://www.hawaii.gov，參閱日期：2014 年 12 月 2 日。

　　本研究所訪問到的客家移民，多已在美國或夏威夷居住超過 20 年，有的甚至在夏威夷居住了近半世紀，夏威夷是美國相當重要的農業州，臺灣移民對夏威夷的農業技術，亦有其貢獻。〔註 39〕夏威夷長期與我國政府之間有多方面的官方與民間交流〔註 40〕，尤其相較於美國其他城市，這裡亞裔比例相當高，以人口最多的歐胡島為例，亞裔佔了三分之一以上，加上華人移民夏威夷歷史甚久，在夏威夷的多元文化中，充滿了濃厚的亞洲文化色彩，為許多臺灣移民以及來自臺灣的客家移民所熟悉。在本節中，透過問卷及訪談方式，試圖了解客家移民一開始到美國或夏威夷所面臨的生活適應問題，筆者將從語言問題、經濟狀況與住房擁有、飲食習慣與娛樂休閒，及種族歧視的經驗等方面進行口訪，更深入了解臺灣客家移民的生活適應狀況，以及遇到問題時如何因應與調適。

一、語言問題

　　本次的訪談中發現，無論男性或女性，最初大多是以留學方式赴美，所以當時都要通過語言考試。有 2 位女性後來因與美國公民結婚，所以在家溝通主要亦以英語為主。受訪的客家移民均表示，他們自認為剛到美國或夏威

〔註39〕　夏威夷大學的農業研究相當著名，來自臺灣屏東的柯文雄博士，於 1966 年取得美國密西根州立大學哲學博士。1966 至 1969 年間，擔任密西根州立大學博士後研究員，1969 起前往夏威夷大學，擔任助理教授、副教授、教授。至 2005 年獲頒夏威夷大學榮譽教授。柯教授對學術貢獻甚大，他於 1997 年，被選為「夏威夷大學 90 年歷史中 90 位傑出教授」（Ninety Fabulous Faculty During the 90 Years History of the University of Hawaii）中的一位。2004 年夏威夷州長宣佈 2004 年 12 月 16 日為「柯文雄博士日」（Dr. Wen-Hsiung Ko Day），以表揚他在美國及國際上傑出的學術成就，並感謝他對夏威夷州及其農業的重要貢獻，最重要的莫過於柯博士長期居住在夏威夷期間，解決夏威夷木瓜栽種的病蟲害，以及多次協助夏威夷政府解決重大農業及森林問題。柯教授旅居夏威夷甚久，並且於夏威夷大學服務 36 年，其學術成就受到國內外學術界的肯定與表揚。2005 年夏威夷州議會議長特頒發「感謝狀」（Hawaii State Senate Certificate），表揚柯博士對夏威夷農業及學術的卓越貢獻。〈臺灣之光　夏威夷訂「柯文雄博士日」〉，《自由時報》，2004 年 12 月 23 日。

〔註40〕　如 2002 年臺灣加入世界貿易組織 WTO 後，農業急需積極轉型以及強調外銷，因此農委會於該年率團至夏威夷州進行訪問，雙方在農業發展的經驗上取得進一步彼此交流。夏威夷州政府為表達對臺灣代表團的熱烈歡迎及對雙方農業合作交流的支持，州長特別宣佈訂定 6 月 10 日為夏威夷州的「臺灣農業日」。參閱臺灣農業委員會網站，參閱網址：http://www.coa.gov.tw/show_index.php?cat=index，參閱日期：2014 年 12 月 2 日。

夷時，自己的英語聽說能力，都沒有遇到太大的困難，基本的溝通無礙，而且也不曾對他們的英文發音提出質疑。受訪者 L 先生表示，一開始來美國上課時，因爲講話速度很快，會有點跟不上美國教授的上課步調。不過經過一段時期，數週或是一兩個月，也都能大致適應了。有 2 位臺灣移民，後來甚至在大學任職，必須完全以英文授課，他們認爲因爲長期使用英語，自己的語文能力應該沒有太大問題。

訪談中只有 1 位客家移民提到，當初的確有點擔心自己的英文能力不夠好，打算來夏威夷後，另外找時間去加強自己的語文能力。她說因爲要開店，每天必須與客人面對面溝通，怕聽不懂客人說的英文，但後來開店忙碌，已經報名繳費的語言學習班課程，也因此作罷，她說道：

> 我們一到夏威夷就準備開始在這裡開店做生意，起初我很擔心，因爲覺得自己英文好像不是那麼好，怕客人講的我聽不懂，後來我認眞去找了補習班，打算去加強一下我的英文，可是後來實在是沒時間，繳了報名費才去上一兩次就沒去了。曾經有好幾次客人講的英文，我眞的完全聽不懂，不過我覺得那都是個過程啦！反正就不要怕，後來我是很客氣地請客人寫下來，我聽不懂的地方我也會記下來去請教別人，反正聽久了你自然就會慢慢進步，尤其我們做生意，主要是菜單上的英文你聽懂就好了，不要把客人要的東西弄錯，應該就不會有什麼大問題。其實我現在英文也不是說有多好，但是一般的溝通應該都還算 OK。（受訪者 U1 女士）〔註41〕

客家移民在家中主要使用以國語、臺語、英語爲主，語言上的使用往往也因對象而異。本次訪談對象並無夫妻雙方同具有客家背景的情形，因此客家移民其配偶若是同爲臺灣人，雙方的溝通主要以講國語或是臺語爲主，大部分的臺灣客家移民，都具有聽、說臺語的能力，但是他們的另一半或是第二代以後，普遍聽不懂客家話，更不會說客家話。在美國出生或成長的第二代臺灣客家移民，以英文作爲主要溝通語言，部分有上過一段時間的中文學校，能夠聽得懂中文，但在家裡中文基本上很少使用。受訪的客家移民表示有時在工作中必須使用到日語，由於夏威夷有相當比例的日裔族群人數，其中 2 位受訪者因爲工作性質，經常會使用日文，且日語程度相當好。客家移民平均使用 2～3 種語言，使用單一語言的情形較少。有關檀香山受訪臺灣客

家移民日常生活語言使用情形，請參閱表 3-2-1。

表 3-2-1　檀香山受訪臺灣客家移民日常生活語言使用情形統計表

語言使用別／使用場域	英　語（人次）	國　語（人次）	臺　語（人次）	日　語（人次）	客家話（人次）
生活場域	經常使用(20人) 偶爾使用(0人) 很少使用(0人)	經常使用(20人) 偶爾使用(0人) 很少使用(0人)	經常使用(0人) 偶爾使用(12人) 很少使用(8人)	經常使用(0人) 偶爾使用(3人) 很少使用(17人)	經常使用(0人) 偶爾使用(2人) 很少使用(18人)
工作場域	經常使用(20人) 偶爾使用(0人) 很少使用(0人)	經常使用(1人) 偶爾使用(4人) 很少使用(15人)	經常使用(0人) 偶爾使用(0人) 很少使用(20人)	經常使用(3人) 偶爾使用(2人) 很少使用(15人)	經常使用(0人) 偶爾使用(0人) 很少使用(0人)
家庭場域	經常使用(15人) 偶爾使用(5人) 很少使用(0人)	經常使用(15人) 偶爾使用(3人) 很少使用(2人)	經常使用(2人) 偶爾使用(2人) 很少使用(16人)	經常使用(0人) 偶爾使用(0人) 很少使用(0人)	經常使用(0人) 偶爾使用(2人) 很少使用(18人)

資料來源：2013 年 1 月，筆者訪談整理。

二、經濟狀況與住房擁有

　　根據訪談結果表 3-2-2 所顯示，受訪的第一代夏威夷臺灣客家移民，於受訪時表示，目前處於工作狀態及退休或半退休的比例，約各佔一半。多數臺灣客家移民均表示，夏威夷是個舒適宜人的地方，不少客家移民曾在美國其他城市居住過，中高年齡層以上的客家移民，將夏威夷列為他們日後退休養老的首選之地，這些客家移民大多在 1980 年以後來到美國或夏威夷。

表 3-2-2　檀香山受訪臺灣客家移民工作及經濟狀況統計表

性別＼工作狀態	無固定工作	有固定工作及收入	半退休狀態	完全退休狀態	共計人數
男　性	0	1	2	1	4
女　性	1	7	6	2	16
共計人數	1	8	8	3	20

資料來源：2013 年 1 月，筆者訪談整理。

　　根據表 3-2-3 顯示，受訪者均居住在自有住宅中，有的甚至在臺灣以及美國其他地方也有自己的房子。一般而言，客家移民的居住區主要以歐胡島的東南區為主，與多數臺灣移民相同，大部分移民都住在檀香山市區四周，距

離檀香山市區約一個小時車程。此外，臺灣客家移民並未形成集中的居住區，他們的鄰居族裔十分多元。

表 3-2-3　檀香山受訪臺灣客家移民住房擁有情形統計表

住房擁有 / 性別	在檀香山擁有自有住宅	在檀香山及美國他地均有自有住宅	在檀香山及美國其他地區與臺灣均有自有住宅	共計人數
男　性	3	1	0	4
女　性	8	5	3	16
共計人數	11	6	3	20

資料來源：2013 年 1 月，筆者訪談整理。

　　不少臺灣客家移民認為，夏威夷物價高，工作機會有限，所以年輕一代要在夏威夷生活並不容易；再加上近幾年來，檀香山地區的房價一直居高不下，生活負擔又更加大。有 2 位客家移民提到，自己與配偶未來有可能也考慮返回臺灣短暫居住，他們表示年輕時到美國打拼多年，年紀漸長後越來越可望回到家鄉。訪談中他們表示他們對近幾年臺灣各方面的進步感觸深刻，所以有 3 位受訪者持續密切在注意臺灣房地產走向，有打算在臺置產，為未來退休後返臺居住作準備。他們傾向購屋的地點主要仍以臺北、臺中、高雄等大都會區為主。這些中高年齡層客家移民表示，身邊已有不少朋友每年會固定返臺居住幾個月，增進與親友間的互動。當冬季到來，臺灣氣候轉為濕冷之際，再返回溫暖的夏威夷避冬，這是未來他們考慮採取的模式。

三、飲食習慣與休閒娛樂

　　夏威夷州亞裔比例高，各式亞洲風味料理，應有盡有，居住在這裡的臺灣客家移民，平時以在家中烹煮簡單的臺式或中式料理為主，偶爾他們會到華埠附近的中餐館用餐。平時或假日，他們也會到華埠採買與消費，近幾年檀香山地區，陸續也有臺式料理餐館及臺灣風味的飲品店出現，讓臺灣移民能夠品嚐到家鄉料理。受訪者均表示，他們剛來到檀香山的時候，比較常到華埠去走動，現在則較少到華埠去，除非特別要採買一些特殊的材料才會去。至於對傳統華埠的治安與整潔方面，多數移民都給予肯定，對華埠的印象都不算太差，半數受訪者提到華埠內仍有遊民及治安上的死角，他們建議入夜

後最好避免到華埠走動，而且最好結伴而行以確保自身安全。

　　至於休閒娛樂活動的安排，第一代客家移民會收看電視節目，看英文節目的比例高於中文節目。在華文電視方面，夏威夷的臺灣移民可以透過有線電視網觀賞華夏電視公司，或以衛星電視接收東森電視、鳳凰電視節目。此外，還可以透過網路傳播，使臺灣移民能很即時地上網收看臺灣的節目，如公視、三立電視臺、中天電視臺等節目的播出。檀香山的華人報紙，有《世界日報》及《星島日報》，雙週報部分有《檀報》，時常報導臺灣政經發展現況及夏威夷僑界動態。〔註42〕檀香山當地主要英文報為《Star Advertiser》〔註43〕有超過八成以上受訪者表示會花時間上網，主要是與朋友聯絡、上網購物或是瀏覽夏威夷當地或美國等地的新聞，五成以上受訪者平日主要是透過網路了解時事，只有 2 位受訪者有閱讀傳統報紙的習慣。假日時，他們會從事爬山、跑步、騎單車等戶外休閒運動，或是三五好友聚餐聊天，每年也會固定到其他地區做短暫旅遊。

四、種族歧視經驗

　　檀香山市是亞裔比率居多的城市，有九成以上受訪移民表示，他們自身或是親友都未曾在夏威夷遇到過種族歧視的狀況。受訪移民談及在夏威夷以外的其他地區有聽說過或是自己與身邊親友曾遭受過種族歧視之情形。有 2 位受訪者，曾在美國本土其他城市居住過的客家移民表示，在搬來夏威夷前，曾有遇過歧視的情況，受訪者對夏威夷和諧融洽的族裔氣氛，均感到十分滿意。在下一節中，會再從受訪者生活與工作中與其他族群互動的經驗，更進一步分析他們對種族歧視的看法。

第三節　社會參與

　　本節將從族群互動、社團參與、交友圈，以及對當地節慶活動的參與中，深入探究夏威夷臺灣客家移民之社會參與情況，透過質性訪談，了解他們與其他族裔互動的看法，及目前臺灣客家移民在當地的社團參與情形。針

〔註42〕檀香山臺北經濟文化辦事處網站，參閱網址：http://www.roc-taiwan.org/US/HNL/mp.asp?mp=41，參閱日期：2014 年 12 月 2 日。

〔註43〕此報為過去檀香山兩家報社《Honolulu Advertise》以及《Honolulu Star-Bulletin》所合併。

對他們參與的社團性質對社團的選擇及參與程度上，受到哪些因素的影響分析探討。

一、族群互動

在族群互動部份，將其分為與華人族群及非華人族群兩方面做探討。由於在夏威夷族裔通婚、血統融合的文化混雜情況普遍，因此各族裔在互動上更顯自然。華人與當地土著很早就有通婚例子。目前夏威夷華人是以混血華人為主體，純華人比例相對較低。在本次的訪談中，來自臺灣的客家移民，他們普遍認為在夏威夷，感覺不出種族歧視的情形。在這裡長期生活的客家移民表示，他們與其他族裔的互動，十分自然且自在，幾乎都沒有遇過種族歧視或是族群衝突的問題。受訪者 L 先生對此做了以下陳述：

> 當初我一來夏威夷念書的時候，我的教授（美國白人）對我十分照顧，在生活上幫忙我很多，後來我能得到進入州政府工作的機會，也是因為教授的推薦，在州政府工作期間，也遇到好幾次升職的機會，我的同事跟我一起被推薦上去，那時我的上司是白人啊！可是我得到升遷的機會，那時我就感覺到，他並沒有比較偏袒我的白人同事，比較是從工作能力去作客觀考量，我的同事各個背景都不同，大家彼此之間都相處得很愉快。（受訪者 L 先生）〔註44〕

另一位受訪者 F 女士，也確切地表明，在夏威夷生活了這麼久，沒有遇過種族歧視的情況，她說道：

> 我剛進大學教書的時候，我是要給美國人講美國歷史的，一開始我也擔心會被質疑，你想想看，你一個東方人怎麼去講他們美國的歷史，他們一定會挑剔你，有些學生看到我們這種東方臉孔的老師，馬上就是批評你的英文發音，找你的麻煩，所以我一開始就說清楚，聽不懂我發音的人可以不必上這堂課，後來上了一學期下來，也沒有一個學生質疑我的發音他們聽不懂，所以我想在這裡，種族歧視的情況應該幾乎是很少的吧！（受訪者 F 女士）〔註45〕

12 位受訪的臺灣客家移民，他們的第二代是在夏威夷或是美國出生及受教育，面對族裔相處及種族歧視的問題，他們根據多年在檀香山居住的經驗，

〔註44〕筆者於 2013 年 1 月 26 日在檀香山訪問 L 先生。
〔註45〕筆者於 2013 年 1 月 24 日在檀香山訪問 F 女士。

表示這裡幾乎沒有過族群衝突的問題，族裔之間大致都能夠平和相處，受訪者 H 女士說道：

> 我在夏威夷這麼久，好像沒聽過什麼種族歧視的狀況，以前我孩子在學校念書的時候，他們班上一半以上都是亞洲人，白人算是少數耶！可能因為這樣，這裡亞洲人太多了，所以比較沒有種族歧視的狀況。（受訪者 H 女士）〔註46〕

另一位受訪者 P 先生說道自己以前在美國本土居住的經驗：

> 夏威夷這裡的種族是很平和的，以前在美國本土跟這裡就有很大的不同，尤其到亞洲人比較少的地方，你就覺得他們不是那麼友善，我在那邊常聽到亞洲人被歧視的例子，我自己是沒有，不過身邊有朋友有遇到過。（受訪者 P 先生）〔註47〕

至於華人群體間的互動，有很明顯的社群區隔，例如檀香山地區的華人群體中，大略就分為老僑與新僑，老僑是指三、四代以前從中國廣東移民到夏威夷的早期華人後裔，戰後抵達夏威夷發展的新移民團體，又可大略分為臺灣新移民、東南亞華人等等，老僑新僑之間幾乎很少交集，社團會明顯以某個華人社群為主，受訪者 T 女士就自己的觀察，表示以下的意見：

> 這裡的本地華人，他們已經是好幾代都在夏威夷這裡，他們有自己的社團，一般都是在 Chinatown 那邊，臺灣人一般來說是不會跑去參加的，臺灣人大部分會參加臺灣人自己的社團，我們這裡還有越緬寮的華人，這裡的華人聯誼會，主要都是越緬寮的華人參加，據我所知裡面也蠻多客家人，臺灣人去參加的也不多，有的臺灣客家人不想說自己是客家，也是不想被聯想為跟越緬寮的客家人一起，反正一定都有分啦，你看他去參加什麼社團，大概就知道他的背景！
>
> （受訪者 T 女士）〔註48〕

二、社團參與和交友圈

根據表 3-3-1 所示，夏威夷的臺灣客家移民，參與社團活動的頻率以及社團參與的性質，有相當大的歧異。受訪者中，以偶爾參加的人數，佔最多數。

〔註46〕　筆者於 2013 年 1 月 18 日在檀香山訪問 H 女士。
〔註47〕　筆者於 2013 年 1 月 24 日在檀香山訪問 P 先生。
〔註48〕　筆者於 2013 年 1 月 21 日在檀香山訪問 T 女士。

表 3-3-1　檀香山受訪臺灣客家移民社團參與情形統計表

參與情形 性別	完全沒參加	偶爾參加	經常參加	共計人數
男　性	1	1	2	4
女　性	7	7	2	16
共計人數	8	8	4	20

資料來源：2013 年 1 月，筆者訪談整理。

　　筆者進一步分析，影響客家移民普遍參與社團頻率較低，歸結後得出以下幾個因素：其中以忙於工作，及本身較不喜歡非必要性的社交活動比例最高，；其次是由於本次受訪的第一代客家移民本身，以中高年齡層居多，他們紛紛表示自己年事已高，容易疲累，因此大大降低社團參與意願。有 1 位受訪者中有的表示因居住的區域較偏遠，還有 1 位則是表示，曾經有參與社團的不愉快經驗，因此對參加社團顯得不太熱衷。

　　一位年事已高的 L 女士說道：

> 很多社團活動都是在晚上，我現在年紀大了，眼睛和反應都退化很多，不太方便開車，晚上開車太危險，所以我儘可能晚上都不出門。
>
> （受訪者 L 女士）〔註 49〕

　　有 2 位擁有自己的事業的受訪者提到，受限於時間關係，所以比較希望能利用空閒時間陪伴家人，因此對參加社團的意願不甚高。受訪者 P 女士表示：

> 我平常就習慣早睡早起，因為我白天都要忙著我的工作，所有的 business 都是我一個人管，所以晚上我得要很早休息，我很少參加一些應酬，以前年輕的時候還可以，現在除非工作上需要或非不得已，不然通常工作一結束，我就是回家休息。（受訪者 P 女士）
>
> 〔註 50〕

　　另一位經營飲品生意的 U1 女士也說道：

> 我剛來這裡的時候，有想過要找時間去認識一下其他人，不過後來太忙了，根本抽不出時間，店裡的生意很忙，加上那時候小孩子又

〔註 49〕筆者於 2013 年 1 月 27 日在檀香山訪問 L 女士。
〔註 50〕筆者於 2013 年 1 月 29 日在檀香山訪問 P 女士。

小，根本也沒那時間，雖然說現在店已經很上軌道，可是開店和關店，我還是得要親自過去，時間都固定住，完全走不開。有的人參加團體最主要是希望可以多認識一些人，跟多交些朋友，一開始我也覺得有那需要，但是現在都已經來了十幾年，孩子也大了，我也沒那股動力了，也覺得沒那必要性了，而且也聽過不少人，因為參加這些組織後，有是非糾紛的，有時反而什麼都不參加，就不會有這些麻煩事。（受訪者 U1 女士）〔註51〕

另一位客家移民 W3 女士，則表示因為自己的工作性質特殊，很難參與社團活動：

我的工作是跟看護有關，因為工作時間很長，下了班幾乎都很累了，人家休息的時候我幾乎都在上班，而且我本身也有點年紀了，人家去參加團體是多少要去交朋友，我這工作也不需要跟人家交什麼朋友，跟我比較熟的朋友，他們都知道什麼時間才可以找到我，我自己本身很少會跟朋友主動聯絡，所以人家叫我參加什麼社團，我基本上是沒什麼意願的。（受訪者 W3 女士）〔註52〕

一位家中離檀香山市區比較遠的客家移民 L2 女士說道：

幾年前，我們搬到比較郊區的地方，現在從我們家開車到市中心，要差不多四十分鐘到一個小時吧！距離蠻遠的，所以除非是要買東西，或跟朋友有約才會特別跑過去，我知道很多活動都還是在 Waikiki 那邊，我們住那麼遠，要去參加一些活動的話，會比較麻煩。

（受訪者 L2 女士）〔註53〕

另一位則表示過去自己曾參與在新移民團體中，但有過不好經驗，因而就此對參加社團活動，不感興趣，她表示：

我知道有些人很熱衷參加那些社團活動，喜歡交際應酬，結交新朋友，可是我參加過幾次，就不是那麼喜歡，怎麼講，一開始大家彼此之間都很客氣，久了以後，有些人就開始在那裏比較來比較去，比做哪一行業、孩子讀什麼學校、開什麼車……等等的，那個感覺我不是很喜歡，有的還會跟你推銷，感覺跟你交朋友是有目的的，

〔註51〕筆者於 2013 年 1 月 28 日在檀香山訪問 U1 女士。
〔註52〕筆者於 2013 年 1 月 21 日在檀香山訪問 W3 女士。
〔註53〕筆者於 2013 年 1 月 22 日在檀香山訪問 L2 女士。

> 我又不擅於拒絕別人，就會多少有壓力，我後來想通了，我也不是
> 要做生意的，認識那麼多人，只是麻煩而已，後來我就漸漸不去參
> 加那些了……（受訪者 T 女士）〔註54〕

　　從以上客家移民對社團參與所表達的看法中發現，影響他們普遍不熱衷
於參與社團的原因，除了外在因素，如居住區、工作性質，以及內在因素，
如身心條件、家庭考量外，有 5 位受訪者都提到一點，他們認為參與社團主
要目的大多是為了社交應酬，拓展自己的人脈和交友圈，若本身無這方面的
需求，可能就讓客家移民參與社團的意願降低了。

　　針對經常參與在各類社團的客家移民，再更進一步了解他們參與的社團
性質，大略可分為專業性社團、宗教性社團及聯誼性社團為主（參見表
3-3-2）。專業性社團是較多人參與的，而且年齡層都偏高，但其參與程度呈
現穩定的狀態，其中有 4 位在學術界服務的客家移民，即便是在退休後，仍
持續參與在專業性社團當中。他們都是夏威夷國建聯誼會（Association of
Chinese Scholars in Hawaii，簡稱 ACSH）的成員，該會集結多位在夏威夷學
術界具有卓有貢獻的臺灣移民，每年固定聚會，討論有關臺灣的各項議題。
受訪者中，僅 1 位在受訪時表示自己目前擔任工商婦女會的要職，經常舉辦
各項活動，十分忙碌。另有 4 位客家移民參與在宗教社團中，其中 3 位常參
與在夏威夷慈濟分會的活動中，另一位則是投入在檀香山觀音廟的活動，除
了到廟裡協助幫忙外，也尋求自己心靈的寄託。

表 3-3-2　檀香山受訪臺灣客家移民參與之社團性質統計表

社團性質 性別	專業性社團	宗教性社團	聯誼性社團	共計人次
男　性	2	1	1	4
女　性	3	3	2	11
共計人數	5	4	3	15

資料來源：2013 年 1 月，筆者訪談整理。

　　這些客家移民都以參與單一社團為主，鮮少有參加兩個以上社團者，只
有 1 位受訪者提到，因為朋友的邀請，除了參加國建聯誼會外，偶爾也會參

〔註54〕　筆者於 2013 年 1 月 21 日在檀香山訪問 T 女士。

加夏威夷臺灣長青會的聚會。該會以聯絡感情的性質爲主，會中多是中高年齡層聚餐或是齊聚歌唱。另外，一些參與在非華人組織的客家移民婦女，主要是因爲受另一半爲非華人的影響，所以多少會隨同配偶參與在非華人的社團中；加上自己對華人社團的參與並不熱衷，因此社交圈較偏向以其他族裔爲主。

三、對當地節慶活動的參與

在夏威夷，多數華人後裔雖已深度同化於主流社會，但每逢中國傳統節慶，尤其是農曆春節、端午節、中秋節等傳統節日時，所有來自各地的華人，仍會齊聚於華埠內舉行慶祝活動，氣氛熱鬧非凡。夏威夷的臺灣移民亦會特別在每年的二二八和平紀念日以及雙十國慶時，舉行音樂會或是遊行等活動，以紀念或慶祝該節日。不少受訪的臺灣客家移民，亦都會熱烈參與這些慶典活動。另外，由於夏威夷族裔眾多，十分強調尊重多元文化與認識各種文化，因此夏威夷政府於每年 3 月舉辦火奴魯魯文化節，邀集各族裔移民身穿具有其族裔代表性的服裝，共同參與遊行，藉此讓其他族裔認識各種不同的文化，展現對各族裔文化的尊重。臺灣移民也熱烈參與其中，這些慶典不僅是亞裔團體凝聚與情感交流的機會，更讓其他非華人族群，共同體驗中華文化、臺灣文化等各式亞洲文化的機會。以下分別就中國農曆新年、雙十國慶、二二八和平紀念日及火奴魯魯文化節，了解臺灣客家移民在這些節慶中的參與。

（一）中國農曆新年

每年的農曆新年，是海外華人社會最熱鬧的節慶日，在夏威夷也不例外。農曆新年前夕，華人社團會共同在傳統華埠內舉辦各式慶典活動，諸多華人團體匯集於檀香山華埠文化廣場內，邀請眾多華人團體，設置攤位，讓民眾可以來選購各式美食，感受一下春節氣氛。（參見圖 3-3-1、圖 3-3-2、圖 3-3-3 及圖 3-3-4）

（二）端午節與中秋節

許多臺灣移民會在端午節與中秋節時，舉行包粽子活動或是中秋烤肉野餐、歌唱聯誼會，端午節與中秋節無大型華人聯合性的慶祝活動，主要是由當地僑務單位及臺灣新僑社團各自舉辦簡單的活動，邀集當地僑民甚至是留學生一同參加，以聯繫感情及增進互動爲主，讓臺灣移民在異鄉以能感受到

圖 3-3-1　農曆新年檀香山華埠　　　　圖 3-3-2　農曆新年檀香山臺灣
　　　　　舉行熱鬧慶典圖　　　　　　　　　　　移民齊聚揮毫圖

資料來源：2013 年 1 月筆者拍攝。　　資料來源：夏威夷臺灣人中心社群網站。
　　　　　　　　　　　　　　　　　　參閱日期：2015 年 1 月 22 日。

圖 3-3-3　　　　　　　　　　　　　　圖 3-3-4
臺灣電音三太子參與　　　　　　　檀香山市長到華埠燃放
檀香山華埠慶典圖　　　　　　　　鞭炮參與農曆新年慶典圖

資料來源：夏威夷臺灣人中心社群網站。　資料來源：2013 年 1 月筆者拍攝。
參閱日期：2015 年 1 月 22 日。

佳節的溫馨氣氛（參見圖 3-3-5、圖 3-3-6）。大多數的客家移民受訪者表示，並無特別慶祝端午節與中秋節，有一位受訪者說，以前會特別在自己家包粽子，感受一下過節氣氛，不過也因為太大費周章，有些素材得特別到華埠去找，所以也就選擇簡單度過。

圖 3-3-5　檀香山臺灣僑民端午節　　圖 3-3-6　檀香山臺灣僑民舉行
　　　　　慶祝活動圖　　　　　　　　　　　　　中秋節聯歡活動圖

資料來源：中華民國外交部網站。　　　資料來源：中華民國外交部網站。
參閱日期：2015 年 1 月 22 日。　　　　參閱日期：2015 年 1 月 22 日。

（三）二二八和平紀念日及雙十國慶

　　每年到了二二八和平紀念日時，許多海外臺灣移民會舉行各式追思音樂
會以紀念二二八事件的受難者，美國各大城市的臺灣移民僑社，幾乎都有二
二八追思音樂會。以夏威夷檀香山為例，每年的追思活動，均由夏威夷臺灣
基督長老教會、夏威夷臺灣同鄉會、夏威夷臺灣長青會與臺灣人公共事務會
（Formosan Association for Public Affairs, FAPA）夏威夷分會，聯合舉辦紀念
音樂會，以追悼二二八事件罹難者。參與者通常多傾向於臺獨立場或具有強
烈的臺灣意識，他們通常稱自己為「臺美人」（Taiwanese American），他們多
屬精英份子，社會地位高，許多人是醫師、律師、科技人才、教授與企業家。
一位客家移民表示，二二八和平紀念日在許多臺灣移民心中是很重要的節
日，尤其是強調臺灣主權獨立的移民群體，她說道：

　　　　每年到了二二八，這裡的臺灣人一定會舉辦活動，通常都是音樂
　　　　會，參加的人也非常多，這裡的追思活動，幾乎都是臺灣長老教會
　　　　主辦，他們都是臺獨意識強烈的精英份子。以前我在（美國）本土
　　　　的時候，臺灣人對二二八都很重視。（受訪者 T 女士）〔註55〕

　　雙十國慶時，檀香山經濟文化辦事處會舉行遊行及升旗活動，並邀請當
地的僑社，包含傳統僑社在內來共同參與。駐外單位會舉辦聯歡茶會，夏威

〔註55〕　筆者於 2013 年 1 月 21 日於檀香山訪問 T 女士。

夷州政、僑、學、商界人士多應邀出席，包括美國在臺協會、夏州眾議會、
檀香山市長及夏威夷州參眾議員、檀香山市議員等，多會親自出席表達慶賀
之意。傳統僑社、新僑團體，以及當地僑民對雙十國慶的參與，相當熱烈。
（參見圖 3-3-7、圖 3-3-8）。

圖 3-3-7　檀香山臺灣僑民舉辦
　　　　　二二八追思音樂會圖

圖 3-3-8　檀香山臺灣僑民參與
　　　　　雙十國慶遊行圖

資料來源：《世界日報》。
參閱日期：2015 年 1 月 22 日。

資料來源：駐檀香山臺北經濟文化辦事處
網站。參閱日期：2015 年 1 月 22 日。

（四）檀香山文化節

　　檀香山文化節（Honolulu Festival），亦名「火奴魯魯文化節」或是「檀香
山遊慶節」，於 1995 年首度舉行，至今已經 20 年，其用意在促進夏威夷和亞
太地區的文化交流，亦藉機讓更多人認識與了解亞太文化。爲促進太平洋地
區和亞洲地區的文化交流，民族和睦爲宗旨的檀香山節，秉持和諧太平洋的
精神，在展示著亞太地區民族文化藝術的同時，把夏威夷多元民族的表演也
一併融入其中。檀香山文化節每年於 3 月上旬舉辦，爲期數天，會有展場展
示各民族的文化交流活動及歷史、藝術展覽，還有動態表演。許多亞太族裔
都會穿上最具代表性的服飾及打扮，參與遊行隊伍，在其他族裔面前展示
（參見圖 3-3-9、圖 3-3-10），在 2015 年的檀香山文化節活動中，部分臺灣客
家移民及臺灣新移民，也首度以客家傳統服飾方式，展現出臺灣客家文化特
色。〔註56〕

〔註56〕〈檀香山遊慶節看見不一樣的臺灣〉，參閱中華民國僑務委員會網站，參閱網
　　　址：http://www.ocac.gov.tw/OCAC/，參閱日期：2015 年 4 月 27 日。

圖 3-3-9　第 20 屆檀香山文化節　　　圖 3-3-10　檀香山文化節表演
　　　　　活動海報圖　　　　　　　　　　　　臺灣原住民舞蹈圖

資料來源：檀香山文化節官方網站。　　資料來源：檀香山文化節官方網站。
參閱日期：2015 年 1 月 22 日。　　　參閱日期：2015 年 1 月 22 日。

第四章　夏威夷客家文化發展

　　從華人到夏威夷發展的兩百多年歷史，了解到過去的客家先民，參與在早期夏威夷的開拓歷程中。最初抵達的客家移民，有相當高比例很早就接受西方基督教的洗禮，有助於他們後來融入夏威夷主流社會中。在逐漸受到同化的過程中，客家移民仍希望保有客家傳統，亦相當珍視客家文化，對客家身分也始終保持認同。由夏威夷客家人所組成的「夏威夷崇正會」（Tsung Tsin Association），其前身爲 1918 年於檀香山成立的「人和會館」（Nin Fo Fui Kon），至今仍是夏威夷地區最具代表性的客家組織。不過擁有近百年歷史的「夏威夷崇正會」，正面臨成員老邁，及由於族裔通婚普遍造成深度同化後，後裔對客家認識愈形困難的窘境。因此無論是土生華人，或是混血客家華人後裔，對客家文化的接觸與了解自然會越來越少，客家文化的認識與傳承也面臨挑戰。值得注意的是，即使對客家的認識有限，如今仍有相當比例的夏威夷客家後裔，依然保持對自我客家身分的認同。

　　二次大戰後，臺灣移民陸續前往美國及夏威夷發展，1980 至 1990 年代，美國及夏威夷的臺灣移民人數出現明顯成長，在一定數量的臺灣移民中，一直不乏來自臺灣的客家人。夏威夷的臺灣客家移民，在此居住的平均時間已逾 20 年，部份更是以夏威夷爲其移民首站，並在此落地生根，至今已居住長達近半世紀之久。相較於美國本土約在 1970 年代後，便陸續開始出現由臺灣客家移民所組成的各式組織及社團，夏威夷一直以來未有臺灣客家組織或社團的設立，相關原因有待探討。多數夏威夷臺灣客家移民是參與在以新移民爲主的各式組織團體中，他們與早期廣東地區的客家移民後裔，雖然同樣具

有客家背景，但因文化背景差異甚大，幾乎沒有交集。同樣地，具有臺灣客家特色的各式活動，在夏威夷也相當少見。

1965 年以後來到夏威夷發展的臺灣客家移民，本身多屬於移民第一代，其成長過程，正值臺灣客家文化長期遭到當時政府打壓與漠視的背景下，對他們也造成相當程度的影響。本章將先就夏威夷的客家組織與客家活動現況，作一初步探討，並就其現況發展，分析客家文化在夏威夷面臨的挑戰；其次再以臺灣客家移民為中心，從多位具有客家血統及數位非客家移民受訪者的訪談內容中，分析移民對客家的認識及客家認同程度。

第一節　客家組織與客家活動

一、客家組織

從 19 世紀中葉，華人陸續抵達美國擔任華工開始，這些華工之中已不乏客家人，由於清代廣東地區長久的土客之爭，導致這些到海外發展的客家人，很早就另組其社團，以與其他華人組織作一區隔。夏威夷早期的客家人，其來源地集中，主要是來自珠江三角洲的香山縣（今中山縣）和新寧縣（今臺山市）〔註 1〕。當時客家人主要是成群結隊被載往夏威夷從事契約勞工的工作，雖然客家人並非為華人移民的主體，但亦佔了三成比例，仍有一定的數量。由於土客之爭淵源甚深，客家人與本地人不合，造成華僑社會中，客家族群很早便成立自屬社團，與中山籍華人相區隔。

由於客家移民多以集體方式遷移，這也使得早期在夏威夷的客家人能夠自然地聚合在一起，尤其客家移民以家庭為單位的移民型態，以及過去夏威夷政府的移民政策，歡迎並鼓勵客家基督徒成群移往夏威夷各島，並且協助他們集中在某些農場工作，使客家移民不致於四處分散；加上早期的客家移民，幾乎都以基督教作為共同信仰。基於以上因素，均有助於客家人在此聚集，也順勢發展出客家社團。

檀香山歷史悠久的客家組織「夏威夷崇正會」，迄今仍是夏威夷地區最具代表性的客家組織。「夏威夷崇正會」於 1918 年創會，最初名為「人和會館」，受「香港崇正會」的影響，於 1937 年才更名，崇正會分會廣佈海外各地，與香港崇正會保持相當的聯繫。「崇正會」屬於傳統僑社，會員主要為早期客家

〔註 1〕湯錦台，《千年客家》，臺北：如果出版社，2010 年，頁 203。

移民後裔，另外有來自中國、港澳以及東南亞等地的客家人，中華民國僑務單位雖常受邀參加「崇正會」的活動，但據了解，臺灣客家移民幾乎很少與當地「崇正會」有互動與交集。

筆者抵達檀香山之初，向當地臺灣移民表示，欲訪問夏威夷的臺灣客家移民或是社團組織時，當地移民幾乎是一致的反應，即他們不曾聽聞過檀香山有臺灣客家組織。反之，檀香山的新移民，幾乎都表示他們知道美國本土，像是加州、紐約等地有成立不少臺灣客家組織，而且規模很大，部分臺灣移民很確定有不少臺灣客家人和客家組織在美國本土，甚至有幾位還曾經親身參與過相關活動，但根據表 4-1-1 顯示，多數有四分之三的受訪者，對於社團活動的參與並不十分熱衷。

表 4-1-1　檀香山受訪臺灣客家移民在美參加客家組織與活動情形調查表

參與情形 性別	曾參加過	不曾參加過	共計人數
男　性	2	2	4
女　性	2	14	16
共計人數	4	16	20

資料來源：2013 年 1 月，筆者訪談整理。

當地移民一聽到客家組織，大多立即聯想到「夏威夷崇正會」，足見其所具有的代表性，且大部分的受訪者認為，臺灣客家人應該沒有參與在「崇正會」中，因為兩者完全是不同社群，雖然都具有客家背景，不過「崇正會」幾乎以老僑為主，當地移民稱他們為 local chinese。經過三、四代長期在夏威夷發展，他們幾乎已同化了。土生客家後裔不僅只會講英文，且幾乎不會說中文，對客家話更是一無所悉。不過「崇正會」的組織仍一直延續至今，這裡的老移民和新移民，幾乎沒有任何交集，除了「崇正會」以外，所有受訪者均無法再列舉出其他客家組織或社團。在筆者訪談的對象中，包含客家移民在內的所有臺灣移民，大部分表示了解有「夏威夷崇正會」的存在，但多數人並沒有主動的參與及頻繁的接觸，如表 4-1-2 結果所示。

表 4-1-2　檀香山受訪臺灣客家移民與夏威夷崇正會接觸情形調查表

性別 ＼ 接觸情形	知悉崇正會存在但從未有過接觸	知悉崇正會存在且有過接觸	不知有崇正會存在也從未接觸	共計人數
男　性	3	1	0	4
女　性	14	1	1	16
共計人數	17	2	1	20

資料來源：2013 年 1 月，筆者訪談整理。

關於夏威夷的客家組織，筆者將相關的訪談內容整理如下，一任職於當地我國政府機構的 S 先生表示：

> 要找夏威夷的臺灣客家組織喔！好像沒有聽說過耶！要找從臺灣來的客家人應該多少會有，不過我想應該也不多吧！這裡聽過的客家組織最有名的就是崇正會，但是他們都被同化了，根本完全不會講中文，也不會講客家話，不過他們每年都會有聚會，而且他們會邀請其他僑團參加，我曾去致詞過幾次，那應該也不算是真正的接觸，只是代表去表達關心及致個意，每年他們大概都會有幾次固定的聚會，幾乎都辦在 Chinatown 附近，會中大家就是吃吃飯、聊聊天，以聯絡感情為主，他們都是老僑，好幾代以前就住在夏威夷，而且普遍年紀都很大了。（受訪者 S 先生）〔註2〕

活躍於檀香山臺灣新移民社團的 L 女士表示，據她了解「崇正會」在當地是很具有代表性的客家社團，她說道：

> 我沒聽說過有臺灣人在崇正會裡耶！我來夏威夷這麼多年，好像也從來沒跟他們接觸過，而且他們的立場好像是比較偏對岸（中國大陸）那邊，跟我們這邊比較少往來，你想找他們聊聊有關客家的事情嗎？不過他們都是老客家，都來這裡很久了，大概沒有你要找的臺灣客家人，他們是有個會所在 chinatown 裡面，不過平常是沒有人的，只有某些時候才有開，崇正會每年好像都會舉辦餐會，我們跟崇正會真的不熟悉，要跟他們會長聯絡的話，可能還要去問看看誰跟他們有接觸，我想透過僑委會那邊問看看，或許可以聯絡

〔註2〕　筆者於 2013 年 1 月 18 日在檀香山訪問 S 先生。

上……（受訪者 L 女士）〔註3〕

　　居住在檀香山已經 40 多年的臺灣客家移民 L 先生，分享自己曾經與「崇正會」有過短暫接觸的經驗，他說道：

> 記得好幾年前在一場飯局裡面，我也受邀參加，當時好像是由臺灣同鄉會作東，接待臺灣來的一群人，我忘記是客委會，還是客家電視臺的人。當天我也去一下，剛好那時候坐在我旁邊的是崇正會的 L 會長，席間我跟他聊了一下，是用英文交談，因為他完全不會講中文，也不會講客家話。當時他很客氣地邀請過我，希望我有空的話可以去參加崇正會的聚會，後來我曾收到過一兩次崇正會寄過來的邀請函，不過那時候我工作很忙，而且他們的聚會通常是在晚上，我通常習慣早點休息，不喜歡再參加應酬，所以從來沒有去參加過，來這裡這麼久了，印象中就只有碰過一次面。（受訪者 L 先生）〔註4〕

　　另一位同樣是在當地我國政府單位工作的 C1 女士，也分享自己與「崇正會」的接觸經驗，她說道：

> 你說崇正會喔！對啊！他們是這裡的客家人，不過全都已經不會講客家話了。好幾年前，他們的會長透過別人來找我，問我說能不能去教他們的會員，講一些簡單的客家話，還是唱一些客家歌，他們很想要學。我曾去了一陣子，當時我是用羅馬拼音教他們唱些客家歌曲，但是他們一來年紀都很大，其實不容易學得起來，加上後來我也漸漸沒時間，教了幾次以後，我就沒再去了。不過他們真的對於學講客家話、唱客家歌，是很有興趣，一直很積極想要學。（受訪者 C1 女士）〔註5〕

　　由以上臺灣移民的訪談內容看來，臺灣客家移民沒有主動參與「崇正會」的活動，僅與「崇正會」有過短暫接觸，屬於被動式地受邀。夏威夷臺灣客家移民本身除了鮮少主動與「崇正會」接觸外，對這裡是否還有其他客家組織，尤其是臺灣客家社團，絕大多數的受訪者均表示，他們未曾聽聞過，甚至也認為夏威夷這裡的臺灣客家人應該也不多。幾位受訪的移民表示，自己

〔註3〕　筆者於 2013 年 1 月 20 日在檀香山訪問 L 女士。
〔註4〕　筆者於 2013 年 1 月 26 日在檀香山訪問 L 先生。
〔註5〕　筆者於 2013 年 1 月 22 日在檀香山訪問 C1 女士。

來到夏威夷後，有認識幾位同樣是來自臺灣的客家人，不過人數並不多，大家見面的時候偶爾會用幾句客家話聊聊，整體而言，這樣的機會在他們的印象中，只有過幾次而已。L先生分享如下：

> 我在夏威夷已經住很久了，印象中還夏威夷大學唸書時，那時候我剛來，有一次我要去學校劇院那邊看表演，當時有很多人在那排隊，突然從我後方傳來講客家話的聲音，我還因此停止跟我的朋友聊天，很仔細聽，結果他們真的是在講客家話，我轉頭一看，排在我後面幾個，有兩個也和我一樣，是從臺灣來的客家人，喔！我好驚訝也好開心，我記得那個時候我們就開始用客家話聊了起來，一直到現在我印象還非常深刻，也是我來這裡這麼久唯一的一次，不過後來很可惜，當時沒有跟對方留下聯絡方式，不確定他們後來有沒有留在夏威夷，此後在這裡就再也沒有遇過這樣的經驗。（受訪者L先生）〔註6〕

T女士也說，自己認識幾位同是臺灣來的客家人，有的是一開口講話，從說話口音就可以判斷出對方具有客家背景，在夏威夷與其他臺灣客家人互動的機會，據T女士表示，不是相當多：

> 夏威夷這裡不大，臺灣人的圈子也那麼小，要是經常參加在一些社團裡的，你一聽對方講話大概就知道是不是客家人……有的一聽就很明顯……你了解我的意思嘛！客家人講話時有些字的發音是很特殊的，只要是客家人應該都聽得出來，但我來到夏威夷以後，比較少有人會自動或刻意提起自己是不是客家人，我還知道說有些人甚至會不太喜歡別人提起，明明自己是客家人，也不願意大方承認，這一點我感到蠻納悶的。後來我私下問，對方才承認自己的確是客家人，怎麼講……這種感覺我說不上，其實心情很錯綜複雜！我想可能是對客家這個身分感到沒自信吧！畢竟客家話在臺灣並不是那麼常聽到的語言，雖然臺灣慢慢有在重視客家，狀況有比以前稍微好一點……（受訪者T女士）〔註7〕

以下幾名客家移民分享個人在美國，或是其他地方參與過客家組織與客家活動之經驗，以及針對夏威夷一直以來缺乏臺灣客家組織及活動的情形，

〔註6〕 筆者於2013年1月26日在檀香山訪問L先生。
〔註7〕 筆者於2013年1月21日在檀香山訪問T女士。

表達如下的看法。已居住在夏威夷20多年的H女士說道：

> 你問我說夏威夷這裡怎麼都沒有客家組織或活動，唉？我好像從來
> 沒想過這件事耶！不過有的話我也會想參加，我覺得可能跟夏威夷
> 這裡的人比較常來來去去有關係吧！你不要看夏威夷這樣小小的不
> 大，其實平常每個人都各忙各的事，沒什麼聯絡，要見面除非事先
> 特別約好，不然的話，好一陣子沒聯絡也是常有的事，我自己就有
> 好幾次是在跟別人聊天時，才知道某人最近回臺灣去了。（受訪者H
> 女士）〔註8〕

旅居美國近20年，搬到夏威夷居住近10年的臺灣客家鄉親C女士說道：

> 有啊！我剛搬來夏威夷的時候也覺得奇怪說，這裡怎麼都沒有臺灣
> 客家社團，因為以前我在美國本土的時候，尤其我之前住在紐約，
> 所以感覺到處都遇得到客家人，有好幾次我曾經去參加那邊的臺灣
> 客家社團活動，哇！那時候來了我看，應該有四、五百個人吧！我
> 當時也嚇了一大跳，好驚訝原來紐約的臺灣客家人那麼多，我來夏
> 威夷這裡一住也七、八年了，好像從來都沒有聽說過這裡有什麼臺
> 灣客家組織。（受訪者C女士）〔註9〕

在夏威夷生活近20年的T女士表示：

> 你問我夏威夷這裡為什麼沒有成立臺灣客家社團喔？我自己的看法
> 是覺得，可能多少是因為這裡的人比較鬆散吧！大家沒有很團結，
> 以前在Mainland（美國本土）的時候，我自己是參加過很多次臺灣
> 客家的活動，說真的那裡的臺灣客家人比較多，每次去都可以吃到
> 很多客家菜，像是做粄、客家粽、客家小炒，反正會弄很多客家的
> 東西，那裏的客家人好會煮客家菜，有時大家一起弄也很好玩。不
> 過去了幾次，我自己也有發現到有不太好的地方，譬如說有些人會
> 在那邊比來比去，那感覺就不是很好……如果這裡有客家組織的
> 話，我會想參加啊！畢竟住這裡住那麼久了，我也蠻想認識其他客
> 家人……（受訪者T女士）〔註10〕

〔註8〕筆者於2013年1月19日在檀香山訪問H女士。
〔註9〕筆者於2013年1月21日在檀香山訪問C女士。
〔註10〕筆者於2013年1月21日在檀香山訪問T女士。

上述具有濃厚客家背景的 L 先生，分享自己曾參與過一場印象深刻的客家活動，他說道：

> 幾年前我受邀到大陸鄭州去參加一個海外客家會議，我記得那時候去了好多客家人，印象中有介紹客家最初是怎麼來的，客家的源流，照他們那時候的說法是，起先一開始客家人是住在黃河流域，後來才慢慢往南遷移，最早的客家話，其實是河洛話，後來一直遷徙，所以變成客家，到哪裡都是客人，我第一次聽到那樣的說法，我印象蠻深刻的，也覺得蠻有意思的，好像是在追本溯源，因為那次會議，我對客家有更多的了解。（受訪者 L 先生）〔註11〕

從以上幾位受訪者的分享內容看來，他們之中雖然曾思索過何以夏威夷一直未成立臺灣客家組織一事，不過並沒有強烈的趨使力讓他們想進一步積極去促成臺灣客家組織，加上移民們各自忙於自己的事業，因此臺灣客家組織成立一事始終未能實現。此外，他們對過去曾在海外參與客家活動的經驗，普遍感到親切及富有意義。另外，這幾位受訪者亦很期待將來夏威夷若是能有臺灣客家組織的成立，他們表達樂於參加的意願。事實上，筆者在檀香山停留之際，訪問當地的臺灣移民，透過當地僑民進一步了解到，多年前當地的臺灣僑界，的確曾有意在檀香山籌設臺灣客家組織一事。經常參與僑界各大活動的 L 女士表示：

> （20）08年的時候，有個從桃園來的客家合唱團來檀香山表演，我當時也有去，在長老教會那邊，那時候有宣傳，我記得去聽他們演唱的人還不少喔！大家參與還蠻熱絡的！他們有演唱一些客家歌謠，也有唱臺語歌。那個客家合唱團來表演時，印象中有一些人就曾提議說，應該在檀香山成立一個臺灣客家社團，我對這件事還有大概印象，不過不清楚細節，我聽說當時好像是拜託丘萬鎮教授來號召看看，不過後來丘教授年紀大身體也不太好，所以好像一直沒有組織起來，幾年前丘教授過世後，客家組織好像也就沒有下文了。（受訪者 L 女士）〔註12〕

透過 L 女士的幫忙，進一步與幾名參與在長老教會中的臺灣移民簡單訪談，他們大多對籌組臺灣客家社團一事，仍有大略印象。輾轉透過多名當地僑

〔註11〕 筆者於 2013 年 1 月 26 日在檀香山訪問 L 先生。
〔註12〕 筆者於 2013 年 1 月 21 日在檀香山訪問 L 女士。

民的協助，筆者訪問到丘教授的遺孀L1女士，她對此事表示以下的看法：

> 的確是有這件事情，不過我記得當時不是臺灣的客委會，那時候應
> 該是臺灣的崇正會，他們有來找過我先生，希望我先生可以幫忙在
> 檀香山成立一個臺灣客家組織，因爲我們兩個本身都是客家人，我
> 小時候住在屏東，而我先生是直接從中國大陸過來美國的，他是廣
> 東大埔人，我先生當時也想幫忙組織，不過我們兩個年紀大了，雖
> 然住在這裡很久了，可是平時很少參加什麼活動，也沒有認識什麼
> 人，所以不太清楚誰是臺灣來的客家人，加上那個時候，我先生身
> 體越來越不好，所以後來這件事就沒有繼續……我覺得如果這裡能
> 有客家組織，是很好的一件事……（受訪者L1女士）

　　由以上談話可知，這是有關於推動臺灣客家社團在檀香山成立，最積極去促成的一次。長久以來，臺灣移民未能在夏威夷組織客家社團，筆者分析箇中原因，或許與臺灣移民抵達夏威夷的時間前後不一，加上普遍分散居住，且客家移民相對較少參與在臺灣新移民社團中等因素，均有相關。至於是否與檀香山臺灣客家移民人數較少有所關聯，仍有待進一步探討。

　　2013年年初，筆者停留在檀香山期間，透過臺灣僑民的協助，陸續訪問到多名臺灣客家移民，透過訪談，這些臺灣客家移民，亦希望能在此成立臺灣客家組織，以增進夏威夷地區臺灣客家移民間的聯繫與感情交流，更期許臺灣客家文化能走入夏威夷社會中。2013年1月29日，夏威夷第一個臺灣客家組織正式成立，最初命名爲「夏威夷桐花之友會」〔註13〕（如圖4-1-1），成立大會上推選出吳淑蓮女士擔任首任會長。吳女士是苗栗客家人，與會人員經討論後，暫訂以最具客家意象的桐花命名（如圖4-1-2），會中桐花之友會員並成立社群網站，讓夏威夷臺灣客家人能有一聯繫的平臺，未來也希望於每年不定時舉辦聚會，邀集更多臺灣客家人，或是想多認識臺灣客家文化者一同參加，甚至計畫增進與夏威夷崇正會的交流，共同在夏威夷地區推動客家文化的宣揚。

　　成立於1918年的「夏威夷崇正會」（如圖4-1-3），在2014年12月時，曾由當時的會長楊忠偕參訪團一行人返臺，除拜會僑務委員會及客家委員會，並實地走訪客家文化園區、客家大院、苗栗後龍客家樓等知名客家文化設施。該次參訪，夏威夷臺灣客家協會會長吳淑蓮也隨團同行。（如圖4-1-4）

〔註13〕2014年已更名爲「美國夏威夷客家協會——桐花之友」。

圖 4-1-1
夏威夷桐花之友會成立圖

圖 4-1-2　夏威夷桐花之友會會員
配戴桐花項鍊圖

資料來源：2013 年筆者拍攝。

資料來源：2013 年筆者拍攝。

圖 4-1-3
夏威夷崇正會會所圖

圖 4-1-4　夏威夷崇正會與美國夏威夷客家
協會──桐花之友返臺參訪客家文化圖

資料來源：2013 年 1 月筆者拍攝。

資料來源：中華民國僑務委員會網站。
參閱日期：2015 年 2 月 20 日。

　　僑務委員會與客家委員會多次合作舉辦多項活動，期盼提供海外客家鄉
親更好的服務，臺灣各地保存許多客家傳統文化，「夏威夷崇正會」會長楊忠
表示，參訪團來臺是為瞭解臺灣的客家文化及最新發展，同時亦加強與僑委
會及中華民國的聯繫。〔註 14〕這也是自夏威夷臺灣客家社團成立後，首度協

〔註14〕 參見中華民國僑務委員會網站，參閱網址：http://www.ocac.gov.tw/OCAC，參
　　　　閱時間：2015 年 2 月 20 日。

助「夏威夷崇正會」與我方政府，最密切往來互動的一次客家文化交流。

二、客家活動

　　一直以來，「夏威夷崇正會」被視為是當地最具代表性的客家組織，其會所設置於傳統華埠內，檀香山的客家文化活動，亦以其為中心，而其活動主要是非對外的。崇正會每年年初都會舉辦一些例行性的活動，例如邀集會員出席聚餐連絡感情，還有進行會務報告及理事改選（如圖4-1-5），亦藉此機會與其他僑社交流互動。

　　會中還安排介紹客家源流及種種客家相關議題。雖然會員大多都已深度同化，但仍然很強調那份對身為客家人的認同（如圖4-1-6）。在「崇正會」的網站上，有多篇以英文發表的文章，對客家源流、客家習俗，以及客家姓氏和客家著名人士等主題，詳加介紹（如圖4-1-7），藉此讓深度融入主流社會的客家後裔，仍能對客家文化與源流有所了解。另外多次在聯誼餐會上，宣揚客家精神，讚許客家人的奮發向上，肯定客家婦女的勇敢獨立，以及不受纏腳束縛等的特有習俗（如圖4-1-8）。

圖4-1-5	圖4-1-6
夏威夷崇正會年度聚會暨幹部改選圖	夏威夷崇正會新春聚會客家婦女與水仙花皇后合影圖

資料來源：夏威夷崇正會網站。　　　　資料來源：夏威夷崇正會網站。
參閱日期：2015年2月20日。　　　　參閱日期：2015年2月20日。

圖 4-1-7　夏威夷崇正會網站上　　圖 4-1-8　夏威夷崇正會聚會讚許
　　　　　介紹各式客家主題圖　　　　　　　　　過去客家婦女不纏足圖

資料料源：夏威夷崇正會網站。　　　　資料來源：《檀報》。
參閱日期：2015 年 2 月 20 日。　　　　參閱日期：2015 年 2 月 20 日。

　　除此之外，臺灣客家舉辦的活動相當少，即便是在當地特殊節慶與慶典中，也幾乎沒有在此展現出臺灣客家特色，只有上述多名臺灣客家移民提到唯一印象深刻的客家活動，即數年前來自臺灣的客家合唱團至檀香山表演，經筆者查詢，是為新桃源客家合唱團到夏威夷表演一事，當時的確引起關注，這似乎也是檀香山難得一見的臺灣客家活動（如圖 4-1-9、圖 4-1-10）。〔註 15〕

圖 4-1-9　　　　　　　　　　　　圖 4-1-10
2008 年新桃源客家合唱團至　　　　2008 年新桃源客家合唱團至
　　　夏威夷演唱圖　　　　　　　　　　夏威夷表演圖

資料來源：《星島日報》。　　　　　資料來源：《星島日報》。
參閱日期：2015 年 2 月 20 日。　　　參閱日期：2015 年 2 月 20 日。

〔註 15〕　〈臺灣新桃源合唱團獻唱〉，《星島日報》，2008 年 12 月 5 日，參閱網址：
　　　　　http://news.sina.com，參閱日期：2015 年 2 月 20 日。

　　另外，臺灣客家電視臺曾派員來檀香山拍攝臺灣客家移民，曾接受過拍攝的受訪者 P 女士曾提及此事，但她亦表示當初不太清楚拍攝的用意，而且感覺也並非是相當正式的拍攝，對於拍攝內容無深刻印象。〔註16〕據當地僑民表示，過去檀香山這裡有一間標榜臺灣客家風味的餐廳，名爲「東江樓」開在中國城（Chinatown）裡，據當地僑民表示，老闆是來自臺灣的客家人，不過已經搬到西雅圖去了，之後就再也沒聽說檀香山一帶有出現過標榜客家風味的餐廳了。

　　與臺灣客家文化推廣有關的活動，還有當地臺灣留學生曾舉辦過客家擂茶活動。當時提供此一構想的 L 同學，接受筆者訪談時表示：

> 每年夏威夷大學或是很多學校，都會鼓勵世界各地來的學生，可以努力呈現自己國家的文化特色，大家可以藉機認識其他文化，蠻有趣的。那時候我剛好是擔任學生會會長！我們學生說眞的也不太會煮一些很複雜的菜，我們煮過麻油雞、珍珠奶茶、刨冰等等，因爲那時候剛好有回臺灣，就在思考要辦什麼樣比較有特色的活動時，我就想到客家擂茶，因爲我自己有體驗過，外國人應該比較少看到，還蠻好玩的，而且可以自己動手 DIY。我們是沒那麼麻煩啦！我從臺灣買了幾副客家擂茶的器具，就是弄擂茶的碗和木棒，其實我也只是大概知道怎麼弄，讓大家體驗一下，然後再去買現成的擂茶包，夏威夷這邊就買得到啊，直接把粉倒在碗裡，再丟一些花生、堅果下去一起搗，讓他們用棒子磨，稍微體驗一下那種感覺，大家覺得還蠻好玩、蠻特別的。（受訪者 L 同學）〔註17〕

　　由上得知，在夏威夷社會中能接觸到客家文化活動的機會相當少，夏威夷崇正會每年的年度聚會，會邀請夏威夷其他僑團一同參與，增進客家後裔的彼此聯繫，是唯一算得上是較顯著的客家活動。

　　於 2013 年成立的「夏威夷桐花之友會」，主要致力於增加夏威夷地區臺灣客家移民之間的聯繫，以及與「夏威夷崇正會」增進互動交流（如圖 4-1-11）。當地臺灣移民也希望能幫忙提升臺灣客家在夏威夷的能見度，透過僑務機構及客委會的協助，提供多套臺灣客家傳統服飾，讓僑民能在當地各項慶典遊行中，亦能展現出臺灣客家風情（如圖 4-1-12、圖 4-1-13、圖 4-1-14）。

〔註16〕筆者於 2013 年 1 月 21 日在檀香山訪問 P 女士。
〔註17〕筆者於 2013 年 1 月 19 日在檀香山訪問 L 同學。

圖 4-1-11
2014 年夏威夷臺灣客家人參與
夏威夷崇正會春酒聚會圖

資料來源：夏威夷桐花之友會社群網站。
參閱日期：2015 年 2 月 20 日。

圖 4-1-12
夏威夷臺灣移民穿著
客家傳統服飾參與遊行圖

資料來源：夏威夷桐花之友會社群網站。
參閱日期：2015 年 2 月 20 日。

圖 4-1-13
美國夏威夷客家協會——桐花之友
參與華埠農曆新年遊行圖（一）

資料來源：夏威夷桐花之友會社群網站。
參閱日期：2015 年 2 月 20 日。

圖 4-1-14
美國夏威夷客家協會——桐花之友
參與華埠農曆新年遊行圖（二）

資料來源：夏威夷桐花之友會社群網站。
參閱日期：2015 年 2 月 20 日。

第二節　客家特色與客家認同

　　談到對客家人的印象，大部分人會聯想到勤勞、節儉，做事努力、不輕易服輸的硬頸精神等等。當然也有對客家人負面印象的，諸如：客家人較為吝嗇、保守、封閉等，但無論好壞，都反映出對客家的部分認識。本節中將

依據所訪問的夏威夷臺灣客家移民，談論客家族群的獨有特色，課題概略分為客家話、客家特色、客家習俗及客家菜，總結他們對客家所知的種種，進而從他們與客家的接觸，包含對近幾年臺灣客家發展現況之了解、及自我對客家身分的看待，探討分析其對客家認同的程度。

一、客家特色

（一）客家話

　　1949 年政府遷臺後，由於長期對閩南語、客家語及原住民語等母語文化的打壓，造成客家文化的大量流失，最嚴重的莫過於客家話，客家人無法開口說客家話，連帶也懷疑自己的客家身分。根據客家委員會 2014 年所做的全國客家人口基礎資料調查研究顯示，符合《客家基本法》中客家人定義的民眾，人數為 420.4 萬人，佔全國總人口的 18%，「單一自我認定」為客家人的比例推估為 13.5%，人口數為 315.2 萬人，與 2008 及 2011 年調查結果相近，但「多重自我認定」為客家人的比例推估為 19.3%，人口數為 450.9 萬人，與 2008 及 2011 年調查結果相較，分別增加了 0.7% 及 0.8%，另外「廣義定義」（包含自我主觀認定或具有一項客家血緣者，即算為客家人的話）為客家人的比例為 27.8%，推估人口數為 638 萬人，與 2008 及 2011 年調查結果相較略增加 1.5～2.5%，從這些結果可知，「單一自我認定」的客家人口數維持在一穩定的比例，「多重自我認定」及「廣義定義」的客家人數，雖然呈現出攀升的趨勢，但這些新認知具客家身分的民眾大多具有多元的身分認同、客家認同及意識較為薄弱，是不可忽視的趨勢，同時也是政府持續推動客家認同及文化的一大挑戰。〔註18〕

　　一直以來，客家人佔臺灣總人口比例的第二位，但在日常生活中，除了少數傳統的客家庄之外，客語的使用狀況經常是「隱聲」，有時甚至是「消聲」匿跡的，因此客家人經常被認定為隱性族群。在公共領域中，客家人使用「國語」為主；在私領域中，許多客家家庭的父母親與孩子間彼此並不使用客語交談，產生日益嚴重的客語世代傳承危機。再加上臺灣在庶民語言方面，又以臺灣閩南語為大宗，因此在以上因素多重影響下的狀況，使得客家語的傳承出現危機。

〔註18〕客家委員會，《103 年臺閩地區客家人口推估及客家認同委託研究成果》，臺北：客家委員會，民國 103 年。

　　由表 4-2-1 所示，第一代移民本身，由於長久遠離客語環境，鮮少能有使用客家話的機會，因此客語聽、說能力大幅減退。在訪談中筆者還發現，受訪者的配偶及其第二代以後，普遍不具備客語聽、說能力，顯示在海外客家話的流逝程度十分嚴重。

表 4-2-1　檀香山受訪臺灣客家移民客語能力自我評估調查表

客語能力 性別	聽、說流利	大致能聽懂 但說得不太流利	完全聽不懂 也不會說	共計人數
男　性	3	1	0	4
女　性	7	6	3	16
共計人數	10	7	3	20

資料來源：2013 年 1 月，筆者訪談整理。

　　1 名來自新竹的 Y 小姐，母親是客家人，具有一半客家血統的她，在訪談中表示：

> 我媽媽是客家人，她會講客家話，可是從小我爸爸就不准我們小孩子講客家話，我們在家如果講客家話還會被罵，我也不知道為什麼，所以我媽只會跟我外婆那邊的人講客家話，跟我們小孩子之間是講臺語，所以要說自己是客家人，我會覺得有點奇怪。（受訪者 Y 女士）〔註 19〕

H 女士說道：

> 客家人不是常講一句話嗎？「寧賣祖宗田，莫忘祖宗言。」，但是我先生和我孩子對客家話是完全陌生，根本不會聽也不會說，我自己也是回臺灣和親友見面時，才會有機會用到客家話聊天，在這裡偶爾遇到同樣是客家人的時候，也會稍微講個幾句。（受訪者 H 女士）〔註 20〕

P 女士說道：

> 我的孩子都不會講客家話，我也從來沒有教過他們講，不過我先生很堅持我的孩子一定要會說臺語，所以平常在家裡，我們跟孩子都

〔註 19〕　筆者於 2013 年 1 月 25 日在檀香山訪問 Y 女士。
〔註 20〕　筆者於 2013 年 1 月 19 日在檀香山訪問 H 女士。

是用臺語溝通。因為臺語畢竟是很重要的，他們還是有機會回臺灣，我先生都跟說小孩說，爸爸媽媽都是臺灣人，所以不能不會講臺語，你跟我女兒講臺語，她可以全部用臺語跟你溝通，完全沒問題，但是客家話她一句都聽不懂，主要是她也用不太到客家話，而且她直接跟我講臺語就好了，我是覺得小孩學太多種語言也不好。（受訪者P女士）〔註21〕

L先生說道：

我自己本身從小家中父母都是講客家話，也會講閩南話，因為我們住在石岡東勢那一帶，講客家話和閩南話的人大概一半一半。我是到當兵以後，才有在講國語，我一共有八個兄弟姊妹，現在只有我弟弟會跟我講客家話，至於我兄弟姊妹的小孩，現在幾乎也不太講客家話了。我兩個孩子都在美國出生，也完全不會說客家話，連聽都不會。孩子小的時候我都在外面，幾乎整天忙於工作，沒有意識到要從小讓他們學習客家話，她們很小的時候是給我岳母照顧，她們的外婆會跟她們講臺語，所以她們臺語大概都還能聽得懂，但說的部分，只會講「好呷」、「呷飯」這些很簡單的。平時我們與孩子都講英語，我小女兒曾跟我分享一個有趣的經驗，她在芝加哥工作，有一次她遇到一個臺灣人，結果她們還用簡單的臺語對話，她講給我聽，我印象很深。我大女兒從小也沒去讀中文學校，所以不會說中文，反而是我的女婿，他是美國白人但他會講中文，真的很好玩，我也覺得客家話是應該要好好推廣，否則越來越少人講，以後客家話大概會消失。（受訪者L先生）〔註22〕

T女士對於客家人自身似乎不是相當重視客家話，感慨地表示：

我看到很多客家人不去堅持自己的下一代要會說客家話，反而都會去學臺語，說好聽一點是客家人有語言天分，但骨子裡就是對自己的母語沒自信，應該是覺得不是主流語言，上不了檯面吧！你看，很多客家人的配偶，幾乎都不會聽也不會講客家話，難怪客家話現在越來越少人講，我覺得今天會這樣，我們客家人自己本身要負大部份的責任，其實我也覺得這樣很悲哀……我自己本身常常講客家

〔註21〕　筆者於2013年1月21日在檀香山訪問P女士。
〔註22〕　筆者於2013年1月26日在檀香山訪問L先生。

話，我在夏威夷遇到客家人，我們很容易就用客家話聊起來了，旁
邊的人聽不懂我們在講什麼，就覺得很突兀，感覺這個話很怪，甚
至還會說，你們又在講我們聽不懂的話了，似乎很不以爲然⋯⋯還
有很多客家人，明明就會講客家話，他會故意不講⋯⋯我自己姊姊
的孩子，目前在澳洲，他就非常會講客家話，我還有一個姐姐在南
非，最近搬回臺灣住了，她的小孫女才三四歲，客家話和英文都說
得相當好，所以是看你自己要不要刻意培養下一代這方面的能力
吧！（受訪者 T 女士）〔註23〕

W2 女士分享：

我自己只有一個孩子，現在還在讀大學，不過他完全不會講客家
話，我也沒帶他回去過臺灣，所以他也不知道什麼是客家，至於姐
姐的小孩，則是連中文都不會。我自己的客家話有點退步了，聽的
方面應該還聽得來八九十，但不一定會講，我平常是以講國語和英
語爲主，我姊姊六十幾歲，她跟我媽媽彼此是講客家話，可是跟她
小孩，都說英文或中文，我在這邊也遇到過客家人，不過我們沒有
用客家話聊天，還是直接講國語。（受訪者 W2 女士）〔註24〕

　　綜上，分析海外客語流逝嚴重大致有如下的原因：一是第一代的客家移
民，自身也顯少有機會可以講客家話。在自己後來組成的家庭中，普遍沒有
其他客家背景的成員，很自然地以國語或臺語作溝通，因此在移民夏威夷後
使用客家話的機會相當少，縱使遇到其他客家人，彼此之間也不一定會用客
家話交談。其次，很多人因爲太久沒使用客家話，感覺自己聽說能力都退步，
於是更不想講客家話了，甚至另一半若是閩南族群，幾乎以臺語溝通爲主，
他們認爲「身爲臺灣人要會講臺灣話（臺語）」，畢竟臺語是除了國語之外，
臺灣使用比例次高的日常生活語言。最後，客家移民本身，不認爲下一代學
會聽或說客家話有必要性，因爲就算有機會返臺，年輕一輩的親戚，只要會
講國語就可以了，而且孩子本身在夏威夷和美國，都以英文爲主，如果中文、
臺語、客家話，甚至日語都要學，擔心會因壓力太大，造成適得其反的情形。
除以上原因之外，檀香山地區能收看到的華語電視，包含來自臺灣或中國的
節目，大部分播放是以國語爲主，其次播放是以臺語發音的臺灣鄉土劇，至

〔註23〕　筆者於 2013 年 1 月 21 日在檀香山訪問 T 女士。
〔註24〕　筆者於 2013 年 1 月 24 日在檀香山訪問 W2 女士。

於客語節目，並無在檀香山當地的電視臺播出，除非自行透過網路收看。在筆者訪談中，只有 2 位受訪者表示他們認為學客語很重要，其觀念是既然具有客家血統，就應該學會講客家話，以及他們也正為下一代對客語及客家文化的陌生，感到擔憂。

（二）客家特色

筆者於訪談中，針對客家特色這個主題，請受訪的臺灣客家移民自由表達至少 3 項他們所認為的客家人具有那些優點和缺點，並說明理由。筆者從這些受訪者所陳述的優、缺點中，加以整理分析後，列出前五大客家優、缺點統計表，再加以分析探討，如表 4-2-2、表 4-2-3 所示。

表 4-2-2　檀香山受訪臺灣客家移民表示之前五大客家人優點統計表

優點 性別	勤　勞	硬　頸	節　儉	用　功	語言能力佳
男　性	3	2	3	2	2
女　性	10	12	7	5	6
共計人數	13	14	10	7	8

資料來源：2013 年 1 月，筆者訪談整理。

表 4-2-3　檀香山受訪臺灣客家移民表示之前五大客家人缺點統計表

缺點 性別	不甚團結	封閉保守	好面子	過於好強	防衛心過重
男　性	1	2	1	3	3
女　性	7	5	8	9	9
共計人數	8	7	9	12	12

資料來源：2013 年 1 月，筆者訪談整理。

據表 4-2-2 訪談結果所示，20 位檀香山受訪臺灣客家移民認為，客家的最大優點就是硬頸，即認為客家人普遍不畏懼強權和困難，勇於面對挑戰且不輕易屈服。另外客家人普遍勤勞節儉，也有半數表示同意此結果，多數人是從自己接觸過的客家人及對家中親友的仔細觀察中，得出這些結論。

據表 4-2-3 所示，檀香山受訪客家移民認為客家普遍好勝心強，防衛心過

重，因此他們比較不能信任別人，比較起來，喜歡單打獨鬥勝過與他人合作，這些是客家人的缺點；但也有受訪者認為，這些優缺點有時是一體兩面，難以評斷其優劣。

（三）客家習俗與客家菜

臺灣客家移民受訪者對於傳統客家習俗，表示較少的意見及看法，這一點應該是與大多數受訪的客家移民從小並非在傳統的客家庄成長，或是早已搬遷離客家村莊到都市生活等因素，再加上已居留美國相當長的一段時間，導致對客家傳統習俗已無太深刻的印象。至於客家菜，客家移民們充分表達他們對客家菜的想念與熱愛，少數移民偶爾會在美國自己煮些客家菜一解鄉愁，或是有機會回到臺灣，也會特地品嘗客家料理，客家菜幾乎是眾多客家移民深刻的記憶。如 J 女士說道：

> 小時候我就常跟在我媽媽身邊，媽媽煮菜的時候都叫我在旁邊看著，我媽媽是閩南人，她嫁到客家庄來媳婦，以前自己在旁邊看，不太懂媽媽在煮些什麼，只是覺得媽媽煮的菜，怎麼都那麼香、那麼好吃，我長大後，才知道我媽媽以前煮的那些菜原來都是客家菜。
>
> （受訪者 J 女士）〔註25〕

自夏威夷州政府退休下來的 L 先生，也對客家菜難以忘懷，數年前受邀返臺在南部某科技大學任教期間，一有機會就常帶著學生們一起去品嘗美味的客家菜餚，以及體驗當地的客家文化，他十分開心地分享道：

> 那個時候，我常會帶一些外國學生去吃客家菜，我最喜歡薑絲炒大腸了，那一家煮的真的很道地，我每個禮拜幾乎都要吃一次，我還帶那些外國學生一起去體驗客家文化，穿上客家藍衫下田種東西，相當好玩，他們也覺得很有趣。以前夏威夷有一間東江樓開著的時候，我常帶家人去吃，那家店標榜它是賣客家菜的，後來搬到西雅圖去之後，就很少機會吃到客家菜了。太久沒吃，真的會想念……
>
> （受訪者 L 先生）〔註26〕

T 女士分享道：

> 我自己會煮一些簡單的客家菜，我煮過給我先生和小孩吃，他們都覺得很好吃，像是客家小炒、薑絲炒大腸、酸菜肚片湯、客家鹹湯

〔註25〕 筆者於 2013 年 1 月 29 日在檀香山訪問 J 女士。
〔註26〕 筆者於 2013 年 1 月 26 日在檀香山訪問 L 先生。

圓，我都會弄，我自己是沒有特別愛吃啦！不過偶爾會想回味一下。
現在孩子也大了，有的到外面去讀書不住在家裡，所以比較少弄了，
以前要煮客家菜的時候，我都跑到 Chinatown 去，有些材料必須在
那裡買，所以現在我也比較少去了。（受訪者 T 女士）〔註27〕

二、客家認同

（一）對臺灣客家發展現況之了解

　　2001 年 6 月 14 日成立的「行政院客家委員會」，自 2012 年 1 月 1 日起改
制「客家委員會」。該機構是全球唯一的中央級客家事務專責主管機關，標榜
以振興客家語言文化為使命，以及建構快樂、自信、有尊嚴的客家認同為信
念，並期許成為全球客家文化研究與交流中心為任務。「客家委員會」將「牽
成客家、繁榮客庄」為目標，並且以「榮耀客家、藏富客庄」作為客家發展
之願景。〔註28〕

　　客家電視臺（Hakka Television Station，縮寫為 Hakka TV），簡稱客家臺、
客臺、客視，於 2003 年 7 月 1 日開播，播出當時是全球第一個、也是唯一專
屬客家、全程使用臺灣客家語（四縣腔、海陸腔、大埔腔、詔安腔、饒平腔）
發音的電視頻道，以全方位的角度關注客家文化及語言，透過精心製作的各
類節目：戲劇戲曲、兒童青少年、生活資訊、音樂綜藝、人文紀錄與新聞雜
誌類，讓所有客家及非客家觀眾都能欣賞與了解客家文化。在 2007 年 1 月 1
日依據「無線電視事業公股處理條例」加入「臺灣公共廣播電視集團」後，
更突顯了客家電視臺作為族群頻道、少數語言頻道及公共服務頻道的特性。
未來客家電視臺將朝本土化及國際化雙軌發展，以促進多元寬容、族群互相
尊重為目標，讓臺灣看見客家，更讓世界看見客家。〔註29〕

　　由表 4-2-4 所示，客家委員會以及客家電視臺，是受訪的檀香山臺灣客家
移民最為熟知的客家機構，受訪者的臺灣移民表示，有明顯感受到自從客家
委員會成立後，客家文化的能見度的確有明顯提升。在客家電視臺部分，曾

〔註27〕　筆者於 2013 年 1 月 21 日在檀香山訪問 T 女士。

〔註28〕　參考客家委員會全球資訊網，參閱網址：http://www.hakka.gov.tw/，參閱日期：
　　　　2015 年 2 月 10 日。

〔註29〕　另有論者認為，臺灣第一個客語有線電視頻道為中原國際傳播經營、1990 年
　　　　代開播的中原衛星電視臺。惟 2002 年，由於經營不善，中原衛星電視臺停播。
　　　　參閱網址：http://zh.wikipedia.org/wiki，參閱日期：2015 年 2 月 10 日。

收看過該頻道節目的受訪者不到五成比例，不過曾收看者對客家電視臺播出的節目內容與品質，均表示相當肯定。

表4-2-4　檀香山受訪臺灣客家移民對客家事務了解狀況統計表

性別 ＼ 了解狀況	知道有客家委員會	知道有客家電視臺	曾收看過客家電視臺	曾瀏覽過客家相關網站	返臺時曾參加過客家活動
男　性	4	4	3	0	1
女　性	15	13	5	0	2
共計人數	19	17	8	0	3

資料來源：2013年1月，筆者訪談整理。

　　第一代移民收看客語節目的比例甚高，但是大多是在返臺時才有機會觀看，其中以陪家中長輩看的情形最為普遍。此外，透過訪談結果瞭解，客家移民均不曾有過主動瀏覽客家委員會或是其他客家組織等網站之經驗。曾因返臺探視親友而參加客家活動的有 3 名移民，2 名是參加苗栗桐花季與風箏節，另 1 名是參訪過苗栗客家園區，他們均希望未來政府相關單位還能多辦這樣的活動，宣傳客家文化，訪談內容如下，H 女士說道：

> 我兩年前有回臺灣住過一段時間，那個時候有看過一些客家頻道的節目，感覺節目內容還不錯啊！還蠻有深度的。現在因為有客委會吧！有時候也看到他們推出的廣告，客家活動也比以前多了，感覺客家能見度有比較高了。（受訪者 H 女士）〔註30〕

P 女士說道：

> 我知道現在臺灣有客家電視臺和客委會，好像很積極在推動客家文化，我自己是沒有看過客家電視臺的節目。2005 年那時候吧！客委會好像有委託一位臺大的陳教授，來美國找臺灣客家人，要拍紀錄片。他那個時候在夏威夷就說要採訪我，拍完後他有把影片寄給我，不過那個品質不是很好，我只大略看過一次，就不知道收哪裡去了。（受訪者 P 女士）〔註31〕

L 先生表示：

〔註30〕筆者於 2013 年 1 月 18 日在檀香山訪問 H 女士。
〔註31〕筆者於 2013 年 1 月 21 日在檀香山訪問 P 女士。

有了客委會和客家電視臺，客家的能見度跟過去相比，的確有明顯提升。（受訪者 L 先生）〔註32〕

T 女士表示：

我認為雖然現在客家的能見度有提升，但客家人還要更團結，客家人要自省，不能只靠客家委員會或客家電視臺，現在有電視臺了，我希望媒體力量強一些，尤其是多宣導講客家話的重要，才能找回客家人的尊嚴。我認為臺中東勢人，還有美濃的客家人是我看過最團結的，我參加過紐約客家同鄉會活動，陣容很浩大，很多客家人在美國發展得很不錯，很有錢成就也很高。其實夏威夷這裡客家也不少，但大家不團結，我還遇過幾個人明明就是客家人，卻不願承認自己是客家，我也不知道為什麼，我覺得客家人有自卑、自大、自私不團結的缺點，如此一來才很容易被別人同化。（受訪者 T 女士）〔註33〕

W2 女士說：

我回臺灣的話，會陪我媽看一下客家電視臺的節目，我自己是沒有特別去看。（受訪者 W2 女士）〔註34〕

L2 女士說道：

有啊！現在客家的活動多很多，我們回臺灣的時候，有去苗栗客家文化園區參觀啊！裡面弄得很不錯，也有參加苗栗的風箏節，苗栗客家人最多了，有很多客家活動都會在苗栗舉辦，像什麼桐花祭，政府慢慢有在重視客家了。（受訪者 L2 女士）〔註35〕

（二）對客家身分的看法

1949 年政府遷臺後，由於戒嚴體制之下，在標榜國家認同的「國語政策」下，嚴重打擊閩南語、客家語及原住民語等母語的生存空間。由於經濟政策轉向工商業發展，使得以往以務農為主的客家族群，也逐漸往城市都會區謀生，造成使用客家話的機率大為降低。這些前往都會區發展的客家族群，本身尚能說客家母語，不過在都會區出生成長的第二代客家移民，就幾乎與客家族群脫離，與其他族群通婚，其所生的子女會說客家話的，更是微乎其微。

〔註32〕　筆者於 2013 年 1 月 26 日在檀香山訪問 L 先生。
〔註33〕　筆者於 2013 年 1 月 21 日在檀香山訪問 T 女士。
〔註34〕　筆者於 2013 年 1 月 24 日在檀香山訪問 W2 女士。
〔註35〕　筆者於 2013 年 1 月 22 日在檀香山訪問 L2 女士。

由於當時的時局下，廣電媒體幾乎為政府掌控，幾乎沒有客家語言文化的生存空間，身處都會區的客家後代，鮮少有接觸、認識客家語言文化的機會。長期發展下來，客家人自身對客家族群幾乎沒有情感交集，如此更造成對客家認同的困難。

根據表 4-2-5 所示，九成以上的受訪者，認定自己屬於客家人，其認定的標準，主要是從其祖父母、外祖父母、或是父母，依據任何一方是否具有客家血統。認定自己屬於客家人的受訪者中，若是具有客語聽、說能力，會更加深對客家身分的認同，自覺客語能力不好，或是對客家話與客家文化全然陌生的受訪者，會因此讓他們在確定與不確定中搖擺。由訪談結果來看，客語與客家身分認定，的確存在相當緊密的連結，在海外也是如此。

表 4-2-5　檀香山受訪臺灣客家移民對自我客家身份認定調查表

身份認定 性別	認為自己是客家人	不確定自己是客家人
男　性	4	0
女　性	14	2
共計人數	18	2

資料來源：2013 年 1 月，筆者訪談整理。

在受訪者中，1 名來自新豐的 G 先生，發表自己對客家人如何認定的看法：

> 我以前有想過一個問題，通常一個客家人，如果他父母都是客家人，那他自己就能很確定自己是客家人，但是如果只是父親或是母親其中一方是客家人，他就會懷疑自己是不是還算是客家人，這一點很奇怪，我發現猶太人剛好不一樣，只要父親或是母親，甚至父親或母親只有一半猶太人的血統，他就認定自己就是猶太人，這是客家人今日在身分認同上，產生很大的質疑……（受訪者 G 先生）〔註 36〕

來自新竹的 Y 小姐，母親是客家人，具有一半客家血統的她，在訪談中表示：

〔註 36〕筆者於 2013 年 1 月 23 日在檀香山訪問 G 先生。

> 我媽媽是客家人，她會講客家話，可是從小我爸爸就不准我們小孩
> 子講客家話，我幾乎完全不會講客家話，只聽得懂一點點，印象中
> 我媽跟我們小孩子之間都講臺語，所以要說自己是客家人，感覺怪
> 怪的。（受訪者 Y 女士）〔註37〕

另一位 W3 女士，在訪談中表示：

> 我想我應該也算是客家人吧！因爲我爸（媽）是客家人，不過我不
> 太會講客家話！因爲我很小的時候就搬到宜蘭，那裏都講臺語，我
> 們只有在家裡會講客家話，因爲我奶奶只聽得懂客家話，小時候在
> 家如果我們講國語，馬上就會被用棍子敲頭，到學校如果沒說國語，
> 又會被罰，想想實在是好悲慘啊。（受訪者 W3 女士）〔註38〕

　　綜上，受訪的第一代夏威夷臺灣客家移民大致都能認同自己屬於客家族
群，但隨著他們的第二代，甚至第三代主要都在美國出生、成長，不僅普遍
對客家文化陌生，加上他們在相當程度已適應美國社會，對日後在美國的臺
灣客家後裔在客家文化認同，及客家意識凝聚上，將會充滿挑戰。

〔註37〕筆者於 2013 年 1 月 25 日在檀香山訪問 Y 女士。
〔註38〕筆者於 2013 年 1 月 29 日在檀香山訪問 W3 女士。

第五章　夏威夷臺灣客家精神之展現

　　客家（Hakka, Kejia），意即「客而家焉」，所謂客家人，就如同字面所示，意為「做客的人們」，客家人似乎無論走到哪裡，他們都被認為是客人。自古至今，客家歷經多次遷徙，不斷由北往南移動，由於是屬後到者，肥沃豐腴之區已先被長居於此的先住民佔有，客家人不得已只好進入山地丘陵等地開墾；也因為他們的到來，常與先住民發生糾紛與衝突。在諸多不利的因素下，客家人必須自行武裝起來，團結一致以禦外辱。由於生活在較獨立的山區丘陵間，客家人鮮少受到其他族群的影響而被同化，因此他們將獨特的文化與習俗保留下來，逐漸型塑出獨具一格的客家精神與特質。

　　客家由於戰亂逼迫，自北方中原展開遷徙，每到新的一地，就要與原先的族群爭奪生存地域和資源，從而養成客家人剛毅堅強的性格，與高度自我保衛的強悍個性。此外，客家人生活在山地丘陵區，無論男女老幼，均需為力求溫飽努力開墾拓荒，由於一切得之不易，因此培養出客家人簡樸踏實的勤儉美德。尤其過去在艱困貧乏的環境中，許多客家男性必須為求生計而遠走他鄉到異地打拼，於是家中的經濟生產和起居照料等工作，便由客家女性一肩扛起，她們必須扮演男性的角色，無論是上山墾伐或是下田耕作，由於需要協助勞動，所以客家婦女不行纏足，這一點與其他傳統華人婦女，有相當大的不同。清代中葉以後，客家人大量移往海外，足跡遍及世界各地，然而無論客家人走到哪裡，他們依然秉持著堅毅刻苦的客家精神，在異地奮勇打拼。如今，不少海外客家移民的成就，已是有目共睹且備受肯定。由於這股奮發向上的客家精神，讓客家人一直被視為是海外華人中，相當特殊的群體，甚至以「東方的猶太人」或「華僑中的猶太人」來形容客家移民。諸多

中外學者曾對客家族群的特性進行研究，其研究結論，大多給予客家族群正面的肯定。另外，學者認為，客家婦女可謂是客家精神的最佳示範，對客家婦女的表現，評價很高。

在本章中，筆者先從過去學者們對客家精神與特色的相關研究中，歸納出三項特色，即客家人無論到何處，均展現出「不服輸的硬頸精神」、「勤勉簡樸的生活態度」，以及「重視教育與家庭」三項特質，從以上三點特質作為探討，再透過夏威夷臺灣客家移民的訪談資料，加以驗證分析，除了了解移民在海外如何受到這些客家精神的影響外，亦進一步探究移民對客家精神與文化之傳承與延續的意見。

第一節　不服輸的硬頸精神

很多人一談起對客家人的印象，幾乎都說客家人很「硬頸」，甚至認為客家精神，就是「硬頸精神」〔註1〕。究竟何謂客家硬頸精神？著名的虎標萬精油、中文星系報業創始人，亦即客家先賢胡文虎先生〔註2〕，曾在香港崇正總

〔註1〕 一般較常以「硬頸精神」來形容客家人堅毅卓絕，勇於面對環境挑戰而刻苦自立的特性。另外所謂「大埔精神」，意指中國客家人頑強不屈的精神特質。客家人原居中國北方，後流徙至中國西部與南部。他們歷經西、南地區之連串騷亂、內爭及當地居民的不斷迫害，猶能生存下來，即因這種堅忍刻苦的特質所致，客家人特有的上進、堅韌不拔、刻苦耐勞及不斷追求學問的精神，即「大埔精神」之體現，可謂客家精神的象徵之一。參考楊進發著，李發沉譯，《陳嘉庚：華僑傳奇人物》，新加坡：八方文化，1990年，頁86。

〔註2〕 胡文虎（1882～1954）祖籍福建永定，操客家方言，生於緬甸仰光。十歲時返回中國就學，四年後，胡文虎回到居住地緬甸，便在父親一手創辦的永安堂藥鋪實習。後來，他研發出萬金油、八卦丹、頭痛粉，及清快水等藥，風行緬甸、印度等地。爾後，業務蒸蒸日上，遂於1926年將製藥總廠移至新加坡，其藥品行銷東南亞及中國各大城市，分店遍布各地。1918年，胡文虎和胡文豹兄弟二人聯手發明虎標萬金油而首創巨富，他們以精美的包裝和獨特的市場推銷法，使虎標萬金油產品成為家家戶戶的必備良藥，市場由緬甸擴展到新加坡、馬來西亞、香港、中國和東南亞其他地區。接著胡文虎兄弟在新加坡、馬來西亞、緬甸、中國、泰國等地開辦一系列報紙，再次富甲天下。永安堂是生產和經銷虎標萬金油的總公司，早期已參與慈善公益事業，胡文虎兄弟二人每年捐贈所有收益的一半用作慈善公益。胡文虎畢生致力慈善事業，賑災恤難從未間斷。1920年代，胡文虎便開始在南洋各屬捐建眾多學校和醫院，以及中國逾三百所小學。參考胡文虎基金會網站，參閱網址：http://www.abhfoundation.org/chinese/c_aboutABH.html 及中華百科全書網站，參閱網址：http://ap6.pccu.edu.tw/Encyclopedia/data.asp?id=2581，參閱日期：

會 30 週年紀念特刊序文上，以「客家的特色」爲題，指出客家人的傳統精神
如下：〔註3〕

（一）刻苦耐勞之精神：蓋我先民，方喪亂南遷，篳路藍縷，毫無憑藉，
　　　苟非有強健體魄，刻苦精神，則不能生存發展，故刻苦耐勞美德
　　　遂成遺傳習性，不分男女貧富，無不勤勞操作，甚鮮安座而食。

（二）剛強弘毅之精神：我先民遠離故土，雜居於其他先住民之中，僻
　　　處險阻之區，時虞意外侵迫，不能不借武力以自衛，故風俗自昔
　　　即多習舞尚藝，爲處世謙和，而守義勇往。男富強毅弘深之氣，
　　　堅忍不屈；女無纏足怯弱之習，健美有加。

（三）刼勤創業之精神：我客家人士，既以故土照繼，養成勤勞節儉、
　　　英邁創業精神。又以婦女能躬操耕作，主持家計，使男子無內顧
　　　之憂，致力遠略。故數百年前即能冒風濤、涉百浪，遠赴南洋各
　　　地，從事墾闢大業，創立我客屬人士之偉大基礎者，實出於此。

（四）團結奮鬥之精神：我先民以世事多艱，雖鍛鍊體魄，增益技能，
　　　尚感獨立支持之不易，不能不力謀團結，合群奮鬥，克服環境困
　　　難，基久成風，無論安處家園，抑僑居異域，苟遇本屬人士，必
　　　聲應氣求，團結一致。內而互助提攜，外而抗拒外侮。苟化此精
　　　神而光大之，其有裨於我中華民族之發展者正無窮也。

　　胡文虎先生認爲這四項精神，正是千百年來降臨於客家人身上的苦難，
與流移轉徙的社會境遇中，所逐漸形成與發展的結晶，並在這基礎上，模塑
他們對任何不當壓迫與強權的強烈反抗心理，因此「硬頸」已成爲對典型客
家人的貼切形容。

　　的確，這種硬頸精神，與客家人在歷史上的發展是十分相關的。從歷史
上客家族群的遷移歷程來看，客家人的大遷移，似乎是一部血淚與心酸交織
的悲壯史詩。客家族群歷經多次戰亂而南遷，實屬於後至的移民，正所謂先
到爲主，後到是客，可種之地及可耕之野，早已被先至之民或土著所佔有，
所以他們只好進入荒野。其居所多侷限在山間或是未經開墾的僻遠地區，篳
路藍縷，披荊斬棘，流血流汗，歷盡無數的艱難，才終於克服了自然的險阻，

2015 年 4 月 2 日。
〔註 3〕香港崇正總會編著，《崇正總會 30 週年紀念特刊》，香港：香港崇正總會，1950
　　　年。

建立安身立命的所在。由於受到自然條件的限制，客家族群居住在閉塞的山地，不易受到當地居民的影響。因此，客家人一直留存獨有的風俗習慣與生活方式，以及爲人處事的態度。而客家人強烈的宗族觀念和保守思想，多少增強了他們對外來事物的排斥與抗拒。客家族群一方面受到當地居民排斥而造成隔閡；另一方面，受到客家傳統的信仰、倫理與民俗等社會傳統的支配，從而產生特有的移墾社會性質，形成其特殊的社會文化生活領域，延續固有的文化禮俗。客家人的士族背景，加上迭經戰亂與流離顛沛的遷移過程，形成其冒險犯難、堅忍卓絕、團結奮鬥與勤儉刻苦的精神。

處處爲客、處處是家的客家族群，千百年來經歷無數次遷移拓墾，面對環境的險惡與挑戰，客家人總是秉持無所畏懼的硬頸精神。客家爲尋求安適的生活環境，自古不斷地自中原地區往南遷徙，長期以來這股堅忍的毅力與硬頸精神不但是客家生存的利器，也普遍被視爲是客家文化與特色最難能可貴之處。由於過去長期獨立居住在山地丘陵區，造成客家人性格內斂保守、防衛心強，甚至可謂封閉。客家千百年來能保存傳統精神、文化禮俗和語言，並且持守勤勞簡樸的生活態度，多少與他們過去獨立而居的特性有密切關聯。客家人後來搬遷到都市後，不可避免地受到都市化影響，不再群集而居，加上他們接受了到更高的教育，以及受到更多外在文化刺激，這些均已造成對客家文化傳承的挑戰。但憑著那股不變的硬頸精神，客家人無論到世界各地，仍然精實打拼不輕易屈服。這些輝煌成就，往往就是旅居海外多年的客家人秉持硬頸精神，克服重重困難與挑戰後，所獲得的美麗果實。

早期從臺灣到北美的留學生，始自日本治臺時期的 1920 年代，不過人數寥寥無幾。二次大戰後，尤其自 1950 年開始，許多大專畢業生爲吸取歐美先進國家的人文科技知識，紛紛赴美深造，形成一股戰後留學熱潮，其中客籍臺灣人亦不在少數。這些客家籍學生在美完成學業後，由於臺灣當時的政治經濟環境欠佳，爲擺脫臺灣獨裁的專制統治，多數選擇留在自由開放且經濟條件優越的美國長期定居，逐漸變成移民群體中的臺美人。從臺灣到美國的新客家移民，較亞洲其他國家的移民，教育程度高，而且遠較二次大戰以前的來自中國的客家籍移民更具學識和謀生能力。臺灣客家移民中，專業人才輩出，不少參與在科技研究和企業管理工作，受聘於大公司、醫院、聯邦或州政府、研究機構、大學等等。除了留學生之外，1980 年代以後還有以投資商人、親屬關係、特殊人才等身分進入美國的客家移民，聚集在工作機會較

多的大都市或散居在城市近郊，這些客家移並不意謂著他們捨棄自己的客家情結和返鄉意願，而是傾向於接受新思想和適應新環境。〔註4〕

在海外新社會中，客家人不斷學習、追求學問，獲得謀生技巧，技術和學問正是改善生計的必要工具。立足世界，尋求財富，開創前程，一向是客家族群的共同願景。1965 年至今，已有許多在美國的客家人，活躍於各行各業，諸如房地產、觀光、保險、餐廳等，成就非凡受人矚目。今日在美的臺灣客家人普遍生活富裕，且受過高等教育，擁有專業能力且工作穩定。這種生活條件使他們得以享受中產階級生活和社會地位，和往昔華人移民以出賣勞力為生的景況截然不同。如同其他少數族群，客家文化在美國也正受到時代挑戰，在多數族群的龐大壓力下，少數民族的存亡絕續，傳統習俗的保存，皆有待客家人共同努力。〔註5〕

如今，許多臺灣客家移民在海外生活已超過二、三十載，雖然在不同文化的影響下，豐富了他們的思想，也使其心胸眼界更為開闊，但並不因此改變傳統的硬頸精神。因為他們仍不斷自我要求能持續進步，甚至將這珍貴資產繼續地在海外傳承。因此，硬頸精神可以說是客家文化的基本特點，亦可說是客家人精神的核心所在。

在本次訪談中，有半數以上的客家移民受訪者，以及 3 位不具有客家背景的臺灣移民，均提及他們對客家人最直接的印象就是「硬頸」，受訪者表示他們認為客家人普遍很能吃苦、不輕易服輸，足見「硬頸」一詞與客家人之間已密不可分，且對於硬頸的展現也有相當深刻的體悟。

1980 年以前，和丈夫結婚後隨即來到檀香山發展的受訪者 P 女士，至今已居住在夏威夷逾三十餘載，且在檀香山擁有相當規模的地產事業。據 P 女士表示，由於從小受客家父母及長輩的影響，身為客家人的她，也覺得自己本身的「硬頸」特質，相當明顯，她分享如下：

> 結婚前，我先是在臺北的一家知名國際連鎖飯店工作，其實也很偶然，因為當時我大學剛畢業，有一天聽我母親說，×××飯店在招考，隔壁鄰居的女兒都去考了，問我要不要也去考看看。當時我想了一下，就想說好吧！那我也去試試看，我去報名的時候已經是最

〔註4〕 江運貴著，徐漢斌譯，《客家與臺灣》，臺北：常民文化，1996 年，頁 156～157。

〔註5〕 江運貴著，徐漢斌譯，《客家與臺灣》，頁 156～158。

後一天，結果竟然給我考上了。剛開始一進去，我是先在裡面當會計，有一天飯店經理跟大家宣佈，現在有一個副理職缺，問大家誰想來應徵。結果我私下去見總經理，跟他說我想當副理，我們總經理是個外國人，他當時一聽到很訝異，不過他說因為我是會計部門的，應該先經由我部門的經理推薦上來，我那時還跟總經理說，如果要先經過部門經理，那我可能就沒機會了，所以我才私下來找他，總經理說他會把我列入考慮。結果好多人被推薦上去，各部門都說自己推出的人選有多優秀，只有我是自己推薦自己，我是沒有背景的，大概是因為這樣，後來我們總經理選我當副理。很多人問我當時怎麼敢自己跑去，現在回想，我也不知道那時我哪來的勇氣，我只是覺得我想挑戰看看，我覺得自己應該可以，現在想想自己真的還蠻大膽的，就這樣我在 26 歲的時候，當上了飯店的副理，那時候很年輕，沒想太多，就是想去拼看看，不講根本就沒有機會……客家人講的「硬頸」，就是不服輸，不輕易放棄，一定要想辦法做到，我感覺到自己就是那樣……（受訪者 P 女士）〔註6〕

對多數移民而言，最初離鄉背井來到一個陌生環境時，多方面都需要時間慢慢適應，不過面對諸多現實生活壓力接踵而來，一切只能靠著意志力撐下去。1980 年代以前，在檀香山的臺灣移民人數不多，婚後辭去令人稱羨的工作，隨即與丈夫到檀香山定居的 P 女士在最初移民時，也面臨過對未來充滿未知的不安與恐懼，她一方面發揮出客家女性勤儉持家的特質，另一方面她也很快下定決心，要在檀香山闖出一番事業，這股不服輸的「硬頸精神」，再度展露。P 女士侃侃而談自己的過去經驗，最初抵達檀香山時，是如何計畫在這裡穩定生活且有更好的發展，她說道：

我一結完婚後就立刻跟著我先生來夏威夷，過不久我兩個小孩就陸續出生，我那時候是全職在家照顧小孩，收入全靠我先生，可是我就在想，以後要怎麼在這裡生活下去。於是我就一邊照顧小孩，一邊很認真翻報紙找工作，看看有什麼適合我做的。另一方面，我也很用心觀察這裡的環境，看看可以做什麼，後來我察覺到這邊的房地產是值得投資的，於是我白天帶小孩，晚上把孩子哄睡了以後我拼命地讀書，然後我就去考房地產證照，結果讓我考上了。剛開始

〔註6〕 筆者於 2013 年 1 月 21 日在檀香山訪問 P 女士。

做房地產的時候，那時檀香山的房地產還沒有起來，不過慢慢地我發現到有越來越多日本人跑來這裡買房子，於是我開始研究怎麼投資、買賣。過沒幾年後，房地產就開始大好，房價突然一直漲上去，隨即有更多人來這裡大量買房子，日本人在這裡投資的很多，還好我的英文日文都沒問題，我的客戶幾乎都是日本客，通常他們也會有很多要求，因此我都想辦法服務到他們滿意為止，結果很多日本客人還來都回來指定要找我買賣。（受訪者 P 女士）〔註7〕

　　另一位 U1 女士，約 20 年前與全家一起移民到檀香山，一抵達後便很快決定在夏威夷極熱門的觀光景點威基基（Waikiki）這一帶，開設一間具有臺灣特色的飲品店。當一確定以依親方式的移民申請獲准後，她立刻辭去工作與先生一同帶著兩名年幼的孩子，舉家搬到夏威夷生活。回憶起當初既要照顧兩名稚子，又必須立刻在此開店做生意，對過去毫無開店經驗的她而言，到處充滿挑戰，不過憑著不怕苦、不退縮的硬頸精神，總算熬過來了，U1 女士說道：

當我們確定可以過來時，我就和我先生討論，後來我們決定要開一間飲料店，我們還沒過來時，就先託親戚幫我們先看幾家合適的店面，那時候 Waikiki 這邊，這種類似臺灣很流行的珍珠奶茶，或泡沫紅茶店沒幾家，我們評估了好幾個點後，覺得現在這個位置還不錯，就決定租下來。那時候我們這個商場還有沒幾間店進駐，不過還算是有人潮，租金各方面都還可以，而且離我們住的地方距離也還不算太遠。租了以後，店面馬上開始裝潢，所有一切都是我自己來，因為我先生那個時候還有他自己的工作，我店裡的裝潢，全都是我自己規劃的，想說一開始先簡單一點，不要花太多錢。我後來還跑回臺灣，特地去找師傅幫我製作，接著用船運的方式運過來組裝，我還直接從臺灣帶了兩三個師傅過來幫我裝修，差不多前後一個多月就搞定了，然後就開始營運。我店裡用的材料全都從臺灣進口，不跟一般外面賣的通路進貨，這裡大部分商家都是跟另一家進的，但我覺得那個喝起來跟臺灣的珍珠奶茶，感覺還是有差，所以也花了很多時間才找到這家材料，我覺得很滿意，雖然價格會貴一點。確定要過來夏威夷之前，我還特別去那時一間很有名的珍珠奶

茶連鎖店打工，每天密集學習，看他們怎麼做，大概前後一個禮拜左右，差不多整個流程都學會了，一回到家我就立刻把這些步驟重點都記下來，我抄寫了一大堆筆記，回家後自己親自試驗一遍，好抓住那個味道。過來這邊以後，我就憑我的打工印象在這邊賣起飲料，剛開始也是泡了好幾百杯，失敗過很多遍，我是一邊賣一邊調整，慢慢地抓住顧客的口味，那個時候店剛開，很多事情一定都要我自己來，員工訓練、招呼客人、準備店內每天要用的材料、叫貨訂貨……兩個孩子又還很小，自己身兼好多工作，等我先生那邊的工作結束，才能來幫我，一開始，我的英文又沒那麼好，什麼都是挑戰，真的很辛苦，本來還想抽時間去學英文，後來根本也挪不出時間……生意慢慢上軌道，小孩也慢慢長大以後，總算是熬出頭了，實在很佩服自己當初的毅力……（受訪者 U1 女士）〔註8〕

U1 女士表示，在經營店舖的過程期間，也遭遇過不少困擾，後來有越來越多型態相仿的飲料店陸續進駐後，她也自有其因應之道。除了不斷研發飲料的新口味外，U1 女士也特別重視與客人之間的長久互動。她特別分享店舖經營曾面臨過的一些問題，以及她的處置之道。U1 女士表示能在此開店和經營，並非想像中容易，若不是憑著一股「硬頸精神」讓她不畏困難地支撐下去，飲品店恐怕也無法一開就是 10 年以上，且一直以來都相當穩定，在當地也有相當的知名度，U1 女士說道：

我店門口特別貼了一張公告，其實也大概是幾個月前才貼出來的，因為那個時候有少數客人帶來了一些問題，主要是那種一大群的年輕人，可能七、八個人，一次只點了兩、三杯飲料，然後就在店內佔據好幾張桌子，講話的聲音又很大聲，嚴重干擾到其他客人，他們還索性拿出撲克牌來玩，我覺得真的很不像話，且一坐就坐兩、三個鐘頭，這之中他們還一直跟我們的工讀生要水，態度也不是很好。所以後來我覺得有必要教育我的客人，要懂得尊重店家，畢竟我們是在做生意的，要聊天當然可以，可是也不能太大聲。貼出來後，有些人覺得我這麼做，好像是在警示客人，沒有以客為尊，但是我的想法是，如果客人能夠尊重店家，我絕對會給他們最好的服務，我不擔心別人怎麼想，因為我事先已經在店門口貼公告，說明

〔註8〕 筆者於 2013 年 1 月 28 日在檀香山訪問 U1 女士。

清楚我們店有每人最低消費的規定，如果能夠接受再進來，別人看我這個店家好像很強勢霸道、蠻不客氣的，事實上我覺得說清楚，對大家比較好，由於這個店也開了很久了，有一些客人都很熟了，我也希望客人的素質可以維持在一定的水準之上。（受訪者 U1 女士）〔註9〕

另一位 C 女士亦為客家「硬頸精神」之範例，憑藉不怕苦的意志，協助家族事業打開美國市場。由於家族本身在臺灣是從事皮包生產製造，父親希望兒女們可以打開美國市場，不必透過代理商，自產自銷。因此大學一畢業後，她就立刻被父親派到美國去，為拓展家族事業而打拼，她說道：

我會來美國是我父親的意思，當初他要我們小孩來美國幫忙家裡做生意，我自己本身是外文系畢業的，我們兄弟姊妹幾乎都在家裡幫忙，我父親希望說我們自己生產的皮包可以自己賣，不要透過別人，起先一開始是派我哥哥來，來了一段時間後，生意沒有起色，因為我哥哥英文不太行，後來我一畢業後就被我父親派來幫忙我哥哥。一開始我們是先在洛杉磯，後來又跑到邁阿密一年，就這樣一直跑來跑去，1985 年到紐約後才穩定下來，幾年後我們生意就越來越穩定，在那裏你不努力，很快就被別人趕過去，馬上就被淘汰掉了。生意穩定以後，直到前幾年，我才完全退休下來。我記得那個時候，每天都忙得不可開交，從早到晚都一直在工作，忙到中午都沒時間好好吃飯，只能抽空十幾分鐘就隨便吃吃，然後就又趕快回去工作，好像幾乎都沒什麼休息。最難受的是，紐約的冬天，實在是好冷，冷到讓人受不了，我在那邊一住就住了二十幾年，實在是被冷怕了，所以退休後我就決定從紐約搬到夏威夷來住。（受訪者 C 女士）〔註10〕

在訪談中討論到客家「硬頸精神」時，另一位受訪者 H 女士指出這一點似乎是她從小到大觀察到客家人與其他人很不同，而且一直沒變的地方。她提到自己本身和周遭的親友，似乎都具有這樣的特質。H 女士認為硬頸是一種優點，不過亦有其缺點，她表示：

客家人喔！真的是「硬頸」啊，這表示脖子很硬，不肯低頭啊！就

〔註 9〕 筆者於 2013 年 1 月 28 日在檀香山訪問 U1 女士。
〔註10〕 筆者於 2013 年 1 月 21 日在檀香山訪問 C 女士。

－135－

拿我的弟弟來說吧，他在讀書方面是沒有特別突出，可是他很聰明，事業做得很不錯，他只要聽到誰比他有錢，發展比他好，他就立志要超越對方，總是想要贏過別人，所以不可否認，他很會賺錢，也很有志氣，在他身上我真的看到客家人那股不服輸的「硬頸精神」。不過這種「硬頸精神」要是用在跟家人的相處上，有時真是讓人受不了，我之前曾在他的公司裡跟他共事過一段時間，他幾乎不會把你當家人看待，講話方式永遠像是上司對部屬那樣，命令式的，總是堅持他自己是對的，說真的很讓人受不了，那個人也沒辦法跟他溝通。過沒多久，我就離開不想繼續做下去了，或許我自己也多少有硬頸的特質，很不喜歡被人家使來喚去的吧！（受訪者 H 女士）〔註11〕

受訪的客家男性中，有 2 位曾對硬頸精神表示其看法，這 2 位男性受訪者，對於客家人硬頸的特點，較無深刻的體會，訪談內容簡述如下：

我常常聽到大家對客家的印象，就是硬頸，因為這個詞，就是客家話這麼講才演變而來的嘛！以前一天到晚都可以聽到客家人講硬頸，不過好像是用在指對方很執著，根本沒辦法溝通……我知道硬頸的意思，是在說客家人不輕易低頭、認輸，比較算是一種稱讚吧！我自己倒是沒有覺得自己很硬頸，不過可能要別人來說會比較準，以前常聽到人家講客家人硬頸，來美國這裡以後比較少聽到了，而且以我來看，客家人硬頸有好有壞吧！（受訪者 P 先生）〔註12〕

客家人硬頸喔！我原本還搞不懂硬頸指的是什麼，後來我慢慢觀察以後才了解，原來是說客家人遇到再大的困難都不會輕易放棄，越是威脅他，他越是跟你抵抗到底，我自己的理解是這樣……我覺得蠻有道理的，以我自己來說吧，你越是威脅我，我就越不妥協，所以有的時候也蠻不好溝通的，我覺得還是要適可而止吧！而且應該也不是每個客家人都是這樣。（受訪者 L 先生）〔註13〕

客家硬頸精神是極具有代表性的，上述受訪的夏威夷臺灣客家移民在訪談中，他們認為「硬頸」為客家人最與眾不同之處，而且無論在其求學、求

〔註11〕筆者於 2013 年 1 月 18 日在檀香山訪問 H 女士。
〔註12〕筆者於 2013 年 1 月 24 日在檀香山訪問 P 先生。
〔註13〕筆者於 2013 年 1 月 26 日在檀香山訪問 L 先生。

職、開創事業，或是最初要在美國社會立足時，他們當時都展現出不輕言放棄，並且勇於面對挑戰的堅持。這過程中包含了挫折承受、物質條件等各方面的困頓，以及必須努力克服新環境所帶來的忐忑不安等。

上述 3 位受訪的客家移民婦女，她們的另一半均為非客家族群的臺灣人。前兩位到夏威夷後才自行創業的客家婦女，從小是在純客家的環境中成長，因此深受傳統客家文化的影響，在她們身上展現出十足客家女性的美德。她們不僅全心全意照料家庭，讓另一半能無後顧之憂地在外打拼，更自許能共同分擔家中經濟，因此她們並未選擇單純地在家相夫教子，擔任全職家庭主婦，反而勇於在新環境中接受挑戰，兩位客家移民婦女在創業過程中，也幾乎都是憑著硬頸精神單打獨鬥。

檀香山臺灣客家婦女展現出的硬頸寫照，亦如同文學作品下的傳統臺灣客家婦女一般，可謂實無二致。身為臺灣現代文學的先驅，同時也是《原鄉人》一書的作者鍾理和先生，在他筆下所描繪的女性，無一不是堅強、勤勉、能幹和獨立的。這些婦女兼具美麗與溫柔，但是她們幾乎全是勞動的女性，是生產工作上的要角，沒有一個是軟弱必須依靠別人服侍的。因為鍾理和文章中的女性，是臺灣女性中的客家女子，客家女子視勞動生產，分擔生活是為天職。客家男人心中樂見的，也絕不是弱不禁風的女性。客家婦女一向很能吃苦，過去她們就與男人一同勞動。在古代記載中，每遇戰亂時客家婦女還要庇護男子，她們把男人藏匿在家中，避免遭到亂兵殺害或被迫充當挑伕。中國婦女自古有纏足的風氣，追求男子所喜好的三寸金蓮，唯獨客家女子傳統上堅持不纏足，長久下來即使被譏為大腳婆也不以為意，臺灣的客家婦女秉承了過去傳統客家女性的美德。「勤勉」、「能幹」是她們最重要的德行，所以公婆心目中的好媳婦，面孔姣好並不十分重要，但是婦女的腳是否粗健有力，腰身是否硬挺，轉身換步的身姿是否輕盈俐落，這才是關注的首要條件。〔註14〕

受訪的客家移民婦女，展現出現代客家婦女的寫照，即在受過專業知識訓練後，激發出客家女性的潛力。尤其在自由開放的美國社會中，婦女主權意識上漲，此外在家庭及專業領域上，更有令人激賞的表現。這些客家婦女憑著「硬頸精神」，不僅秉持強大的意志力，更能勇於嘗試及克服困難。另外

〔註14〕臺灣客家公共事務協會主編，《新个客家人》，臺北：臺原出版社，1991 年，頁 131～133。

客家婦女在做任何事之前，會先仔細思量再有所行動，事先未雨綢繆以減少錯誤的發生。正是這樣的毅力，使她們能立足於美國社會，而且即使事業有成，仍舊兢兢業業，從不以現狀為滿足，繼續立定更大目標，持續前進。客家婦女除了將自身的事業經營地有聲有色外，在妻子與母親等其他角色的扮演，也絲毫不馬虎，她們甘於為家人中付出，珍視家庭的價值。

　　然而，硬頸精神被視為客家文化精隨的同時，也有其值得修正與檢討之處。客家移民自我剖析，認為這樣的特質若適度展現，大多能產生正向的效果，不過有時是需要適度修正的。客家移民透過別人的看法，或是與旁人的比較中，自我意識到這一點，並且自我覺察到在「硬頸精神」下，有時可能會由於過於以自我為中心以及偏執過度，而造成旁人的困擾與壓力。另外，不輕易服輸、妥協，自我要求隨時處於堅強者的角色，亦有可能會對自己造成傷害。根據筆者訪談後發現，受訪的談灣客家移民一般是將硬頸精神運用在最初於在新環境中生存、開拓事業及自我要求上。另外，在檀香山多元族裔文化的影響下，這些客家移民在硬頸精神展現之時，也同時能抱持彈性的態度，以及開闊的胸襟去面對挑戰。換言之，這種典型的硬頸精神，常常是展現移民初始在美國奮鬥打拼，以求個人與家庭能早日在此立足，以及把握機會強烈企求能獲得成功這些層面上。

　　此外，本次受訪的臺灣客家移民者均屬第一代，往往過去成長背景與客家環境緊密相連。1980 年以前赴美的客家移民，提到他們幼時的成長經驗普遍是相當艱苦的，尤其生長在農村的客家人，幾乎是終年辛勤地勞動，才能勉強求取全家溫飽。赴美後一開始無論是求學或是開創事業，都歷經過一段艱辛的歲月，客家移民在困頓的環境中，自然展現出硬頸精神，過程中他們很少輕易向旁人尋求援助，以單獨面對者居多，甚至為避免親人擔心，常獨自承擔一切。由於不斷地堅持才有今日的成就，因此他們格外珍惜，並將成功的果實與家人一同分享。這些客家移民具有敏銳的觀察力、強大的適應力及縝密的思考力，且他們提及了當初能來美國，相當不易，所以他們相當珍惜，再辛苦也要撐過去。從訪談中還發現，客家婦女普遍希望成為家裡的支柱，擔任家中的照顧者，而非被照顧者。由於她們份外努力，家人對她們的辛勤付出也給予高度的肯定。綜上，這種不輕易服輸的硬頸精神，在第一代的夏威夷臺灣客家移民身上，仍然能夠很容易找到。

第二節　勤勉簡樸的生活態度

　　過去客家人大多在丘陵地帶辛勤耕種，無論男女都必須與困苦、艱辛的物質環境搏鬥，從而養成客家人普遍勤勉、凡事簡樸的生活態度。此一特質在客家婦女身上，更是充分展現。由於過去客家地區土地貧瘠，因此為謀求更好的生活，不少客家男性需前往外地打拼，而且一去就是三年五載，此時留守在家中的女性，便要內外兼顧，家事農事往往必須一肩扛起，客家婦女不纏小腳的天足，即是因應客家婦女勞動的需要。在這樣的環境背景下，養成了客家女性普遍具有堅忍、勤奮、刻苦、節儉的性格。同時，為使她們能夠肩負起照顧家庭與協助農事的重擔，傳統客家人相當注重對家中女孩的教育，即所謂「家頭教尾」、「田頭地尾」、「灶頭鍋尾」、「針頭線尾」等 4 項婦工。〔註15〕

　　「家頭教尾」，是指家庭，就是要婦女養成黎明即起，勤勞簡約，舉凡內外整潔、灑掃洗滌、上待翁姑、下育子女等各項事務，都料理得井井有條。

　　「田頭地尾」，就是講田地所在，播種插秧、駛牛犁田、除草施肥、收穫五穀、不要使農田耕地荒蕪。

　　「灶頭鍋尾」，就是講廚房的工作，舉凡燒飯煮菜、審別五味，學就一手治膳技能，兼需割草打柴以供燃料的意思。

　　「針頭線尾」就是講縫紉、刺繡、裁補、紡織等女紅，件件都能動手自為的意思。

　　「四頭四尾」集養育、農務、廚事、縫紉於一身的多重形象，來肯定、讚譽客家女性的犧牲奉獻以及勤勉能幹。鍾春蘭女士寫了一篇客家婦女的文章，名為：「娶妻當娶客家妻」，文中說明了這句讚譽的背景。〔註16〕「客家先民居住丘陵地，地瘠人稠，男女皆須與艱困的環境搏鬥。為謀求較好的生活，客家男性多遠離家鄉，志在四方，出外冒險，一去數載，或從商，或入軍伍，或以文求功名。因此，家中大小事，不論紡紗、織布、女紅、砍柴、烹調、事親、育兒、乃至耕稼，皆一手包辦。這種環境養成客家婦女堅忍、

〔註15〕 陳運棟，《客家人》，臺北：聯亞出版社，1978 年，頁 19。相關於對客家婦女期許的「四頭四尾」，尚有其他種說法如「田頭水尾」、「灶頭鑊尾」、「家頭教尾」、「針頭線尾」，不過涵義大致相仿，幾乎都是在強調客家婦女裡外大小事都必須負責做好，相當辛勤。甚至會再加上「日頭月尾」，強調傳統客家婦女終日都相當辛勞的一面。

〔註16〕 鍾春蘭，〈娶妻當娶客家妻〉，《新个客家人》，頁 127～130。

勤奮、刻苦、節儉的性格，在現代社會，她們除了繼續保存上述特性外，又兼具謙讓、上進等的性格。

相對於客家婦女，對客家男子也有另一「四頭四尾」的不同定義，客家男性的「四頭四尾」分別是「庄頭庄尾」、「店頭店尾」、「工頭田尾」以及「學頭校尾」，「庄頭庄尾」強調的是客家男子應負有保庄衛土，保護妻兒子女的責任；「店頭店尾」說明傳統客家男子要到外地謀生、經商，設法賺取財富養家活口；「工頭田尾」也是在勉勵客家男子應勤奮打拼，工農方面都要並重；最後是「學頭校尾」，這一點與客家婦女的「四頭四尾」最不同，強調身為客家男子應讀書學習，以過去來說，客家族群很重視家中男丁能夠透過讀書考試獲取功名，光宗耀祖。〔註17〕因此無論男女，客家人所強調的「四頭四尾」都充分反映出客家人對勤勉簡樸的生活態度。

事實上，過去一些西方學者在研究中國客家族群時，對客家人的勤勉簡樸，給予高度肯定。美國現代人文地理學權威教授韓廷敦（Ellsworth Hungtington），歷年來主持「美國地理學雜誌」編務，對客家源流與特性也有過明晰的斷語：「客家經歷歷史上的遷徙，關山跋涉，轉徙萬里；這種進化的現象，現更為顯見。客家人因其受過許多磨鍊，自祖先遺傳下來，因此客家人堅忍不拔、刻苦耐勞是其男女的共同特性。」他於1942年，著有「種族的品行」（*The Character of Races*）一書，其中專門論述中華民族的佔有四章；對於客家的特性，尤有深切的論述。他說：「客家人的歷史，很值得仔細研究。許多有觀察力的人不是曾說過，他們是今日『中華民族裡的精華』。他們具有毅力，擁有愛清潔的習慣，對於婦女的尊重，和教育程度卓越，都是難得的特點。他們和比他們早到南方的移民，就是現在的土著，很不相同，好比這些比較進步的南方土著和現在還在北方的中國人的不同一樣。」客家人要不是因為荒年的困苦和外族的壓迫，大概也不會離開北方的老家的，關於這部分的說法，是有其證據的，「當客家人向外遷移的時候，自然淘汰的勢力，會逐漸把懦弱的、重保守的份子，自然地淘汰，或是留在後面。所以凡是能夠到達新地的成員，都是比較有毅力與才幹的」，另外「關於客家人的情形，第一件可以注意的事，便是他們的方言，他們說的其實是一種官話，和四圍非客家人的語言很不相同，但是很像現在河南地區的話語。客家人原出

〔註17〕參考客家委員會臺灣客家電子報，參閱網址：http://archives.hakka.gov.tw/blog_index/，參閱日期：2015年4月26日。

北方，在這一點上，就可以看出來。」世界著名的人類學家史祿國（S.M. Shirokogoroff）在其著作「中國東部及廣東的人種」（*Anthropology of Eastern China and Kwangtung Province*）一書中，除分別指出客家的教育發達和刻苦勤勞種種優美特性外，更稱讚：「中國最衛生、勤勞和進化的民族，就是客家人。」〔註18〕

　　獲得普立茲文學獎的美國作家米契納（James Michener, 1907～1997），在其1959年出版的小說《夏威夷》（*Hawaii*）一書中，尤其對客家女性勤勉簡樸的特性，有生動的描述。書中提到1位名叫魏強的美國醫生到廣東僱了300名華工，準備開闢甘蔗園。這些人中有一半是客家人，因為他認為客家人比較勤奮。他對客家女性有如下的敘述：「這是夏威夷併入美國以前的事，這位醫生發現勤勉工作的都是客家女性。因此就問身邊的中國人這是什麼原因。那位中國人回答說，客家的女性到國外也會從事勞動的工作，福建的女性卻不行。因此這位醫生認為今後若要雇用中國女性，一定要找客家婦女。」〔註19〕後來這位醫生在無意中雇用了一名女傭，巧的是她是1名客家人。1天的工資雖然只有5毛錢，但這名客家婦女不管金額多少依然勤奮地工作。從早晨9點到下午5點，星期天也沒有休息。醫生太太看了非常感動，以後就每天付她1美金。醫生常常送禮物給這名女傭，也分了一部分好田給她，她就開始農耕，用扁擔挑發蔬菜到中國人的地區去賣，獲得少許金錢。另外她還替單身的中國男性洗衣服，後來被醫生發現，要她放棄這個工作。之後她就在醫生廢耕的沼澤地上種植洋芋或慈菇，再拿去賣給中國人，將錢存起來，沼地在她手裡也變成了良田。醫生知道後，決定要開墾這片荒地，於是雇用200名工人，從高處引泉水灌溉，終於使俄亥俄的沙漠地帶變成了良好的甘蔗園。能完成這件事，就是受到那位客家女性生活態度的刺激。〔註20〕

　　傳統的客家婦女，普遍如同米契納筆下的客家婦女，勤勉簡樸，具有刻苦自勵的向上精神。在本次研究的訪談中，P女士對客家人普遍遵守勤勉簡樸的生活態度予以證明，有以下的談話：

> 我覺得客家人大多十分節儉、對物質欲望很低，而且連很小地方都
> 不浪費，從小我父母給我的觀念就是這樣，所以我受到我父母很深

〔註18〕　陳運棟，《客家人》，臺北：聯亞出版社，1978年，頁21～22。
〔註19〕　肖平，《客家人》，成都：天地出版社，2013年，頁153。
〔註20〕　引自陳運棟，〈有關客家婦女的言論〉，《客家人》，臺北：聯亞出版社，1978年，頁17。

的影響，向來我只把錢花在該花的地方，我父母他們到現在也很少給自己買東西，捨不得花錢在自己身上，可是對別人又很大方，總是把最好的拿出來給別人，我發現自己好像也是，小的時候父母一定會要求我們把東西都吃完，完全不能浪費。我回想到我兩個孩子他們很小的時候，那時候剛到夏威夷來，印象中我幾乎沒有花錢買過玩具給小孩，只有偶爾到大賣場購物的時候，我會帶著他們到玩具區去玩一下，買完東西要結帳前，一定把玩具放回去，偶爾到朋友家，他們的小孩有玩具，我才會讓我的孩子一起跟著玩，等他們玩一段時間，就帶他們回家，他們有得到滿足就好。我的孩子還算是蠻乖巧的，從來不會跟我吵著說要買玩具，可能他們也從小看著自己的媽媽，也不會亂花錢買東西吧！我自己吃的用的方面也很簡單。至於小孩的衣服也儘量將就穿，能撿就撿，像我老大是男孩，老二是女孩，妹妹小時候也幾乎都撿哥哥的衣服穿，我沒幫她買過什麼新衣服，女兒的頭髮也是我自己幫她剪的，不花半毛錢所以我都幫她剪短短的，好像小男生一樣，我捨不得花錢買小孩子的衣服，因為小孩一下子就長大不能穿了，才穿沒幾次就要淘汰實在很浪費。曾有幾個朋友經常跟我說，小女生就要好好幫她打扮一下，不過任憑別人怎麼說，我還是有我的堅持，我認為要把錢用在刀口上，我有我自己的打算，雖然也不是買不起，但我認為要能省則省，無謂的錢就不要花。你很難想像，我孩子還小時，我母親還從臺灣寄布尿布過來給我孩子用，夏威夷這裡天天都有太陽，尿布洗了很容易乾，後來不用了以後來可以拿來當抹布，我當時連紙尿片都捨不得買！好不容易買一包紙尿布也用好久，除非不得已的情況，像是出遠門，我才讓孩子包紙尿布出門，如果沒尿濕，回到家我立刻把乾尿布拿下來。我是用布尿布把我兩個孩子慢慢拉拔長大的，哪有像現在的小孩這麼幸福，物質生活那麼享受，我自己一件衣服也都穿好久，穿到不能穿為止，總捨不得丟，因為我自己以身作則，所以跟別人相比，我的兒女們也很節省，不常亂買東西……

（受訪者 P 女士）〔註21〕

P 女士的先生亦對妻子的勤勉簡樸，十分肯定，他還特別提到，當初決定

〔註21〕 筆者於 2013 年 1 月 21 日在檀香山訪問 P 女士。

要和太太結婚，部分原因也是看到同爲傳統客家婦女的岳母，展露出勤儉樸實的特質。

與具有客家婦女特性的 P 女士，其丈夫 P1 先生說道：

> 我從我太太身上，眞的是看到她那充分展現典型客家人的性格，客家女人眞的很勤勞，什麼都肯做，又很顧家、任勞任怨且負責任，而且無論再怎麼累，我也從來沒聽她喊過苦，或是喊說自己累，我岳母也是這樣，以前我太太剛到這裡，每次她打電話給我岳母，總是都報喜不報憂，不給她家裡人擔心。她自己能多省就多省，總是把好的都留給別人，對工作也是百分之百投入，做到讓人無話可說，我都跟她說，不要工作到那麼拼命，但是她也講不聽，堅持一定要把事情做到最好，後來也因爲這樣，她有很多客戶都回來，指名要給她服務，因爲她的服務眞的是沒話說，所以客戶都非常信任她，而且還會再介紹更多客戶給她，我眞的沒有看過比她還要拼命的人。（受訪者 P1 先生）〔註22〕

P 女士也說，她自己的孩子也從小在耳濡目染的環境下，學到勤勉簡樸，對於外在物質生活不會主動去追求。她總是跟子女說，不要去跟別人比較，要懂得珍惜，所以孩子們也從來不會在物質條件上抱怨父母，讓她感到欣慰，她分享道：

> 我們這裡大部分的父母都會讓孩子去美國本土上大學，怎麼講……畢竟夏威夷大學還是比不上美國本土的大學名氣比較大，但是美國本土一些知名的大學，也不是想像中那麼好念的，而且獎學金也不太容易申請，很多朋友的子女去念了以後，念不下去，才又想再轉回到夏威夷大學來念，有蠻多一開始跑去本土念大學的要回來這裡念，都被拒絕，而且有很多在本土念的醫生，後來想回到夏威夷大學申請教職，都不太順利。當初我孩子要申請學校時，我就跟他討論過，後來我的孩子申請到全額獎學金，選擇進入夏威夷大學念醫學院，甚至後來他還獲得夏威夷大學到日本交換學生獎學金，那個獎學金每年全校就只有一個名額，競爭很激烈，後來我另一個孩子跟哥哥一樣，也得到那個獎學金，一樣去日本當交換學生一年，我那時候去日本看她的時候，她還拿錢說要給我花，她說自己根本花

〔註22〕 筆者於 2013 年 1 月 21 日在檀香山訪問 P1 先生。

不完……回想起來，我的孩子們真的很體恤我，如果一開始到美國本土去念，要花不少錢，我不是負擔不起，但是我孩子不跟別人一樣，選擇留在這裡念大學，反而完全不用花到家裡一毛錢，省下這大筆費用，我還可以將原本要給他們念書的錢，拿來做別的用途，以後留給他們用。現在孩子選擇夏大，對往後他們要留在夏威夷發展，會比較有幫助。很多人一開始都選擇跟大家走一樣的路，反而未必是好……（受訪者 P 女士）〔註23〕

旅居夏威夷多年的 L 先生，自小生長在純樸的客家庄，印象中父母一輩都是勤儉刻苦過日子的老實人，他覺得這是客家人一項很大的優點，他說道：

我剛到美國念書的時候，也經歷過一段很辛苦的歲月，因為一開始過來，我沒有申請到獎學金，是靠跟家裡跟一些親戚朋友先借錢，才讓我可以順利出來念書，我家裡一共有 8 個兄弟姊妹，當時我想出國心意很堅決，原本我是打算到日本留學的，後來因為申請到這邊的學校，就決定先來夏威夷。將近 40 年前，我還記得那時候美金兌臺幣的匯率是 1：40。有段時間，我為了想多省錢，天天都吃麵包配白開水度日，後來我為了要更省錢，去買米、熱狗和白菜，因為這 3 樣東西很便宜又很容易吃得飽，我都跑去 Chinatown 那買，尤其人家快收攤時，菜非常地便宜，買一顆可以分很多次煮，然後吃好幾天，我想出用白米加熱狗煮成白米熱狗湯，就這樣每天吃。我還記得有一次我在宿舍煮白米熱狗湯的時候，那時天氣很熱，我還脫掉上衣，突然我的一個室友跑進來，他很好奇問我說我在吃什麼，我跟他說我在吃白米熱狗湯，他聽完後覺得不可思議，天氣這麼熱，我怎麼吃這個，當時我覺得很難為情，聽說後來他跑去跟別的同學說這件事，我的指導教授輾轉從其他同學那裡得知我的經濟狀況不好，還私下把我找到他的辦公室，主動幫我申請工讀機會以及獎學金，我後來便靠著獎學金與工讀金讀完碩士，起初每個月我大概可以拿到 150 美金，後來慢慢增加到 320 美金，拿到錢後，不但我的生活問題解決，甚至後來還可以把多的錢寄回家，欠親戚的錢也很快就還清了，回想當初真的很辛苦，我到現在都還是很感謝

〔註23〕 筆者於 2013 年 1 月 21 日在檀香山訪問 P 女士。

那時教授的幫忙。（受訪者 L 先生）〔註24〕

另一位臺灣客家移民 W2 女士，也根據自己多年在美國觀察到客家人勤勉簡樸的特點，陳述如下：

> 我覺得客家人的特色，就是很勤奮努力啊！我在美國看到蠻多客家人奮鬥成功的例子耶，而且我發現，在美國的客家人，很多都蠻有錢的，好多客家人，他們都很會做生意，而且相當勤快、負責、刻苦耐勞，而且很照顧家庭，尤其是客家女性，很多都是很精明幹練的，像我的病人之中（受訪者從事看護一職），就有一些客家女性，以前她們都有自己的事業，事業做很大，很多自己開公司，賺很多錢，我也遇到過好多個客家人，在美國做房地產，經營地有聲有色，所以說人家講客家人勤勉刻苦，這一點我自己是很相信的。（受訪者 W2 女士）〔註25〕

來美國十餘年的客家鄉親 P 先生，提到客家人普遍勤勉刻苦，這一點他認為是其他族群比不上地，其看法如下：

> 我自己從小是在新竹竹東地區長大，那裡很鄉下，大家都很窮，我父母和家裡的長輩他們都是道地客家人，我們家裡兄弟姊妹很多，附近住的也幾乎都是客家人，我從小看到大部分的客家人都很勤勞，像我的父母，他們是在市場裡賣自己種的菜，所以每天都很忙，因為我在家中排行較小，小時候都是哥哥姐姐在帶我，印象中我父母幾乎都是一直在工作，很少看他們閒閒在那裡聊天，或是坐下來休息、睡覺，更不用說去哪裡逛，因為他們都覺得那很浪費錢，從小我們穿的衣服都是髒髒舊舊的，我知道那個時代臺灣普遍貧窮，物質條件都不好，大家都很節省，可是在我看來，尤其我再長大一點，更多接觸到其他非客家人後，我覺得客家人節省的程度，真的是比別人要更誇張，不過那是我個人的感覺啦！（受訪者 P 先生）〔註26〕

另外訪問到 2 名來自臺灣的非客家的移民，他們也紛紛表示，自己所接觸和聽聞過的客家人，的確有很高比例都具有這樣勤儉刻苦的精神，在外人

〔註24〕 筆者於 2013 年 1 月 26 日在檀香山訪問 L 先生。
〔註25〕 筆者於 2013 年 1 月 24 日在檀香山訪問 W2 女士。
〔註26〕 筆者於 2013 年 1 月 24 日在檀香山訪問 P 先生。

看起來是頗為辛苦，但他們卻很安於這樣的狀況。本次訪談中，有 2 名臺灣移民婦女，分享她們所觀察到的客家女性特質。一位受訪者是來自臺灣，目前居住在加州的 Y1 女士，偶爾會過來探訪住在夏威夷的姊姊，提到自己在美國接觸到的臺灣客家人，她說：

> 我有一個姊姊住在夏威夷很久了，我常從加州來這裡找她玩，我姊姊家附近有個鄰居就是客家人，就住在夏大（夏威夷大學）那邊，她很厲害，幾乎所有菜都自己種，還在自己家養雞。她年紀很大了，可是每天都還是在菜園裡忙來忙去，我姊姊經常會收到她種的菜，還有客家人不是很喜歡吃醃的東西嗎，她很會自己醃一些蘿蔔、酸菜……我看她年紀蠻大了，但是什麼事情都自己來，而且她一個人住，身體看起來也很硬朗，還是很有活力的樣子，真的很能幹。（受訪者 Y1 女士）〔註27〕

另一位 L 女士，也談到自己對客家女性的印象，相當深刻：

> 我有個長輩，他們家娶了一位客家媳婦，印象中她好像是來自苗栗還是東勢的客家人，我小時候我曾在這長輩家住過一段時間，我就發現到他們家的客家媳婦，每天都很早起床，不但把家裡打掃得乾乾淨淨，而且每天都要煮飯、洗衣服、收衣服，要做很多事，反正把家裡都打理得非常有條理就是了。長輩們對這個客家媳婦感到相當滿意，因為她很勤奮，任勞任怨，又很顧家，家人都待她非常好。後來我這長輩想要再幫他另一個兒子找對象時，這個客家媳婦就把她的妹妹，介紹給她的小叔，後來這們親事也成了，等於是兩姊妹共同嫁到同一個家族裡，我對這事印象很深刻，然後她們其他表姊、表妹們，後來也有一些嫁過來。所以給我蠻深刻的印象就是，客家人很懂得照顧自己的家族，有遇到好的對象，馬上想到要介紹給自己的親人，因為大家對這客家媳婦的表現十分肯定，後來長輩們聽到是客家來的女性，第一印象都很好，家裡都不會反對，因為覺得她們很勤快，嫁進來對家裡的幫助很大。（受訪者 L 女士）〔註28〕

本次受訪者中，有 3 位客家移民婦女，其配偶是非華人，她們共同提到

〔註27〕 筆者於 2013 年 1 月 25 日在檀香山訪問 Y1 女士。

〔註28〕 筆者於 2013 年 1 月 23 日在檀香山訪問 L 女士。

外國人對客家人的勤勉簡樸，相當地肯定。她們的另一半本身及家庭，對客家女性相當讚賞與肯定，C 女士說道：

> 我先生是韓國人，他是小留學生，很早就來美國留學，當他知道我是客家人後，他非常高興，而且我們只要有機會跟他朋友一起吃飯，他都很驕傲地跟別人介紹說：My wife is hakka，連我公公婆婆他們也常跟別人介紹說，我媳婦是客家人，我也不知道耶，韓國人怎麼會那麼喜歡客家人，我覺得他們可能就是對我們客家人很肯做，勤儉刻苦，任勞任怨這一點很肯定吧！（受訪者 C 女士）〔註29〕

異族通婚的 T 女士，也提到類似經驗：

> 我先生是美國白人，我婆婆當初知道我是客家人她很高興，好幾次跟他們一起去參加外國人的活動，她一直到處跟別人介紹我是客家人，我當時還蠻驚訝的，後來我發覺我在國外所接觸到的西方人對客家人的印象很好，也對客家很好奇，尤其是客家女性，在他們的觀念裡客家人很勤勞節儉，也很顧家，其實我們也不是做給人家看的，是從小看爸爸媽媽這樣做，我們就自然而然被影響了。（受訪者 T 女士）〔註30〕

來自苗栗的 W1 女士，亦分享了自己的經歷：

> 我先生是西班牙裔，他對我們客家很好奇，他還曾經跟我說他很想跟我學習客家話，他常說我們客家人很勤勞又很優秀，很久以前他就曾經跟我提過，鼓勵我在這裡成立客家社團，好讓大家來了解客家文化，他本身是個客家女婿，對客家人和客家文化都很肯定，他曾經跟我一起回去臺灣，對客家的事物他很有興趣。（受訪者 W1 女士）〔註31〕

由以上可得知，第一代的臺灣客家移民，對上一輩終日勤儉刻苦的印象仍相當深刻，他們生長的年代，大約介於 1950、1960 年代，當時臺灣經濟剛起步，許多第一代客家移民以務農為主，主要靠勞力才能賺取微薄收入；另外還有一些客家移民父母是擔任公務員，在當時收入也十分微薄，這些第一代客家移民生長的時代背景，物質條件相對匱乏，因此他們認為，若要改變

〔註29〕 筆者於 2013 年 1 月 21 日在檀香山訪問 C 女士。
〔註30〕 筆者於 2013 年 1 月 21 日在檀香山訪問 T 女士。
〔註31〕 筆者於 2013 年 1 月 21 日在檀香山訪問 W1 女士。

現狀，必須靠教育來提升社經地位，所以大多很願意投注金錢在下一代的教育上。

客家婦女是家庭的主要照顧者，而客家男性普遍以事業為重，在本次訪談中發現，客家移民把勤儉刻苦，視為是一普遍現象，也是一大特質，筆者發現，客家移民希望自己的下一代，能取得更高的學歷以謀求更好的工作，移民第一代是藉由勤奮刻苦，擺脫經濟的窘境，多數客家移民，都想讓自己的下一代在美國接受更好的教育，竭盡所能栽培孩子進入私立高中以及私立大學就讀；即使花費不低，客家移民在經濟基礎穩固後，依然持守勤儉樸實的生活態度，並且將金錢投資在下一代的教育上，這部分筆者會於在下一節中做更進一步的說明。

在受訪的檀香山客家婦女中，無論是全職或是兼職，均有自己的工作或事業，受訪者普遍為職業婦女，而且心態上，客家婦女在家庭與事業兩者間，常是將家庭置於優先。甚至事業相當成功的客家女性，仍很堅持下班後一定要親自為家人料理晚餐，並視為理所當然。客家移民的刻苦勤儉，是代代相傳的，不追求過度刻意的物質享受，有的客家移民說，小時候家裡嚴格要求不能浪費，所以飯菜一定要吃完，不能有一絲剩餘；而且平常家中很難能吃到什麼特別的菜餚，只有在逢年過節等特殊節日，或是有客人到家中作客時，菜色才會比平常豐富些。在客家環境中，父母一輩乃至於家族其他成員，都是如此勤勉刻苦，在潛移默化下，他們自然而然培養出簡約樸實的生活態度，也希望自己能在下一代面前，做出良好的示範。

此外，根據受訪者 P 女士的分享，她認為客家人常常會將好的東西留給別人，自己能省則省，她提及小時候一有客人到家中作客，長輩們總是會準備比平常加倍豐盛的菜餚，盛情款待客人，讓她印象相當深刻。此外一般人對客家人總是辛勤勞動的印象很深，認為客家人即使後來很有錢，也不浪費在無謂的事物上或是恣意揮霍，而且客家人也希望下一代能繼續保有這樣的美德。

客家家庭時常聽到的家訓即「省一分錢就是賺一分錢」，傳統客家人屬行節儉務實、能省則省的精神，客家諺語也常說「一人省一口，能畜一條狗」、「有時省一口，無時有一斗」、「小富由儉，大富由天」〔註 32〕，以上幾位受

〔註32〕〈運用客家文化培養才德兼備人才〉，《客家雜誌》，臺北：聯亞出版社，1983年，頁 17。

訪者最初移民海外時，就是本著寧可「儉約生活」、「咬薑綴醋」，也要撐下去的客家精神，靠著一己力量逐漸累積起財富。

第三節　重視教育與家庭

　　客家人生活在偏僻貧瘠之處，卻能夠成為一個文物豐盛、人才輩出的地區，與客家人向來重視教育，有著密不可分的關係。據客家研究學者張奮前研究的，他認為客家人十分注重教育，是基於下列四個因素：首先，客家人在自然環境的限制下，必須具備基本生存的能力，另外為了進一步強化其競爭能力，因此客家人相當重視下一代的教育。早在滿清時代，客家大本營嘉應州就已遍地設有私塾，除了極少數的例外，居民必須受過幾年的教育才能外出謀生。在鄉間，一般人所敬仰的不是家資鉅萬的富翁，而是文質彬彬的名流學者。這與現代重視權勢及財富的工商社會，是完全不相同的。在鄉間的客家人，在凡是「字墨」較佳的人，只要品德不差，在鄉村中必居於較高的地位。做父母的為了維護祖先聲譽，以及使子女能在族中居於優越地位，對子女的教育十分重視，因此在客家人分佈的地區教育普及逐漸成為自然趨勢。

　　辛亥革命以後，嘉應一帶文風益盛，各級學校有如雨後春筍般出現，盛極一時。在抗戰時期，僅梅縣一地，全縣計有小學 647 所，學生年近 6 萬。高初中男女師範及職業學校亦有 30 餘所，畢業生年逾數千人。大學則過去有嘉應大學，後有南華學院。「負笈國內大學，所在如鯽；遊學東西二洋，如水赴壑」（見嘉應州志）。梅縣為全國學校最多的一縣，而且大部分學校都是私立，足見私人辦學，已蔚為風氣。興寧、五華、平遠、蕉嶺等縣，學校雖不如梅縣之多，但為數亦甚可觀，與中國其他縣份相較，遠超出一般水平之上。其他如民眾教育館，圖書館及公共體育場，亦普遍設立而且甚具規模。客家地區教育普及的原因，有賴於政府扶植者少，得力於民間自動倡導者多。〔註33〕

　　其次，客家在南洋各地經商的人甚多，而他們鄉土觀念又重，賺了錢一定要設法匯回自己的家鄉。家裡有了錢，除了購置田產，建造房屋以外，沒有其他事業可資經營，於是捐資興學成為既能實際興學又能獲得名聲之美

〔註33〕陳運棟，《客家人》，臺北：東門出版社，1978 年初版，頁 388。

事。所以只要有人有倡導，創辦一所學校並不是困難的事。且有許多富有僑
商，獨資創設學校，而以自己名氏做爲學校命名者眾。這也是客家人重視學
術，崇拜學人之明證。第三是客家人所處的環境是山多田少，且多貧瘠之地，
他們雖多從事農業，然不能完全依靠務農維生。成年男子，每多向外發展。
在清代以前，往南洋各地謀生者不少，民國以後，則多從事軍政學界。客家
人的一般的觀念認爲，讀書是謀生的必要途徑，因爲讀書風氣之盛，造就人
才自然較多。尤其客家知識份子，在近代中國社會佔有相當地位，更激發他
們讀書向上的精神。所以客家人文發達，與其所處地理環境互有相關。

最後，客家人宗族觀念發達，也是促進人文進步的重要因素。客家人對
於所謂敬宗睦族，顯親揚名，光前裕後的思想極爲普遍。這種家族思想發達
的結果，做父母的，莫不希望自己的子弟能按部就班地讀書應試。這樣一來
讀書風氣就更加濃厚了。不僅如此，客家各宗族，往往置有學田，將田租收
入，撥爲子弟讀書的補助費用。由於上述四種因素，粵東客家居住地區，不
僅沒有受到交通不便的束縛；相反地，正因爲自然條件的不足，反而激勵了
他們奮勇向上積極進取的精神。〔註 34〕許多客家人刻苦自勵，考取功名，但
也因爲表現過於突出，引起其他族群的不滿，甚至差點造成客家與其他族群
間的衝突，在清代這種情況屢見不鮮，顯示客家人在讀書應試上總是能夠力
拼到底。〔註 35〕

客家人具有較重視教育的族群特質，傳統的理想生活境界是"晴耕雨
讀"、"詩書傳家"；客家人珍惜文字，尊重有學識的讀書人，敬重文明，
成了歷代相傳的古風。客家人是個遷徙的族群，由於長期生活在困苦的環境
中，深知要改變現狀，最好的辦法就是讀書，求取功名以出人頭地，因此客
家人視文化知識爲生存競爭的主要手段，所以文風鼎盛，人才輩出。〔註 36〕
有許多客家諺語就表達了此種意義，如"有子不讀書，不如養大豬"、"不

〔註 34〕 陳運棟，《客家人》，臺北：東門出版社，1978 年初版，頁 387～389。
〔註 35〕 〈客家人的個性〉，中國僑網，參閱網址：http://big5.chinaqw.cn:89/news/200904/
15/159550.shtml，參閱日期：2015 年 4 月 27 日。
〔註 36〕 「耕讀傳家、晴耕雨讀」是客家人重視教育的寫照，早期客家先民爲培養子
弟廣開書院，即使生活艱困，也不輕忽子女教育，歷來教育發達、博士輩出
的地方，往往都在客家庄。客家子弟努力讀書，只待他日考取功名光耀門楣，
苗栗文昌祠（英才書院）有「開中門」傳統，是士子無上榮耀，近年來這項
傳統也擴展到頭份永貞宮，苗栗縣政府還官辦「士子開中門」以獎掖文風。
〈耕讀傳家，士子開中門最榮耀〉，《聯合報》，2010 年。

讀詩書有目無珠"等，還有傳統客家童謠歌詞提到「蟾蜍婆，蟾蜍婆，羅咯羅，唔讀書，無老婆」，過去許多客家婦女，不斷告誡家中男孩，要努力讀書出人頭地，為了賺取學費，即使再苦也要掙錢，客家婦女也希望將來能嫁給讀書人。臺灣客家人在戰後 60 年來，能夠憑其對教育的重視，以較高的教育成就來改善其社經地位，亦為最佳寫照。〔註 37〕

　　過去不少中外學者在其研究中，指出客家人相當重視教育的特點。客家孕育出相當多優秀的人才，美國天主教神父百爾德爾（Dyer Ball）在嘉應州傳教多年，著有「客話易通」（Hakka made easy）與「客家淺句」（Easy Sentence in the Hakka Dialect）兩書，書中有這般描述：「客家祖先之經歷變亂，流離轉徙，老弱已淘汰，存者均屬少壯，此乃中華民族之精華。彼等將其刻苦耐勞優良經驗傳與子孫，因此，現在客家人均具有一種聰穎堅強之特性，求知慾因之隨而發達，吾人關於各地中大學之學生成績，客家學生常列優等，進而獲選公費留學歐美日本者，更佔較高之百分比。」〔註 38〕

　　客家人為富有民族意識的一個族群，他們之所以能夠發展至今，也正因為他們具有這些特性，而這些特性的構成，有些外國學者，則認為是直接受制於客家人的重視教育工作。如「美國國際百科全書」（The new International Encyclo）中，介紹客家人有這樣的一段記述：「客家是中華民族最優秀的民族之一，教育普及為全國之冠。」〔註 39〕法國天主教神父賴查理斯（Ch. Rey）在他 1901 年所著的「客法辭典」（Dictionaire Chinois-Francais Djalecte Hacka precede de Quelques Notions et exercise sur les tons. Par ch.Rey. Missionaire Apostolique du Kouangtong. Hongkong Imprimerie de la Societe des Missions Etrangeres 1901）有一段文字相關客家人重視教育情形的描述：「在嘉應州這個還不到 3、40 萬人的地方，我們隨處都可看到學校的創設，一個不到 3 萬人的城市中便有時間中學和數十間小學，就學的人數幾乎超過了全城人口的一半。在鄉下每一個村落儘管那裡只有 3、500 人，便有一個以上的學校。因為客家人每一個村落裡有祠堂，也就是 7、8 間學校。按照人口的比例來計算，不但中國沒有一個地方可以趕得上，就是與歐美各國相較之下亦不多

〔註 37〕　〈細說文史——耕讀傳家〉，新竹市政府客家網，參閱網址：http://hakka.hccg.gov.tw/web/SG?pageID=24424，參閱日期：2015 年 4 月 27 日。
〔註 38〕　陳運棟，《客家人》，頁 20～21。
〔註 39〕　轉引自蘇兆元，〈國際人士心目中的客人〉，《中原文化叢書》第 4 集，苗栗：中原苗友雜誌，1978 年，頁 109。

讓。」〔註40〕

　　自19世紀中葉起，大批移往夏威夷的客家移民，已相當重視下一代的教育，因此客家移民很快在夏威夷嘗試建立開辦學習班。由於早期來到夏威夷的客家人，幾乎都是基督徒，這些教育多半是在華人教會下進行。後來一些傳教士在教會學校裡附設華文班。1882年，夏威夷政府的報告中已提及由教會興辦的華童學堂（Chinese Children's English School）。1883年，傳教士達蒙牧師推動基督教青年會，聘請舊金山牧師薛滿興（Sit Moon）來檀香山主持福音堂書室的中文班，但兩年後就停辦了。之後，一些熱心的教友再組織尋真書室，不數年也停辦。1887年刁俊卿牧師又倡設聖彼得小學堂，後來在1930年代，這是火奴魯魯唯一以客方言授課的學校。〔註41〕在本論文第二章中所提及的夏威夷土生客家華人第二代威廉葉桂芳，在1918年發起運動，要求將當時夏威夷農科機械大學改組為綜合性的夏威夷大學，由於他的努力，促成後來夏威夷大學成立，使夏威夷華人能更順利地留在當地追求高等教育。二次大戰前，夏威夷大學的華人比例超過美國本土任何一所大學。對華人能在夏威夷進入專業階級，有卓越貢獻，顯現客家人注重教育的傳統依舊延續。

　　客家人不但重視教育，亦較其他族群更早打破傳統重男輕女的觀念，尤其客家在受到西方基督教思想後，在早期夏威夷客家移民家庭中，也有客家女性在接受良好的教育後，成為優秀的專業人才的例子。例如大學華人婦女會（Associated Chinese University Women）的成員梁芙玲（Ellen Leong），她是1901年出生於可愛島（Island of Kauai），她的父親是來自廣東的客家人，父親讓她與姊姊學習鋼琴、小提琴等。後來搬到檀香山後，梁芙玲進入當時的麥金利（McKinley）中學就讀，爾後她進入密西根大學就讀醫學，1年後又轉往芝加哥大學，1927年她取得醫學學位。〔註42〕

　　客家人是一個聰明的民族，許多著名學者均屬於客家血統。例如，客家大本營的廣東嘉應州（今梅縣），在各朝代提供了為數不少的專業人才和皇帝官吏。儘管不斷地遷徙、長途跋涉，客家人在中國少數民族中識字率最高，佔80%，在臺灣客家人的識字率更是高達98%，另外，客家人在臺灣的高普

〔註40〕 陳運棟，《客家人》，頁22～23。
〔註41〕 麥禮謙，《從華僑到華人：二十世紀美國華人社會發展史》，頁50。
〔註42〕 May Lee. Chung, Dorothy Jim. Luke, ed.,*Chinese women pioneers in Hawaii* (Honolulu: Associated Chinese University Women, Inc., 2002), pp. 9~10.

考及格者中也佔有很高的比例。〔註43〕

　　歷史上曾出現過不少客家人對當時國家造成一定程度的影響，就這一點，必須歸因於客家人向來很注重教育。尊師重道是其傳統，讀書是做人的絕對責任。客家人將自修和接受教育等價值觀，灌輸給下一代，代代相傳。許多客家知識份子，名列世界學者之林。他們常以自己祖先的文學成就為榮，很多著名的文學家在東方文學歷史上，亦佔有一席之地。在 20 世紀的臺灣，著名作家中，客家人亦佔多數。從文化教育的角度來看，客家人、福佬人、日本人和韓國人，深深受到儒家文化的影響，諸如：家庭關係、教養子女的方法、重視教育及尊師重道等等，他們都相信教育是能提升經濟和社會地位的最佳方式。

　　由於 1965 年起美國移民政策強調以吸收專業人才為重，於是受過高等教育、具備科技專長的人才便成為華人移民的主流。臺灣客家留學生和專業人士也有相當的人數在此時赴美，他們之中不乏具備醫藥、工程、技術等方面的人才，學成之後大部分也成了美國社會中的菁英分子。著名的量子化學家潘毓剛即在臺灣大學畢業後赴美深造，並成為波士頓學院（Boston College）終身教授。他在 1972 年創立了先進的計算「夫克蘭──康登因子」（Franck-Condon factor）的漸進方法和微觀化學動力學的理論，聞名世界。著名的《美國科學家名人錄》、《世界教育家名人錄》等都收錄了他的傳略。另一位國際著名數學家丘成桐，22 歲即獲得美國加州大學柏克萊分校（University of California, Berkeley）博士學位，並於 1983 年獲得數學界的「諾貝爾獎」──菲爾茲數學獎（The International Medal for Outstanding Discoveries in Mathematics），及 1997 年獲美國科學界最高榮譽「美國國家科學獎」（National Medal of Science Award）殊榮。這兩位傑出人士都是客家人。另外，像是哥倫比亞特區大學教授、美國華僑史研究學者沈已堯，美國太空院士、工程師劉迪華，美國核子學會會員暨高能物理專家羅逐年，以及當年以飛虎隊文明的陳納德（Chaire Lee Chennault）將軍的夫人──美國華裔共和黨政治家陳香梅女士等，都是國際間具有相當知名度的客家華人。〔註44〕

　　1980 年代以前，臺灣移民大多是以留學生身分進入美國，這是當時最容

〔註43〕江運貴著，徐漢彬譯，《客家與臺灣》，臺北：常民文化，1996 年，頁 185。

〔註44〕李幸紋執行主編，《深耕躍動──北美洲 22 個客家精彩人生》，臺北市：客家委員會，2012 年，頁 21～22。

易進入美國的方式。在本次受訪的臺灣客家移民中，以留學方式赴美的佔了一半以上，最早的甚至在 1940、1950 年代就來到美國留學，後來長久居留下來的。根據 1980 年的統計，當時美國華人從事教育、科學研究、工程、醫學、會計等專業人員已經超過 15 萬人，約佔華人總數的五分之一，其中擔任教職和工程師的比例相當高，由此可見 20 世紀後半葉，新一代華人移民與上一代移民已大不相同。如今具有高知識的客家人遍布於全美各地，尤其以紐約、洛杉磯兩地最爲集中，其他如舊金山、華府、達拉斯（Dallas）、休士頓（Houston）等地也有爲數眾多的高知識客家移民。今日在美國的客家人，不僅學歷高，並有許多在數學、自然科學、科技界擔任重要工作。此外，在投資服飾業、旅館業、房地產等產業的成績也出類拔萃〔註 45〕，與過去被隔絕在美國主流社會下的早期華人，已大不相同。

受訪的臺灣客家移民，選擇到美國留學的因素，大致可區分爲兩種類型，第一種類型主要是受家庭因素影響而赴美留學的移民，這些移民的父母輩都具有一定程度的教育水準，因此對其子女教育也會加以重視，且此類型移民的父母很早就到大都市去發展，因此盼望子女有機會接受西方教育，他們十分鼓勵兒女出國留學；另一類種類型則是移民本身高度嚮往留學，這一類型的移民，希望尋求自我突破，對於留學懷有強烈慾望，他們從小在純樸的客家農村環境中成長，因此相當渴望有機會到美國開拓眼界、自我增進。本次受訪的 20 位臺灣客家移民中，全數受訪者在他們赴美前，均已完成大學程度以上的教育，有超過一半受訪者的父母的社經地位，都屬於在中產階層以上。

訪談中，亦有探討到客家移民的家庭關係，就他們與上一代的互動，以及和臺灣親友的互動情形作概況了解；進而就受訪者陳述其原生家庭對其往後赴美留學的影響；以及自己對下一代的教育理念及實行，和客家人重視教育與家庭觀念等，就以上 3 方面問題，請客家移民表述其看法。在教育部份，第一代臺灣客家移民本身都有受過良好的教育，移民美國後會盡其所能讓下一代接受到更好的教育。有許多人當初也是爲了想繼續到美國開拓視野，而以留學生身分赴美，後來繼續留在美國發展。就本次受訪資料的分析結果來看，不乏客家女性受家中栽培而獲得高學歷的例子，在對下一代教育的重視上，由於客家女性在家中負擔較多起居照料及子女教育的工作，因此對子女

〔註 45〕李幸紋執行主編，《深耕躍動——北美洲 22 個客家精彩人生》，頁 22～23。

教育的安排，多半由客家女性為主導，客家男性在這方面居於較其次的地位。如 H 女士表示：

> 因為我祖母是日本人的關係，我的叔叔伯伯和我的父親都會講日語，而且我們家族裡面後來有很多到日本去留學，有的來美國念書，學歷幾乎都很高，好多個碩士博士，我也不知道為什麼，我想可能跟客家人比較肯用功又夠聰明有關吧！所以書都念得不錯，而且我所認識的客家人，很多日文都講得非常好，我小時候是跟我奶奶住，所以我本身也會講日文，本來我也是要去日本唸書的，後來在夏威夷找到我想念的課程，加上這裡日本人多，所以就過來這裡讀了。（受訪者 H 女士）〔註46〕

C 女士對孩子的教育，其看法如下，她說道：

> 我老大現在要去美國本土念大學了，老二還在念高中，明後年也準備上大學，我當初都讓他們去讀這裡的私立學校，這裡的華人父母，比較重視小孩的功課，大部分都會想辦法把小孩送到私立高中，小學應該還會念公立，但是大概小學五、六年級以後，差不多我們國中階段，就會想辦法送去私立學校，因為公立的水準還是比不上私立的。私立學校考試功課很多，課業壓力很大，要成績很好才能申請到美國知名的私立大學。我們的孩子還不是送去最貴的私校，這裡最貴的私校，一學期就要兩萬美金來讀，我讓他們去念第二貴的，負擔少一點，再過一、兩年我的小兒子也要去美國本土念大學。這裡的父母還要讓孩子學很多才藝，什麼音樂、美術、體育等很多，所以小孩也有很多事情要忙，因為美國這邊的學校不只是注重課業，還很重視你有沒有常常參加一些活動，所以在我看來也不輕鬆。至於孩子念什麼，我跟我先生是都沒什麼意見，我尊重他們的興趣，像我老大想念政治方面，我對這方面完全不懂，他自己對這方面很有興趣，只要他以後能夠謀生找得到工作就好。（受訪者 U1 女士）〔註47〕

T 女士和先生領養了 3 個孩子，對下一代的栽培也是相當注重：

> 目前我最大的孩子已經在念碩士、老二在本土念大學，老三目前還

〔註46〕筆者於 2013 年 1 月 18 日在檀香山訪問 H 女士。
〔註47〕筆者於 2013 年 1 月 28 日在檀香山訪問 U1 女士。

在夏威夷念高中，這裡的小孩大部分都是大學以後，就會往本土去，很少會繼續留在這裡念。我希望他們都能受到大學以上的教育，將來才好找工作，客家人還是很注重讀書的吧！我先生是美國白人，他們比較不像我們那麼重視文憑這方面，他們外國人的觀念比較自由開放，覺得孩子也不一定都要念大學，可是我會幫我孩子留意每個學校的狀況，可以的話就讓他們去念私立的，因為讀公立學校，很難申請上什麼好大學，不過缺點就是學費很貴，目前我三個小孩都在念書，加起來的花費可不小，我投資蠻多錢在他們的教育上。（受訪者 T 女士）〔註 48〕

W2 女士自己也談到：

我自己只有一個孩子，目前在美國本土念大學，我還有一個姐姐，她是嫁給這邊的夏威夷土著，他們夏威夷土著是比較沒有那麼注重孩子的教育，可是我姐姐的孩子，後來都有念到大學，現在還在聯邦政府底下做事，工作都很不錯。（受訪者 W2 女士）〔註 49〕

由於華人教育程度的提升，大幅改變了移民的素質。依據 2005 年美國移民研究中心（Center for Immigration Studies）的移民狀況研究報告顯示，華人移民教育程度已不斷提升，並且高出平均水準，有 57.6% 的人接受過大專以上的教育。極為重視傳統文化的客家人，對子女的教育也非常注重，他們深信通過教育，才能使下一代跳脫貧困的環境，擁有更好的未來；因此日子過得再苦，他們也不放棄任何讓子女受教育的機會。〔註 50〕在本次受訪者中，所有客家移民的子女都已接受到大學以上教育，目前子女年幼者，未來也會朝向至少受到大學以上教育的目標而努力，幾乎所有客家移民都十分鼓勵下一代，努力進入美國幾所高知名度大學就讀。所以在子女的教育上，他們願意投資許多金錢和精力，期許在美國出生或成長的下一代，未來能夠在美國社會有更好的發展。

在與親友的互動部分，第一代客家移民對家庭觀念普遍重視，他們很在乎與家人的相處，特別是與下一代之間的互動。另一方面，部分第一代客家移民與臺灣親友仍保持密切的聯繫，受訪者普遍認為過去家庭帶給他們很深

〔註 48〕筆者於 2013 年 1 月 21 日在檀香山訪問 T 女士。
〔註 49〕筆者於 2013 年 1 月 24 日在檀香山訪問 W2 女士。
〔註 50〕李幸紋執行主編，《深耕躍動──北美洲 22 個客家精彩人生》，頁 22～23。

刻的影響。W2 女士分享當初會移民到夏威夷的原因：

> 我姊姊先過來夏威夷，1970 那個時候吧！後來我姐姐嫁給這邊的華人，我姐夫是本地中國人與夏威夷人混血的華人，後來姊姊幫我媽媽申請，也幫我和我弟弟一起申請，現在全家都過來夏威夷居住了，我來的時候是 1982 年，我們屬於親屬移民，我們現在都住在附近，我媽都 80 多歲了，她也很喜歡這裡，她非常適應，我們兄弟姊妹幾乎都在這邊，所以我們大概都不會想回臺灣了，這裡生活都很習慣了，我姐姐會陪我媽媽回去臺灣看親戚，大概兩年一次，我很喜歡我媽煮的客家菜。（受訪者 W2 女士）〔註51〕

H 女士也說道：

> 我有兩個孩子，他們高中以前都在夏威夷，我有好幾年都是全職媽媽，後來我有在教中文，因為剛好那時候我的孩子也要學中文，他們的中文程度，普通的聽和說，應該都還可以溝通，寫的部分可能就比較沒那麼行。目前我有個孩子在臺灣念大學，我先生也在臺灣，他們是去年才回去的，等大學畢業後，未來應該是會回到美國再繼續念研究所，以後的工作應該也會是這邊，畢竟他們是在夏威夷這裡出生、長大，他們留在美國發展，對他們也比較好。（受訪者 H 女士）〔註52〕

P 先生談到他嚮往到美國生活的原因：

> 我自己是從小就生長在很傳統的客家庄中，那裡的客家人，幾乎都是很純樸、很老實，可是我從小就感覺到那種封閉，因為我大部分的親友都不會想離開家鄉，我是家裡最小的，像我哥哥姊姊他們，比我年長很多，他們現在都還是住在竹東附近，做小生意，怎麼講，很安分守己吧！我很小的時候就對那種西洋的畫，還有那種西方美學的東西，很敏感，也很自然而然會想去多接觸，小的時候我常去鎮上的圖書館看那些東西，還有我看電視上那些西方影集，就很嚮往，就覺得那就是我想要的生活。等到我後來接觸了西方基督教後，又受到他們很大的影響，因為我從小很嚮往西方式的生活，想開闊自己的視界，雖然我家人都很反對，但我那個念頭一直都很強烈。

〔註51〕 筆者於 2013 年 1 月 24 日在檀香山訪問 W2 女士。
〔註52〕 筆者於 2013 年 1 月 18 日在檀香山訪問 H 女士。

　　所以我後來獨自一人決定離開家鄉到臺北，後來是有牧師幫忙我，
才來美國讀書，我一開始就是來夏威夷，後來又到美國大陸去，走
了好多地方，幾年前才又回來夏威夷這邊找朋友。我來美國已經二
十幾年了，回頭看自己的兄弟姊妹，他們幾乎都沒有受很高的教育，
也一輩子都不想離開家鄉，我感覺他們追求的是安份守己，跟我不
同，所以我現在回去，很難跟他們分享我在美國所經歷的，不過對
我來說，能夠來美國看看，而且生活了那麼久，雖然中間有挫折，
但是我覺得自己是還蠻幸運的。（受訪者 P 先生）〔註53〕

　　第一代臺灣客家移民，大多是小家庭型態，普遍來說他們與孩子之間的
聯繫是相當緊密的，且臺灣客家移民，幾乎都很重視子女的教育，受訪者普
遍認為子女若是在美國受到好的教育，將有助於他們未來的發展。1980 年代
以前美的第一代客家移民，無論男女在移民前幾乎都擁有大學以上的學歷，
當時臺灣社會能夠擁有專科以上學歷者，仍屬少數。根據訪談資料分析後發
現，這與移民家庭背景有密切關係，其中有兩位移民的父親是從事醫業擔任
醫生一職，另一位其父親是擔任高階公務員，本身均屬高階知識份子，因此
在這樣的家庭背景中，較能夠重視到子女的教育。超過半數的受訪者，在移
民前曾有在臺北等大都市生活、讀書、或是工作的經驗，在強大的文化刺激
下，刺激他們對知識與生活品質的強烈渴求，進而選擇赴美發展。

　　旅居檀香山 40 多年的范純教授，就是一個最佳的例子。她生長在書香世
家，父親是大學教授，對子女的教育相當重視，教育採開放方式，因此范純
自臺灣師範大學史地系畢業後，就負笈前往美國加州大學洛杉磯分校
（University of California, Los Angeles，簡稱 UCLA）就讀歷史研究所。這在
當時經濟不甚富裕的年代，女孩子還可以出國讀書，可謂相當難得。范純也
深自慶幸自己雖然是客家人，心靈開放自由的父親卻毫中國傳統向來重男輕
女的觀念。范純說，夏威夷的客家女性，不僅進大學念書，還積極地參與教
會和社團活動，最後甚至進學校教書。現在夏威夷的「大學華人婦女會」，就
是由一群受過大學教育的女性所組成的團體，其中有很多當過教師的客家女
性。不過，隨著時代演變，女性的觸角愈見廣泛，在過去，受過教育的女性
多半從事教職；現在則不然，女性擔任醫生、律師、工程師者比比皆是。范
純進一步指出，從歷史的觀點來看，因為戰亂及政治的關係，導致客家男性

〔註53〕　筆者於 2013 年 1 月 24 日在檀香山訪問 P 先生。

四處躲藏，在元朝時，因政治因素，朝廷追殺客家人，那時的客家男人只好躲藏在家中，反而是客家婦女一肩挑起了操持家務與經濟的重擔，客家婦女勤苦耐勞的形象，就是因此而深植人心的。〔註54〕

在家庭型態上，由於一開始臺灣客家移民大多是獨自一人前來美國留學，訪談案例中，許多人是到美國後才結婚建立家庭，因此幾乎很少有「分離家庭」〔註55〕之情形。一開始是第一代移民與未成年子女居住為主的形態，其子女數平均是 2～4 名，隨著子女成長選擇到外地念書、就業，甚至成家以後，第一代臺灣客家移民家庭，會自然轉變為以夫妻雙方為主的核心家庭型態。有超過半數的受訪者其第二代是在美國出生，有 4 位受訪者已有第三代，這些第三代的臺灣客家移民後裔全數是在美國出生。至於與臺灣親人的互動情況因人而異，根據訪談結果大致可分成三種類型。

第一種是與臺灣親友仍有頻繁互動，這一類型的移民，主要多為已退休或半退休狀態，且子女多已成年離家，到外地生活，因此第一代移民有較多的時間，只要是身體仍健壯，加上自己本身或配偶的父母還健在，或是臺灣還有不少親人，他們的返臺意願及次數因此增加；第二種情況是已有很長一段時間沒有返臺，未來返臺機率會越來越低者，這類型移民平均已有超過 5 年以上沒有回臺，有些甚至超過 10 年以上，造成此種原因主要有二，一是移民已將父母輩接過來一起居住，或是藉由親屬移民方式，其兄弟姊妹等至親目前幾乎都已經在美國發展；二是移民時間已久，自己本身年事已高，身體狀況不堪長途飛行，因此返臺意願逐漸降低。最後一種情況，則是已有一段時間沒回去，但心中還是會想回家鄉看看，這一類型的情況有二：一種是因當初自己堅持要出國，未獲得家中支持，後來因為思鄉之故，心中萌生返鄉念頭；另一種是因現階段處於工作忙碌，或子女年幼須照料，所以已有好一段時間，因此暫時無法返臺，這類受訪者表示他們一直心繫在臺親友，只要一有時間，他們就會安排時間回臺探親。

大多數的臺灣移民家庭屬於小家庭型態，與自己的子女有密切的互動，甚至已經有第三代的移民，雖然不常看到孫子、孫女，但仍舊相當關心他們的生活。另外，在時間精力允許的情形下，第一代客家移民也願意返臺走走，

〔註54〕 筆者於 2013 年 1 月 24 日在檀香山訪問范純女士。

〔註55〕 所謂「分離家庭」主要是指夫妻雙方，或是父母與未成年子女之間，在移民過程中分隔兩地之情形，通常多為夫妻雙方或是其中一方留在臺灣工作以負擔經濟，而其子女留在美國就學與生活。

以下簡述訪訪談內容：

> 我大概每隔一、兩年就會回去臺灣，看看親人，走一走。（受訪者 P 女士）〔註56〕

L 先生則是說：

> 我的父母已不在了，不過我很多兄弟姊妹，尤其我會回去找我弟弟，每次回去我們就會用客家話聊天，他還會帶我去吃客家菜，很懷念那個味道。（受訪者 L 先生）〔註57〕

P 先生則說：

> 我會想回去啊！畢竟那還是家鄉，出來這麼久了，就像遊子一樣，也是會想回去看看，只是那種心情也很奇怪，回去也不知道跟他們聊什麼，感覺好像有一種莫名的阻隔。（受訪者 P 先生）〔註58〕

G 先生說：

> 我現在是一個人在夏威夷，回臺灣喔！有啊！我有在想要回去，畢竟出來很久了，回去看看有沒有什麼變化。（受訪者 G 先生）〔註59〕

F 女士說：

> 我現在年紀大了，孩子、孫子都在美國，他們有時候會回夏威夷看我，有時候我也會去找他們，我回去也是我一個人。主要是我年紀大了，要坐那麼久的飛機感覺蠻吃力的，而且臺灣只剩下一個姊姊，已經沒有什麼親人了。我們偶爾還會聯絡，其實我也不清楚她住在臺北哪裡。

　　第一代夏威夷臺灣客家移民，其生活重心多以家庭為主，尤其是與自己的子女互動相處最為密切，與接下來的第三代或是臺灣親人之間，則呈現出一種情感上的聯繫，如 H 女士表示：

> 我先生和兩個小孩現在都在臺灣，我兩年前回來的，本來我是有要在臺灣住一陣子的，因為我孩子在臺灣讀書的關係，不過我實在很不適應臺灣的生活，所以我又回來了。我目前是一個人在這裡，不過我常跟孩子透過網路聊天，彼此通電話，每隔一段時間我也會回去看看，他們一放假就回夏威夷，所以感覺還是常常在一起！（受

〔註56〕 筆者於 2013 年 1 月 21 日在檀香山訪問 P 女士。
〔註57〕 筆者於 2013 年 1 月 26 日在檀香山訪問 L 先生。
〔註58〕 筆者於 2013 年 1 月 24 日在檀香山訪問 P 先生。
〔註59〕 筆者於 2013 年 1 月 23 日在檀香山訪問 G 先生。

訪者 H 女士）〔註60〕

L 先生表示：

> 我一個女兒結婚了，她現住在廣州；另一個孩子目前在芝加哥工作，夏威夷這裡就我跟我太太兩老而已，他們有時會回來夏威夷看看，或是我跟我太太一起去找他們玩！我目前還有工作，我太太已經是完全退休在家，他們比較常打電話回來找他們的媽媽，也會寄電子郵件給我們，過一陣子我要去東南亞開會的時候，打算到廣州去看看我女兒和我孫女。（受訪者 L 先生）〔註61〕

P 女士說：

> 我覺得自己沒什麼特別之處，跟一般平凡的家庭主婦一樣，每天面對的就是柴米油鹽醬醋茶。我每天眼睛一張開就是投入在我的工作中，因為我有自己的 Business，我是做房地產的，我必須到公司處理一些事。我沒有請員工，所以基本上是我自己管理所有房地產，感覺我每天都很忙碌。我平常很早就起床工作，到了晚上差不多八點左右，我就要準備休息了，我已經習慣早睡早起。平常我們很少外食，我在自己家裡種一些菜，我也自己養雞，所以我們家吃的蛋一定都沒有打抗生素的，自己種的菜，也完全沒有噴任何農藥。我還從臺灣帶了我媽媽做的菜脯來，有時間的話，我自己也會醃一些。我們平常都吃得很簡單，我也沒有特別煮什麼客家菜，我煮什麼他們就要吃什麼，而且都要吃完不能浪費掉。我很霸道，不允許別人批評我的菜，因為我覺得我已經煮得很辛苦了，不想再聽到別人說不好吃……我女兒目前還在念大學，她今年去日本當交換學生一年，之後還會回來夏威夷大學繼續念，所以夏威夷這裡目前就是我和我先生兩個人。至於我兒子和我媳婦現在住在加州，我媳婦也是臺灣人，最近他們剛生了一個小寶寶，我現在在幫他們找一個合適的褓姆，希望可以住在他們家，幫他們 24 小時照顧。他們兩夫妻現在都是實習醫師，工作很忙碌，而且從他們住的地方開車去最近的褓姆那，至少要一個小時。所以，我最近一直再幫他們打聽，希望能快點找到褓姆，等實習完他們成為正式醫生，他們計畫回夏威夷

〔註60〕　筆者於 2013 年 1 月 18 日在檀香山訪問 H 女士。
〔註61〕　筆者於 2013 年 1 月 26 日在檀香山訪問 L 先生。

這裡來開業。（受訪者 P 女士）〔註62〕

另一位 L1 先生則表示：

> 我太太是道地苗栗客家人，這一兩年我常常陪她回臺灣啊！苗栗這
> 幾年辦很多客家活動，我們有好幾次回去還有特別去參加呢！因為
> 她父母、弟弟很多親戚都住在苗栗，我小舅子在苗栗擔任地方代表，
> 我太太的娘家在苗栗有很多親友，我岳父岳母年紀蠻大了，現在也
> 不太方便出國，我們有空的話就會回去走走，探望老人家。我不會
> 講客家話，只是大概知道他們講什麼，我太太也沒教我，小孩也聽
> 不懂。（受訪者 L1 先生）〔註63〕

H 女士說道：

> 我知道我們有個江夏堂，那是客家人的。印象中，以前清明節家族
> 掃墓時，來了好多親戚，什麼堂叔，遠房的堂哥等。我非常驚訝，
> 而且宗祠規模還蠻大的，我去過幾次，印象蠻深刻的。（受訪者 H
> 女士）〔註64〕

夏威夷臺灣移民們的下一代，許多在大學階段就到美國本土念書，學成後也繼續留在美國本土就業，年輕一代留在夏威夷發展得相當少，夏威夷臺灣客家移民的第二代及第三代，多分佈在東西岸的洛杉磯、舊金山、紐約、波士頓、華盛頓等各大城市發展，因此父母與子女之間平時主要是透過電話或網路相互聯繫。客家移民後裔每隔一段時間，也會回到夏威夷來探望他們的父母及祖父母，或是第一代客家移民前往與子女及孫子女短暫相聚，至於返臺探望親友，一般是由第一代客家移民單獨返臺居多，尤其是父母長輩還健在者，但若是全家都已移民到美國或夏威夷，返臺機會就幾乎是微乎其微了。

綜觀其上，1980 年代以前，促使臺灣客家移民前往美國的主因，主要是個人希望能到美國接受更高教育而出國深造，在取得學位之後，多數因為結婚與工作的關係，繼續留在美國。在訪談中，並無發現最初是因考慮子女教育因素而促成移民的例子，但第一代臺灣客家移民的子女，幾乎都是在美國本土出生成長。客家移民的特質，在移民前幾乎都擁有大學以上學歷，其後

〔註62〕筆者於 2013 年 1 月 21 日在檀香山訪問 P 女士。
〔註63〕筆者於 2013 年 1 月 22 日在檀香山訪問 L1 先生。
〔註64〕筆者於 2013 年 1 月 18 日在檀香山訪問 H 女士。

在美國取得碩士、博士學位，其中以 1970 年以前來到美國留學的客家人佔最多數。這些第一代移民對其子女在求學過程中，相當注重其學業表現，很願意花費金錢、精神在子女的教育上，多數移民的子女，也都能完成大學以上學歷。但由於夏威夷工作機會較少，因此這些第一代移民的子女多半在美國其他大城市或是其他地區尋求發展，而第一代客家移民本身仍以定居在夏威夷為主，且目前多數屬於退休或半退休狀態。

　　第一代臺灣客家移民與其子女的感情緊密，如今兒女多離開身邊獨立生活，雖然多已處於半退休或是退休狀態，偶爾仍投入在自己過去的事業或專業領域中，繼續不斷地學習，也會安排其他的休閒娛樂，充實自己的生活。隨著移民們在美國的時間平均已超過 20 年以上，工作與社交生活長期以美國為重心後，自然與臺灣親友的聯繫，漸漸減少。大體而言，仍偶爾會返臺者，主要是因在臺仍有至親的親友，第一代移民對客家文化還是相當懷念的，連帶他們對客家事務的關注也會較高。訪談中有不少受訪者，其至親均已透過連鎖移民方式到美國，因此其返臺意願與動機也隨之大大降低。由此可見，第一代臺灣客家移民多已將美國視為是第一故鄉，在美落地生根。雖然有的移民仍與親友間保持聯繫與互動，然而他們均未刻意或堅持自己的下一代能夠對客家文化深入了解。隨著第二代、第三代移民在美出生成長，可說已對客家文化是相當陌生，另外隨著第二代之後多選擇到夏威夷以外地區發展，對日後夏威夷客家群體的凝聚，將具有更大的挑戰性。

第六章　移民理論與實例印證

　　離散（diaspora）一詞最早出現在古希臘時期，離散一詞發展至 20 世紀，歷經多次解釋及應用，不斷地擴大。最初，「離散」係專指因歷史事件而分散到世界各地的猶太人。大約在二次大戰後的 1950、1960 年代之際，離散一詞始跳脫出專指歷史上，因不斷受到迫害而四處流散的猶太族群，從而擴大到描述其他族群團體，如亞美尼亞人、非裔美國人、海外華人、巴勒斯坦人等族群或群體，離散群體意謂某一特定族群因著各種不同因素移居他國後，該群體在客居國對原鄉仍產生一種共同記憶，並會想方設法將其族群文化留存下來，且始終懷抱著回歸家園故土的濃烈情懷。1980 年代以後，在全球化快速的進程中，跨越疆界、網絡、去地域化與再地域化等現象，促使人們對自我身份、認同歸屬、同化適應等問題重新再思考，於是「家」的多元解釋與多重身份認同等概念，逐漸被更多人所接受。移民型態日益複雜，有別於過往主要採用「推拉理論」（push-pull theory）解釋移民的現象，著重討論移民群體在移出國與移入國間的關係，離散理論的多樣性變化，在更進一步解釋今日移民群體之繁複特性上，提供了另一條可行的方式。

　　離散的傳統定義，主要是認為過去離散群體，大致能歸屬於一種被迫式的離開，他們在居住國中，仍冀盼能共同保有對過去的集體記憶，這些離散族群始終懷有永遠無法完全同化於居住國的想法，及其對回歸祖居國仍存有相當大的依戀及渴望。1990 年代，受後現代思潮與理論日漸影響後，這種所謂離散中心論的傳統基本主張，開始受到了挑戰。許多學者揚棄過去傳統離散所主張的中心論，如霍爾（Stuart Hall, 1932～2014）、克利弗德（James Clifford）、Georgiou 等人，學者們主要提出應以離散「去中心論」的觀點討論

移民的認同問題。首先，他們認為無論是集體認同或是自我認同，並非是固定不變，而是始終保持在一動態的過程中建構與改變，且必須更加關注離散群體內部間的混雜、歧異與流動，如此一來，離散會變得越來越遠離某一既定的群體及特質；再者，離散更加強調體現於空間散佈中的聯繫、制度與話語，甚至其表達的觀念和意識，對過去家鄉的懷念與共同記憶，不必然會是一實體的地方或國家，同樣地，過去離散群體所努力維繫的制度或生活模式，也未必是一真正的實質存在。

離散理論日益強調的認同複雜性，即主張適應及認同彷彿是永遠處在一變動複雜的過程中，以及原本受迫害式的離散，本意為無所依歸、漂泊不定，這類淒涼、悲傷渴望回歸卻又無法歸去的無奈，在離散「去中心論」的觀點下，可以被重新解釋，甚至轉化至被視之為是一種自由選擇優勢的思考上，甚至可能還能夠為離散群體帶來相當的流動性與靈活度。因此，本章試從二次大戰後至今，離散轉變後的觀點，結合夏威夷臺灣客家移民社群為實例，作一深入的分析探討。

第一節　移民理論之模式

離散（diaspora）一詞，原意是指種子或花粉「散播開來」（to sow／scatter across），最早是來自希臘語 dispersion，而 dispersion 又是從 diaspeirein 演變而來，其意為撒種（dia，表示跨越；speirein，σπε|ρω，意為播種，種子）、散播（scatter）。根據 2001 年出版的美國韋伯斯特詞典釋義，離散有兩類涵義，第一類是指「巴比倫之囚」以後，分散在巴勒斯坦以外的猶太人定居點；第二類則是將分散居住的群體，擴大到猶太人以外的其他人群，指分裂或分散開來了的一群人，遷徙或遷移離開祖國而定居在其他地方的一群人，現在所居住的地方。〔註1〕

離散一詞首見於古希臘文七十人譯本聖經（Septuagint），分別為 dia（across）及 sperien（to sow or scatter seeds）兩字所組合。公元前 586 年尼布甲尼撒國王（King Nebuchadnezzar）摧毀所羅門聖殿（Solomon's Temple）後將猶太人驅離，展開之後猶太人巴比倫流亡時期（Babylonian exile）的開端。

〔註1〕 劉冰清、石甜，〈族群離散與文化離散的來龍去脈〉，《學術探索》2012 年 2月，頁 49。

〔註2〕字首大寫的離散（Diaspora）一詞專指因爲歷史事件而分散到世界各地的猶太人，西元前538年，猶太人被巴比倫人從裘蒂亞（Judea）流放外地；西元135年，猶太人被羅馬人逐出耶路撒冷，從此顛沛流離，無法返回家鄉。在這樣的歷史脈絡下，Diaspora逐漸用來指稱那些被放逐的猶太人，並與其放逐及擴散的歷史相聯，此即狹義之離散定義。按照最初的用法，離散是被用在描述因屠殺或驅逐等暴力而導致的族群分散，主要是應用在被迫離開家鄉的猶太人及早期的基督徒，並且意謂著這些受迫害的族群，在他國環境之中，仍不斷維持對原居地、原族群的一共同集體認同。

　　早期的離散用法明顯暗示了一種返回（想像中的）故土，例如說以故土爲導向的計畫意謂著形塑一個國家的未來，通過從海外施加壓力或直接鼓勵回到故土。同時也暗示了在定居國，這些族群成員與社會層面，如政治、經濟、文化等方面，無法完全整合，與主流群體之間始終仍有一些界線的存在與保留。

　　約在17世紀之際，離散才逐漸脫離原先偏向宗教神學的意涵，在1659年出版的現代希臘字典中，該詞轉指希臘人在世界各地的廣泛散佈。19世紀diaspora一詞才在英國、德國以及美國等地廣泛使用，不過仍多用於描述散佈各地的猶太人。發展至今，離散泛指因各種因素散居在他國的一切人群，對離散群體而言，「家園」可以是一個實際、明確的所在，亦可以是一種想像空間、或生命旅程中的一站，甚至包含兩個或多個地點的多重解釋。〔註3〕

　　離散研究範圍擴大的起始，主要是在二次大戰後，從原本僅關注猶太人，擴及到非裔美國人、海外華人、及因持續戰亂而流離失所的亞美尼亞人等，甚至於印度人、海地人、加泰羅尼亞人、墨西哥人、古巴人、巴勒斯坦等族群也包括在內，討論內容不僅是其對家園故土與客居國內族群的關係，還擴大到第二代與故國的想像，或是因爲勞動市場的開拓而引發的遷移等等。最先將離散一詞用於非猶太人和非基督徒及其流亡領域的是對非洲的研究，在此之後各地離散研究也先後興起。

　　1970年代中期時，有關非洲族裔的離散研究逐漸成爲非洲研究的重點，

〔註2〕 Jana Evans Braziel, and Anita Mannur ,"Nation, Migration, Globalization: Points of Contention in Diaspora Studies." in Jana Evans Braziel and Anita Mannur (eds), *Theorizing Diaspora: A Reader* (Malden: Blackwell Publishers, 2003), pp. 1~22.

〔註3〕 童明，〈離散〉，見超一凡等編《西方文論關鍵詞》，北京：外語教學與研究出版社，2006年1月，頁113～125。

此為 1950、1960 年代之際，美國黑人民權運動風起雲湧下的衍生物。當時，非洲大陸內部反帝國主義及反殖民運動正如火如荼進行，各殖民地強烈為脫離強權、獨立建國而抗爭；於此同時，非裔美國人因祖居國復興歡欣鼓舞之際，亦奮起為自身的平等權積極爭取。民權運動中湧現出新一代的非裔美國史學家，他們主張拋棄過往將非洲視為歐美歷史的註腳，充滿激情地肯定過去非洲大陸燦爛輝煌的歷史文明，並且痛陳祖先遭販賣及奴役的悲慘歷史，呼籲非裔美國人應對非洲故鄉，懷抱崇敬之意及眷戀之情。

於此背景下，相似於猶太人被迫遠離家鄉四處飄零的歷史記憶，及渴望故鄉非洲早日復興繁榮的實際期待下，促成非洲離散族群（African Diaspora）一詞的產生，展現了當時非裔民權運動領袖及學者的政治情懷。雖然非洲離散族群後來逐漸是被非裔美國人（African-American）所取代，但因此而展開以離散為一特定生活型態的學術潮流卻未因此停止。〔註4〕由於強大的殖民力量，黑人被迫來到居住國，因此和非洲原鄉失去了聯繫，在文化上產生了一巨大的斷裂現象。在居住國，非裔族群大多屬於社會底層，長期身處於社會地位邊緣化引發了黑人的文化自覺與反抗，並且發起了「返回非洲」的社會運動。至此，非洲成為生活於非洲以外黑人群體心中的家園，以及社會動員的重要資源。

另一特殊的離散群體，是曾在西元 1 世紀於中東地區建立強大王朝的亞美尼亞人，由於被羅馬帝國打敗，亞美尼亞人從此經歷長期的離散與遷徙的歷程。亞美尼亞人原為南高加索的古老民族，自 8 世紀起，亞美尼亞先後遭到阿拉伯、拜占庭、韃靼等人的入侵。16 世紀到 18 世紀，亞美尼亞又被土耳其與波斯瓜分，亞美尼亞人在鄂圖曼土耳其帝國的統治下，成為中東地區一個獨特的社會群體：他們絕大多數是信奉基督教，部分人信奉天主教，還有少數是伊斯蘭教的支持者。1915 年，土耳其對境內的亞美尼亞人進行殘酷的滅絕性屠殺，部分倖存者躲避了大屠殺而成功逃到國外。往後這些倖存者多以難民身份散佈於俄國、埃及、伊朗、阿根廷、法國及美國等地，大批亞美尼亞人被迫離開他們的故鄉，寓居世界各地，成為背負著沉重歷史記憶的離散群體。〔註5〕

今日，亞美尼亞人散居在喬治亞（Georgia）、亞塞拜然（Azerbaijan）、美

〔註4〕 李明歡，〈Diaspora：定義、分化、聚合與重構〉，頁2。
〔註5〕 劉冰清、石甜，〈族群離散與文化離散的來龍去脈〉，頁51。

國、伊朗、法國、黎巴嫩、土耳其、敘利亞等國境內，發展至今已爲數代移民了。雖然無可避免地受到同化，尤其是美籍亞美尼亞人更是如此，但在同化過程中，亞美尼亞人一方面既爲失去家鄉而悲痛，又以身爲亞美尼亞人後裔而感到驕傲；另一方面，爲了生存和獲得認同，他們不得不學習其他族群的語言、社會習俗和文化。實際上，以生活在美國的亞美尼亞人爲例，他們幾乎已經完全融入當地社會了，雖然他們也創辦了自己的媒體、教堂、學校等，但亞美尼亞後裔已不再使用亞美尼亞語，參與宗教活動的人數也大爲減少，甚至飲食習慣都已徹底地美國化，與過去傳統的高加索風味已截然不同。值得注意的是，在越是融入美國社會的同時，身爲亞美尼亞後裔的感受卻越是強烈，甚至會對亞美尼亞文化更加重視，即使這些亞美尼亞後裔已對亞美尼亞文化所知甚少，如同「象徵族群性」（symbolic ethnicity），象徵性的亞美尼亞人形象是自願的、理性的、隨遇而安，爲自己的族群起源而感到自豪。情感上的保留仍在，但很少會有行爲上的要求，這種代際變化是從「成爲亞美尼亞人」，轉變到「感受身爲亞美尼亞人」。〔註6〕

而在當代社會，巴勒斯坦人亦爲顯著和重要的離散群體，他們陷於中東戰亂，身處於複雜的政治局勢與宗教關係，使不少人成爲有家不能歸的離散群體。雖然漂泊於世界各地，但民族情感與宗教信仰共同構成了巴勒斯坦社群的認同基礎，重返聖地（家園）也成爲流離在外的巴勒斯坦人重要的行動與奮鬥目標。

無論是過去的猶太人，二次戰後的非裔美國人、亞美尼亞人，或是巴勒斯坦人，由原先富有宗教意涵的神學觀念，漸漸被應用來說明不同歷史時期特殊的移民群體，離散的語義逐漸拓展，過程中也形成了離散的傳統內涵：（1）被放逐；（2）散佈；（3）邊緣化；（4）生活在社會與文化的夾縫之中。1931年，歷史學家西蒙‧杜布諾夫（Simon Dubnov）爲《社會科學百科全書》撰寫了離散語詞時，將其定義爲「指一個民族或民族中的一部分，與自己的國家與領土相分離，散佈至其他民族當中，但卻延續著自身的民族文化」，並強調離散不應侷限於猶太人及其宗教歷史。〔註7〕

總地來說，離散一詞的擴大應用，幾乎包含了分離的任何類型，包括華

〔註6〕 劉冰清、石甜，〈族群離散與文化離散的來龍去脈〉，頁51。
〔註7〕 段穎，〈diaspora（離散）：概念演變與理論解析〉，《民族研究》，2013年第2期，頁17。

人的貿易離散，或是土耳其人和墨西哥人的勞動遷徙離散；再加上離散涉及的社會現象越形複雜，涵蓋地緣政治、殖民主義、世界體系、族群互動、宗教信仰、文明衝突等，因此在離散脫離了傳統的宗教領域後，在理解離散現象時產生很多分歧，如何體現該現象的獨特性與普遍意義，又不受限於具體之經驗事實，逐漸產生離散的概念化與一般化問題，這些問題也一直是近來學界討論的焦點。〔註8〕

1980 年代後，許多學者重新探討離散詞彙的意義，1991 年，桑佛朗（William Safran）創辦了一名為《離散》（Diaspora）的期刊，從理論、文化和歷史角度對離散現象進行考量。桑佛朗認為離散指的是流放在外的少數社群，其中的成員共享了以下的某些特質：（1）他們或他們的祖先曾經從某一特定的原生「中心」流散到兩個或更多的「邊陲」或外國區域；（2）他們對於這個原生家鄉的地點、歷史及成就，維持了共同的記憶、願景或神話；（3）他們相信他們並沒有，或者是無法被客居地的社會完全接受，因此感到有些疏離及被孤立；（4）他們認為他們祖先的家鄉是他們真實且理想的家，而當情況許可時，這個地方是他們或他們的子孫最終可以（或應該）回歸的地方；（5）他們相信應該共同堅持維持或復興原生的家鄉，並促進其安全和興盛；及（6）他們持續直接或間接地用各種方式與家鄉保持關係，而他們族群共有的意識和團結被這種關係的存在而定義。〔註9〕

在此界定下，桑佛朗認為離散「越來越被用在多個範疇人群的隱喻指涉，像是被流放者、被除籍者、政治難民、僑民、移民，甚至是族群或種族上的少數者」，因此在越來越擴大定義的環境中，許多例子和情況幾乎都能納入離散的範疇中。〔註10〕其他學者也紛紛提出對離散的不同解釋，例如學者 Robin Cohen 就桑佛朗所提出對離散定義的解釋，做進一步的補充。Cohen 認為在離開原生的家鄉時，往往伴隨單一的創傷性事件，而對此事件的記憶則使該群體能聚集起來。此外，在 Safran 主張離散意涵的第五點上，Cohen 認為離散社群不一定是「維持」或「復興」他們原生的家鄉，在某些情況下會「創造」

〔註8〕 李明歡，〈Diaspora：定義、分化、聚合與重構〉，《世界民族》，2010 年第 2 期，頁 7。

〔註9〕 William. Safran, "Diaspora in Modern Societies: Myths of Homeland and Return," *Diaspora: A Journal of Transnational Studies* Vol. 1, No. 1, pp. 83~84.

〔註10〕 William Safran, "Diaspora in Modern Societies: Myths of Homeland and Return," p.83.

出一個「想像家鄉」（imaged homeland）意象。〔註11〕

　　其他學者對於離散，也有相當多討論，像 Sheller 將現代的離散視爲「源自移民的少數族群，他們雖然定居和活動於居住國，但卻和祖國保持強烈的情感和物質聯繫」。因此，現代意義的離散應考慮以下特點：（1）移民起源；（2）定居於一個或多個國家；（3）認同持續與社群團結；（4）離散群體本身與原居國、現居國之間的關係。

　　另一位離散理論學者，Judith T. Shuval 則將 diaspora 廣延爲「一種基於情感、意識、記憶、神話、歷史、有意之敘事、群體認同、渴望、夢想、語言，及一切在建立 diaspora 事實中扮演重要角色的可見元素的社會建構。在某一特定時期，與祖國相關聯的感覺必須足夠強烈以拒絕忘卻、同化與疏離。」至於在杜富瓦（Dufoix）關於離散的綜合性論著中，他從概念的開放性、特定性及矛盾性等三個方面對既有的離散定義進行分類與闡釋。〔註12〕開放性的概念爲語義拓展留下了較大空間，如早期 Armstrong 的定義，離散指「在既定國家組織中缺乏地域基礎的任一族群。」〔註13〕Shuval 定義的範疇雖有所縮小，但主要還是強調群體與原鄉的聯繫。而特定性的定義則是強調要劃定離散所指的範圍，以避免語義泛化，例如將離散族群進一步區分爲難民、勞力、商業、文化、帝國等不同類型。而矛盾性定義則主要源自後現代思潮對社會科學宏大敘事與理論的批判。在此背景下，離散的意涵則與流動、多元、異質、含混、雜糅以及去中心等元素交織在一起。

　　簡言之，離散指寓居異域，卻又與故鄉保持密切聯繫的族群，作爲一種特殊的族群現象，離散可謂由來已久。隨著歷史發展，離散的詞義不斷在變化，從過去的離散、放逐；到現在的寓居、流動，離散的族群特徵日漸動態、複雜，而其主體性表達與實踐也體現出多重、雜糅的特質。言其特殊，乃在於自始至終，離散都具有一種文化上的他性（otherness），意即作爲少數族群，生活在異文化中，與他者共處。這種持續、動態的他者狀況，既源自離散群體內部的文化自覺與主體性建構生活在別處，卻一直保持自身的文化特質和族群認同，與故國、家鄉保持特殊聯繫。這樣一種文化他性的呈現，又往往

〔註11〕 Robin Cohen, *Global Diaspora: An Introduction* (London: Routledge, 2008), p.32.

〔註12〕 J. T. Shuval, "Diaspora migration: Definitional Ambiguities and a Theoretical Paradigm", *International Migration*, Vol. 38, No. 5, pp. 41~57.

〔註13〕 John A. Armstrong, "Mobiliz ed and Proletarian Diasporas," *The American Political Science Review* Vol. 70, No. 2 (Jun., 1976), pp. 393~408.

與該族群在居住國的生存境遇相關，因而涉及國家建設、公民身份、民族主義、族群關係、整合與涵化等族群研究的傳統領域；同時，離散又與全球流動、跨同網路等時代議題相關聯。〔註14〕

　　1980 年代前，離散通常不是作爲一種概念，而是一種現象爲人們所使用，一般用其指稱離開相應區域在外生活的人民。另外，海外華人被視作離散可追溯到研究移民的學者對華人社會的研究，僑居狀態、華人商業網絡以及海外華人與祖居國的聯繫，這些因素與離散所強調的狀態較爲契合，因此離散成爲今日族群研究的重要組成部分。

　　綜上所論，一個移民群體被稱爲離散，大致具備以下幾個方面的特徵：（1）族群意識以及對過去的集體記憶；（2）活躍的社群生活；（3）與起源地（祖國）不同形式的聯繫，無論現實或想像；（4）與分佈在世界各地的其他同源族群保持聯繫。離散從過去特定的詞語，逐漸形成一般性的概念，詞義從具體到抽象，從特殊到一般的發展過程，讓離散一詞有利於人們深入理解相關類型的國際移民及其生存境遇，無疑也成爲國際移民與族群研究中重要的分析工具。不過關於離散一詞的內涵、外延及其適用性等，仍有待更清楚的界定與說明。

　　1990 年代以來，後現代與文化研究將離散研究帶入一個全新領域，超越了關於離散族群與種族特性的本質探討，更加關注該術語所反映的觀念、意識與主體性。克利弗德認爲，「離散是一種生活在這裡（here），又與那裡（there）相連的意識，完全是衝突與對話中的文化與歷史產物……而 diaspora 主體則是現代、跨國、文化互動的特殊形式。」霍爾則認爲，「離散認同是一種借由轉變與差異的持續自我生產與再生產」。在後現代主義影響下，離散越來越遠離某一既定的群體及其特質，更多強調體現於空間散佈中的聯繫、制度與話語，且其表達的觀念和意識，不一定要將離散群體置於一個實體存在的地方或國家的敘事框架中來敘述。〔註15〕

　　離散一詞受到 1990 年後現代思潮影響後，有著更廣泛的意義，曾經被稱爲移民、流亡（exilic）與難民的族群，如今應用離散理論進行討論與分析；另外，一些並沒有被迫離開他們的故鄉，但仍然維持共同認同的群體，亦開

〔註14〕段穎，〈diaspora（離散）：概念演變與理論解析〉，頁 15。

〔註15〕史宗玲，〈地景變遷之離散印記：羅斯的《美國牧歌》中猶太美國人之族裔身份〉，《長榮大學學報》第 14 卷第 2 期，2011 年 12 月，頁 20。

始使用離散一詞來描述自己。如此一來，離散跳脫出專指猶太族群的政治宗教意涵後，定義上不如以往明確。更重要的是，在後現代思潮影響下，離散不只是一種受迫害的負面狀態，對被邊緣化的民族來說，離散或許可以被看待成爲他們提供活力化（empowerment）的一種方式。據克利弗德的說法是，許多原來將自己的困境視爲少數民族與多數民族之間的權利奮鬥之族群，已經轉向另外一種認同，離散談論已經不再著重於無能力、渴望、流亡等負面狀態。如今離散也意味著國際動員的能力，離散提供了另外一種選擇給弱勢民族。〔註16〕

此外，過去「離散」研究的取向，容易將離散族裔當作一個「整體」來看待，使得離散族裔群體間的內部差異，受到應有之重視，並且忽略「離散」當中的複雜性與過程，這一觀點也逐漸受到質疑與批評。如克利弗德曾批評桑佛朗等學者以母國爲「中心」的主張，預先假設離散族裔與母國永遠保持不斷的聯繫，以及假定回歸母國是最終目標的不恰當性，因此他主張應顧及離散族裔「去中心」的聯繫形式。〔註17〕Soysal 也批評過去傳統的「離散」概念，即預先假定離散族裔有緊密的社區邊界、有共同的文化與民族的參照，對此一論點他提出強烈質疑，尤其在解釋不同情境的族裔跨國流動經驗時，會有所侷限。研究東南亞華人數十年的王賡武教授指出，現今華人離散包括了許多類型的華人，他們名稱不同、認同各異，甚至華人（Chinese）一詞已愈來愈不能傳達日益多元化的現實，沒有單一的華人離散，只有許多不同類型的華人離散，有助於瞭解其認同的流動與混雜是如何生成的。〔註18〕

再者，有關認同之離散特性，霍爾於其論文〈文化認同及離散〉（*Cultural identity and diaspora*）中說到：「認同乃是非完成之事實」，他強調「認同乃是一種產品，其生產過程永不停止」。他將文化認同視爲是「永遠處在蛻變狀態，並且不斷地受到歷史、文化及權力之操控」，此機動不穩之認同特性正好說明移民及後殖民者漂泊不定之離散身份。〔註19〕瑪茜（Massey）在其著作

〔註16〕 James Clifford, "Diasporas," *Cultural Anthropology* (Further Inflections: Toward Ethnographies of the Future, Aug., 1994), Vol. 9, No. 3, pp. 302~338.

〔註17〕 蔡珮，〈澳洲布里斯本澳籍臺裔的離散認同研究〉，《人口學刊》第 40 期，2010 年 6 月，頁 95。

〔註18〕 G. Wang,. "A single Chinese diaspora? Some historical reflections," in Imaging the Chinese diaspora: Two Australian perspectives,edited byWang, G. and A. S.Wah. Canberra: CSCSD, Australian National University1999. pp. 1~17.

〔註19〕 Stuart Hall, "Cultural identity and diaspora." J. Rutherford (Eds.), *Identity:*

《空間、地方及性別》（*Space, Place and Gender*）中也提及：「地方之認同絕非固定不變的，因爲建構地方認同之社會關係，其本質即是機動、多變的」；此外，瑪茜也傳達給人們一項重要訊息：「絕無任何固定疆域及圈地可作爲個人實質或想像的家園」。在歷史及政治文本中，家園可視爲一個種族之集體文化資產或歷史記憶，但經過時空變遷後，此家園不再完整如初，人們對於家園的認同也會隨之改變。

瑪茜主張之認同不斷流動的特性，與克利弗德的「旅行認同」概念（concept of traveling identities）是彼此作爲呼應的。克利弗德提倡以「旅行隱喻」（travel metaphors）來討論認同議題，他表示：「透過旅行人們可解除空間領域之限制，並使得個人之社會、政治及文化認同成爲一種混合體（an amalgam）」。克利弗德極力反對固定的社會認同；他認爲「定居（location）不是找到一個穩定的家（not a matter of finding a stable home）或發現一個與他人共享之生活經驗（discovering a common experience）；反之，定居乃是個人在眞實情境下察覺到本身與他人之相異處（being aware of the difference）。定居或定位基本上並非代表單一動作，而是由一連串的定位及相遇組成的；人們隨時在有限但不同的空間內旅行（travel within diverse, but limited spaces）。」克利弗德此一旅行觀點之認同理論，無異是支持後現代移民者變動身份之最佳註腳。〔註20〕

Georgiou 指出，離散文化形成與空間連結的多樣性，顯示出離散不是綑綁在一個單一的想像共同體，而實際上是多種不同的網絡與共同體；「混雜的想像共同體」（hybrid imagined community）正在浮現，在這樣的共同體中，歸屬感不僅透過媒介，而且同時透過面對面人際傳播來達成、強化與更新，離散族群在同一時間會歸屬於許多不同的共同體，混雜是來自於跨國的性質，使得共同體中成員有不可避免的多重歸屬。〔註21〕

無論新舊詞意，離散所反映的是人類錯綜複雜的移民歷程，以往的移民研究，大多受推拉理論影響，注重探討移出地與目的地之間的差異，及其對移民的影響，以及移民的文化適應及其地方化過程。但在全球化背景之下的

Community, Culture, Difference. (London: Lawrence and Wishart, 1990), pp. 222~237.

〔註20〕 史宗玲，〈地景變遷之離散印記：羅斯的《美國牧歌》中猶太美國人之族裔身份〉，《長榮大學學報》第 14 卷第 2 期，2011 年 12 月，頁 22～23。

〔註21〕 蔡珮，〈澳洲布里斯本澳籍臺裔的離散認同研究〉，頁 96。

移民都與早期移民有著多方面的差異，離散的詞義變遷，能較過去的推拉理論，更清楚地詮釋與說明，這些離散群體與族群之外的更大社會範疇，如全球背景下的國家、社會與民族間的緊密關聯，因此，離散的遷移與流動，為今日許多從事移民研究的學者，提供另一新的研究途徑。

　　1990 年代以來，離散理論在受到全球化及後現代主義思潮的持續影響後，不斷強調今日離散群體，除了涵蓋過去因受到迫害不得已遷徙的族群外，今日更多其他類型的離散群體的形成，是出自於一種自由選擇。這種離散群體，不再像過去傳統的典型離散，一再強調某一中心的存在。如今，離散的發展逐漸朝向去中心化、強調身分認同及文化適應的多重性及變動性，與離散群體本身為一複雜的想像共同體的方向發展。在下一節中，將主要以夏威夷臺灣移民為中心，結合二次大戰至今離散所發展出的多元面向，一一作深入探討。

第二節　實例與印證

　　二次戰後，離散開始被應用在猶太人以外的其他族群，開始遠離長期以來離散專指猶太人受迫害後四處流散的傳統宗教意涵，舉凡因受到各種因素而無法返回家鄉，四處流散的群體，都能包含在離散的現象下。這時對離散的理解是，這些受迫害的群體，抵達客居國後，他們自發性地維持對故土的懷念與過去記憶，甚至渴望返回到原居地，因此該離散群體始終懷有無法完全同化的思維。有鑒於離散一詞被寬泛地應用在各種不同的離鄉經驗上，桑佛朗首度將離散的情形歸納出下列六項特質，即：（1）由原先的「中心」分散到至少兩個以上邊緣的地區；（2）對於家鄉的記憶以及神話的保留；（3）無法融入客鄉之感受；（4）希望有朝一日能在適當時機會重返家園；（5）持續的維護、支持家鄉；（6）由上面所述的關係構成集體認同。即使桑佛朗所提出的詮釋在日後受到不少挑戰，如克利弗德對這種所謂「離散中心說」所主張的預設了單一而具體母國存在的觀點論述，大加抨擊，然而桑佛朗的歸納，仍具有其參考價值。

　　華人在夏威夷發展的兩百多年中，來自廣東地區的客家移民大量移往夏威夷大約是在 19 世紀中葉至 20 世紀初左右，這些早期客家移民，由於受到諸多外力而導致他們在清朝中葉以後，大量往海外遷移。客家移民在中國歷史發展上曾多次遷徙，所以每到新的一地，就是後至者與新來者的身分，讓

客家人無論是遷移到何地，永遠都有四處作客的感受。清代廣東地區發生多次的土客之爭，加上內憂外患不斷，使客家人的處境日益艱難。在受到西方基督教影響，及西方教會的協助安排下，尤其在清朝平定太平天國事件後，客家人以家庭為單位，積極移往海外找尋新生活。客家人抵達夏威夷後，先是集體在蔗園或農場，從事勞動。由於他們許多都是基督徒，因此有基督教作為共同信仰，在夏威夷建立教會、學校、醫院等組織，到 1918 年時，客家人更是創立自屬社團——人和會館，增進客家族群彼此之間的聯繫，並希望在此延續客家文化與傳統。

以桑佛朗的觀點分析 19 世紀中葉後來自廣東各地的客家移民，發現他們的確大致能夠符合離散的傳統定義。清代客家人聚集區往往都是生活條件及資源極其缺乏之區，加上多次土客之爭以及太平天國事件失敗後，客家人處境更加困難，於是被迫離開原鄉，從而大量地外移，漂泊遷移到世界各地，因此符合離散群體的傳統定義中所提到的被迫害性。其次對家鄉記憶及對族群認同的維繫的確是存在的，客家人與中山移民或其他廣東地區的移民彼此是不同群體，夏威夷客家人最初仍以客家話傳道及傳授知識，他們持守客家辛勤奮鬥的精神在海外繼續打拼，認同客家文化並且以身為客家一份子為榮。客家移民繼續注重教育的傳統，較其他族群更早意識到教育的重要性，以及視教育為提升階級的最佳途徑，因此夏威夷的華人教育，很早就是由客家移民開始推動的。不行纏足的客家婦女移出到各地後，一同與男性參與在勞動生產行列中，日後客家婦女更透過教育，逐漸提升其地位，客家婦女在多方面跨越傳統，突破各項限制。對早期的夏威夷客家移民而言，對過去的傳統記憶，仍認為有值得被保留及延續的必要性，如客家硬頸不輕易屈服的精神，客家人持守克勤克儉的生活方式，及客家女性的獨立性等。即使在第二代之後的客家後裔日漸同化後，客家色彩依然沒有消失殆盡，對客家特色的認知與肯定，以及客家身份的認同，仍持續至今。

進一步分析後發現，早期夏威夷的客家移民有部分情形與桑佛朗的離散定義，亦有不盡相同之處。舉例來說，桑佛朗主張離散群體在移居他地後，始終懷有無法被客居地的社會完全接受的觀念，自我感受與主流群體之間始終存在疏離及被孤立感，及他們最終仍渴望能回歸到原鄉，這一點較與早期傳統華人所抱持「落葉歸根」的想法是相一致的。不過夏威夷的客家移民與其他華人移民不太相同，他們很早就將夏威夷視為在海外的新家鄉，不少客

家移民一開始就舉家遷移，或是設法將妻小接來，他們在抵達後就決定不再返鄉。在夏威夷族裔多元性高，加上排華情況及族群對立相對於美國本土來得低，遭到的阻力較小，讓這些早期夏威夷的客家移民在懷念原鄉、保留原有客家特質之際，也願意主動地融入與同化，而非如美國本土的華人，因遭排斥只好自絕於主流社會之外，因此其「落地生根」的心態是相當強烈的。簡言之，他們對原鄉客家的集體認同，及與其他族裔互動、積極融入主流社會，兩者同時存在且並不相衝突。老僑當中的客家後裔幾乎是完全同化，但只要他們願意，在夏威夷族裔多元的環境下，他們仍能夠保有自己的族群色彩，因此筆者以為，這與桑佛朗所提出離散族群始終認為自己無法融入在居住國中的主張，並不相符。

　　既然已偏離桑佛朗等學者的傳統離散中心理論，再從幾位主張離散去中心理論學者，如前所述霍爾以及克利佛德等人的主張，進一步檢視今日在夏威夷的早期客家後裔，亦能發覺其差異，霍爾強調「認同乃是一種產品，其生產過程永不停止」。霍爾並將文化認同視為「永遠處在蛻變狀態，並且不斷地受到歷史、文化及權力之操控」，此機動不穩之認同特性正好說明移民及後殖民者漂泊不定之離散身份。以早期廣東客家移民後裔來看，筆者認為他們已不符合桑佛朗所主張的離散族群始終懷有強烈想要回歸祖居國的特性，其認同心態相對較偏向霍爾所言，其文化認同永遠處在蛻變狀態，事實上在夏威夷多元族裔的環境下，無論是華人或是其他族裔，較容易能夠保有對原族群的制度與認同，且在越多元的族裔環境中，每一族群都希望不會因與其他族裔同化後失去了原本的色彩，甚至走向完全同化，他們渴望能將族群特質繼續維持下去。至於其文化認同是否「永遠處在蛻變狀態，並且不斷地受到歷史、文化及權力之操控」，從這一點來分析後筆者以為，長久以來夏威夷的各族裔大致都能處在互相尊重的穩定狀態，這種變動性比較明顯是顯現在從原本的單一族群認同觀，隨著族裔通婚比例越來越高後，多重認同也越來越複雜化，單一血統移民人數越來越少後，所謂單一血統華人或是客家移民，認同觀念亦會隨之改變，這似乎也是十分自然的趨勢。

　　桑佛朗所主張的離散，主要是從移出者遭受迫害的觀點出發，本次受訪的臺灣客家移民，大多是在1965年新移民法通過後赴美，當初其移民動機多屬個人冀望出國進修，依親或是到美國追尋更好的生活等，屬於主動自願的性質。其中與受迫害而移民的因素最接近的，是因擔憂當時臺灣政局而辦理

移民者，不過此類移民所佔比例是微乎其微的，因此筆者以爲要了解夏威夷臺灣客家社群，較不宜採用桑佛朗的離散理論進行分析，改採用 1990 年代後，離散學者如霍爾、克利佛德等人的主張，強調離散具有多重性多樣性、變動性等面向來分析探討，似乎較爲貼近。

從受訪者的受訪內容分析後發現，第一代夏威夷臺灣客家移民對自己屬於夏威夷的美國臺灣移民此一身份認同上，大致都有相同的共識。無論移民時間長短，第一代夏威夷臺灣客家移民，對身爲臺灣移民的身份認同，都沒有太大的改變，甚至表示自己也讓下一代了解自身具有臺灣移民的背景，鼓勵在美出生或成長的後代，接觸臺灣文化。但在夏威夷的美國臺灣移民身份認同幾乎一致的情形下，受訪者對臺灣事務或文化的認同，仍有不同程度的展現。例如大多數受訪者比較多是參與在以臺灣人爲主的社交圈或是新移民社會中，共同參與在推動臺灣文化特色的事務上，他們對臺灣的認同度仍高；但也有部分受訪者在夏威夷或美國生活的時間已久，長期以來他們習慣與其他不同族裔共處，於是漸漸從華人、臺灣人爲主的社交圈，轉向到有更多其他族裔參與的各項領域中，甚至部分受訪者一開始就對參與在臺灣移民社群活動不感興趣，或是刻意遠離臺灣移民或是華人社交圈。整體來說，已經許久未回臺者，或多年來已在美國發展者，對臺灣文化的認同會相對來得低。

克利弗德提倡以「旅行隱喻」（travel metaphors）來討論認同議題，他表示：「透過旅行人們可解除空間領域之限制，並使得個人之社會、政治及文化認同成爲一種混合體（an amalgam）」。從旅行認同的角度分析第一代夏威夷臺灣移民時，大致可區分成兩種情形，移民時間越久的受訪者，如舉家在美國發展已久未回臺者，對臺灣的事務感到越來越陌生，於華人傳統節日慶典時，也越來越少主動參與當地慶祝活動的意願，他們表示未來回臺可能性已相當低，回臺定居的可能性更低。另一類受訪者是將未來返回臺灣居住列入可能考慮的選項，尤其一些始終懷有漂泊不定感的受訪者，感到雖已在美國多時，仍會時而湧現出一種客居他鄉的感受，如今兒女已各自發展，所以自己也愼重考慮未來退休後或許會返臺定居，但對此他們也還抱持著不確定，此類受訪者在返臺或是繼續定居在美國兩個選擇中，有時心中也是充滿矛盾，主要原因是目前在美仍有工作，在美國生活已經相當習慣，也有固定的交友圈，另外第二代以後多已適應及同化於美國，主要都在美國定居，與其

一同返臺定居的可能性很低，由於這些因素受訪者目前仍多偏向選擇繼續留在美國。

　　部分受訪者也考慮採取兩地來回短暫居留的模式，他們認為這或許是另一可行方式，雖然來回兩地間會處於不斷面對及適應的情形，但優點是可以有多的彈性，抱持此種想法的受訪者表示，這些適應問題大致還能在其容忍範圍內。如此看來，當夏威夷臺灣客家移民選擇繼續居住在美國時，心中對返鄉的渴望會自然地浮現，懷想家鄉的事物，但畢竟已遠離臺灣一段時間，已很適應在夏威夷的生活環境中，所以考慮可能採取不斷往返兩地非固定的居住模式。這一類型受訪者認為不一定只有臺灣或是夏威夷才是唯一的家，兩地或兩地以上的居處，他們都可以視情況自由地選擇，如此亦反映出目前離散群體對所謂家的概念，已打破以往單一或是單向的限制了。

　　客家認同方面，早期的客家移民雖然已經在夏威夷落地生根，也同化在主流社會中，但是對過去家鄉客家先民或是客家傳統，仍然保有思念與緬懷，即使已經在夏威夷發展了四、五代，不過這些客家後裔，對於身為客家，在心理上未拋棄傳統落葉歸根的觀念與想法，仍存有不能讓客家色彩被淡化的觀念，即使已在夏威夷生活了數代，他們仍想透過一些方式學習客家話，多了解客家祖先及有關客家的過去歷史。客家後裔對客家身分及客家傳統的認同，並沒有因為無法使用客家話，或是客家過去的生活方式與習俗早已消失，而產生認同上的困難。反之，雖已徹底同化，但他們還透過英文來了解過去客家，在夏威夷華人傳統節日，多數華人仍熱烈參與，華埠內至今仍有濃厚中華傳統特色，讓華人能歸屬其中外，早期客家華人後裔更能在這些基礎上，進而凸顯客家特質，強調客家精神的可貴，表明客家人是值得敬重的群體，這些觀念仍反覆地被強調與提倡。

　　以夏威夷崇正會為中心的客家移民後裔，每在各式聚會時，介紹客家源流或是客家先賢，總能讓客家後代以身為客家一份子為榮，尤其客家先賢孫中山在夏威夷檀香山創立興中會，孫中山的大哥孫眉早期在夏威夷華人社會中，有不錯的發展，客家移民共同參與在推翻滿清專制政權中，讓夏威夷的客家人心中對客家懷上一份特殊的認同感。客家後裔回想祖先過去為推翻專制政權，打破不平等制度所展現的勇氣，以及抵達夏威夷後繼續辛勤打拼，奠定客家後裔往後有更好發展的毅力，他們認為是客家最珍貴的資產。今日已同化在夏威夷主流社會中的客家後裔，固然已完全不會說客家話，不再維

持住過往客家傳統生活方式，但他們仍在認同自己屬於客家族群的前提下，努力維繫對客家種種的共同記憶，試圖對客家文化有更多的了解。

以離散的觀點觀察，第一代夏威夷臺灣客家移民，對客家認同或共同記憶是呈現較分歧的情形。受訪者父母雙親都具有客家背景，或是從小成長在客家環境中，至今仍能夠使用客家話，或是對客家文化能多少了解者，客家集體認同上未能如同老僑般強烈及明顯，第一代夏威夷臺灣客家移民對於身為客家人推動臺灣客家走進夏威夷，有強烈認同且願意積極投身者人數有限；父母雙親其中一方具有客家背景，或脫離客家生活圈已久者，移民海外後，對客家意識及認同，又較前者更加困難。筆者分析這是諸多原因交錯所致，首先是第一代夏威夷臺灣他們過去普遍生長在客家文化長期受到打壓的背景下，或因遠離客家環境而忘卻了客家話與種種客家特色，進而對客家的認同逐漸地流失，長期下來造成臺灣客家人選擇隱匿身份。客家移民本身客家背景分歧，加上各自赴美發展，更重要的是第一代夏威夷臺灣客家移民普遍在心態上，偏向在美國落地生根，只有在家人或少數親友間，以客家話開談時，才會找回對客家的部分記憶。在夏威夷臺灣移民群體中，客家人不僅零星分散，有些更不願表明自己的客家身份，海外臺灣文化欠缺客家文化色彩，造成客家認同建立的挑戰。

二次大戰後，美國開始逐步放寬移民法令，1965 年新移民法通過後，來自臺灣、香港、中國、東南亞等地區的華人，積極前往美國發展。1965 年以前赴美的臺灣客家移民，絕大多數為留學生，只有少數幾位赴美之初就是在夏威夷，學成以後繼續留在夏威夷發展的客家移民，更是少數；1965 年新移民法通過後，非留學生身份的新移民才開始大量赴美，1980 至 1990 年代夏威夷的臺灣移民人數雖然與過去相比，有明顯增長，但夏威夷的臺灣客家移民始終呈現先後零星抵達，並且各自發展的狀況。這群第一代夏威夷臺灣客家移民，其生長背景處於政府遷臺之初，長期實施戒嚴而造成閩南語、客家話，及原住民語等母語快速消失在臺灣社會中，如此也影響了他們對客家身分的認同，在美國長期發展後，對客家文化越來越陌生，第一代夏威夷臺灣客家移民群體，對客家的認同與認識，多少也產生矛盾的心理。赴美至今，已在美生活超過 20 年，對他們而言，他們多已融入在美國社會中，第二代與第三代大多在美國出生、成長，更加同化於美國社會，夏威夷臺灣客家人群體的意識，在第二代以後更難以凝聚。

　　因此從對第一代臺灣客家移民的訪談結果來分析，與早期來自廣地的客家移民相較下，他們已偏離桑佛朗所界定的離散群體。首先是對客家的看法呈現相當分歧，身為客家一份子，並且認為客家文化值得傳承與推廣的人，固然很肯定客家具備的良好特質，但在已經選擇未來繼續以在美國發展為主，優先順序上，無論是自己本身或是第二代之後，仍以在主流社會中追求穩固為第一要務，行有餘力，會選擇將中文學好，更其次是學習臺語，畢竟這是臺灣一直以來最多人口使用的母語，因此客家文化也就不斷地被退而求其次；另一方面，由於從小就遠離客家環境居住，不具備客語聽說能力的受訪者，雖然從血緣上能了解自己屬於客家一份子，但對於具有客家身分產生複雜與矛盾的心理，從而會將自己的客家身分隱藏起來。

　　將第一代夏威夷臺灣客家移民與桑佛朗的理論結合來看，較難得到映證，對這些臺灣客家移民而言，他們屬於夏威夷臺灣移民的一份子，一直以來在這裡生活許久，且相當少有被隔絕在外的感受，對他們而言，夏威夷這裡少有相關臺灣客家事務及活動的提倡。2013 年成立的夏威夷桐花之友會，讓在夏威夷的臺灣客家人之間，能夠有情感上的聯繫，可謂是跨越了第一步，2015 年夏威夷第一個臺灣客家協會成員及當地移民，更以臺灣客家傳統服飾參與在傳統華人新年遊行，以及火奴魯魯文化節中，展現出身為臺灣客家人，及於夏威夷多元文化中展現臺灣客家特色的認同。

　　美國杜魯門州立大學歷史系教授令狐萍博士，以「文化社區理論」（Coultural Community Theory）的概念，將之應用於因文化凝聚力而產生的社區，打破以既有地理區的概念來理解華人社區，跳脫對傳統唐人街理念的理解。令狐萍以聖路易華人社區為研究對象，對所謂文化社區概念作一闡釋，即聖路易華人的文化社區沒有明確的地理界限，沒有華人商業與住宅合一的專門地理區域，而是以中文學校、華語教會以及華人社區組織為核心的一種特殊社區；聖路易的華人多數就業於主流社會的公司、機關與學校，定居於以白人為主的郊區中產階級住宅區，並在業餘時間、週末或文化活動中，聚集形成華人文化社區〔註22〕，類似聖路易華人文化社區的情形，在其他地區也有發現，這說明少數族裔無論大小，均渴求種族凝聚而形成或組織各種形式的社團與文化聚會。令狐萍表示文化社區現象標示著少數族裔在美國社會

<hr>

〔註22〕令狐萍，〈美國華人研究的新視角：文化社區理論〉，《華僑華人歷史研究》，
　　　　2007 年 3 月第 1 期，頁 25。

政治與經濟地位的上升，只要美國是個多元與多種族社會，就會有文化社區，另外也可以適用於少數族裔在經濟與就業方面已同化於主流社會，但在文化上仍保持其族群特性的社區。〔註23〕

　　由此看來，夏威夷臺灣客家移民組織的組成，及臺灣客家社群概念的形成與發展，與令狐萍所提出的文化社區概念是相類似的，只是單以目前離散理論所發展出多樣性及多元性的觀點，來解釋夏威夷臺灣客家移民社群之特性，仍有其侷限性，筆者以為必須再輔以二次戰後臺灣移民赴美發展，大多已選擇了落地生根，以及過去在原鄉臺灣客家文化受到政策性影響下遭到發展的受限等因素，亦應納入考量，始能對社群特性有更為貼近的詮釋及了解。

〔註23〕令狐萍，〈美國華人研究的新視角：文化社區理論〉，《華僑華人歷史研究》，2007 年 3 月第 1 期，頁 30。

第七章　結　論

　　經研究後發現，客家移民在夏威夷的發展已十分久遠，且有其影響。
1852 年，第一批華人被招募到夏威夷各島的蔗園擔任契約勞工，這是首次華
人成群前往夏威夷的開始，當時契約華工絕大多數是男性；1865 年美國南北
戰爭後，帶動夏威夷蔗糖業蓬勃發展，因而再度大量輸入契約華工，此時已
可見移民婦女與丈夫一同隨行。這些華人婦女同樣是被輸往夏威夷從事勞力
工作，她們來自廣東各地，全都是客家婦女。由於客家婦女沒有纏足習俗，
能夠活動自如，因此有助於她們移民海外，並且共同參與在生產勞動中。客
家婦女未施行纏足，及客家人在海外依舊刻苦奮鬥、崇尚簡樸勤勉等特質，
多次引起西方研究者的關注，西方學者對於客家族群的研究，亦給予正面的
肯定。

　　19 世紀下半葉，由於受到清代中葉以後廣東地區多起土客之爭，覆以由
客家人主導的太平天國事件發生，及西方基督教會在清末於廣東客家地區積
極傳教等因素的推波助瀾下，客家人開始大規模往海外各地遷徙。這時許
多客家基督徒以家庭為單位集體遷往夏威夷，並且日後留下來繼續在夏威夷
發展。客家移民雖然分散在夏威夷及太平洋群島各地，但檀香山華埠始終是
傳統華人移民及客家移民的聚集中心。在客家移民的共同努力下，華人教
會、學校、醫院、社團等組織陸續設立，對傳統夏威夷華人社會產生多方面
的影響。

　　夏威夷最早的客家移民組織及其活動，均以檀香山華埠為中心。1894
年，客家先賢孫中山在檀香山創立興中會，作為推翻滿清專制政權的起點，
在檀香山華僑的熱烈支持下，展開其革命事業，因此夏威夷檀香山與日後中

華民國的誕生，有其特殊及深厚的歷史淵源。華人抵達夏威夷後，積極興學辦報，使夏威夷檀香山在 19 世紀末到 20 世紀中葉之際，成爲當時西半球除舊金山以外的另一華文報業及華人發展的重要地區。

夏威夷第一所華人基督教會，是在客家移民的努力下所建立的，以華人教會爲中心所衍生的其他華人組織，扮演華人逐漸融入主流社會的要角。1879年「中華基督教會」成立，此即「夏威夷第一華人基督教會」（The First Chinese Church of Christ in Hawaii）的前身。當時教會首任牧師薛滿以客家話講道，信徒也以客家人佔多數。不久，教會又興辦幼稚園、中文學校、惠華醫院、老人院和英文班，華人受惠不少。致力於以上組織創辦的重要華人之一古今輝，即爲廣東梅縣的客家人，他是當時夏威夷華人社會中的重要人物之一，古氏積極參與在華埠的各項事務中，爲華人爭取權益，還曾任「檀香山中華會館」會長一職，時逢當時夏威夷反華風潮越演越烈，他協助成立「聯衛會」保障華人身命安全，並在 1897 年建立一所專爲華人服務的「惠華醫院」，使被拒絕在主流社會外的華人病患，能得到妥善的醫療照顧。1900 年檀香山華埠不幸因遭到大火吞噬，幾乎全數焚毀，華人損失慘重，古今輝不僅偕同多位華商積極協助華埠重建，自己更是捐出鉅款賑濟災民，此舉受到當時清政府褒揚。

另一位夏威夷土生客家華人後裔威廉葉桂芳，1973 年出生於檀香山，曾參與孫中山所創立的興中會，成爲早期興中會百名會員之一。威廉葉桂芳對夏威夷華人社會的最大貢獻，就是 1918 年他發起請願運動，向當時的準州議會陳情，提出將當時的夏威夷農科機械大學，改組爲綜合性的夏威夷大學。1920 年，夏威夷大學設立後，除有助於華裔直接留在夏威夷當地追求高等教育，更對後來華人逐步邁向專業階級，產生直接的促進作用。

李啓輝及江棣香兩位都是客家人，這對客家夫婦在 1896 年移民至夏威夷，他們在檀香山華埠內行醫，他們是檀香山最早的華人西醫，其中江棣香更是夏威夷華人社會中的第一位女醫師。十九世紀末二十世紀初，檀香山華埠受到鼠疫等傳染疾病肆虐，導致死亡率居高不下，華人移民身心飽受威脅。李啓輝夫婦盡力在華埠內照顧華人病患，行醫之餘夫婦二人亦積極投身在華埠內眾多公共事務中。綜觀其上，客家移民在夏威夷華人群體中雖並非多數，但對早期夏威夷社會的開發，仍做出不少貢獻。

1918 年由客家人共同組成的「人和會館」（Nin Fo Fui Kon）在檀香山成

立，這是夏威夷第一個客家移民組織，1937 年更名爲「夏威夷崇正會」（Tsung Tsin Association），迄今已有近百年歷史。「夏威夷崇正會」一直是夏威夷地區最具代表性的客家組織，其成員多爲自廣東移民來的客家後裔，至今已是第四、第五代，經過長時間在夏威夷發展以及高度族裔通婚導致血統融合，如今幾乎已完全同化於主流社會。雖然已無法使用客語以及了解客家文化，但夏威夷客家後裔依舊崇尚傳統客家精神，肯定客家先輩過去對夏威夷社會的貢獻，因此依然保有對客家身分的認同。「夏威夷崇正會」多位成員，在各項專業領域上亦有卓著的成就，「夏威夷崇正會」每年仍舉行多次例行活動，除凝聚客家人的向心力、增進客家人的情感聯繫外，更持續與其它僑社保持互動往來，讓客家族群在夏威夷多元族群中，仍展現出一定程度的能見度。

大致而言，1965 年以前夏威夷華人社會，主要是以來自中國廣東的傳統華人移民所組成；二次大戰後來自中國以外地區的華人開始赴美，不過仍屬於少數，二次大戰後赴美的華人移民，統稱之爲「新移民」，1965 年美國新移民法通過後，新移民赴美發展始有明顯增加的趨勢。1965 年以前赴美的臺灣移民，絕大多數是留學生，1980 至 1990 年代，夏威夷的臺灣移民人數才有較明顯的增加，這些新移民當中，一直不乏客家人。在筆者前往夏威夷進行研究之前，無法清楚了解客家發展已久的夏威夷，是否有臺灣客家社團存在？臺灣客家移民是否也參與在夏威夷崇正會中？及臺灣客家移民對如何將臺灣客家特色推展至夏威夷的種種看法爲何等等問題？經研究後發現，夏威夷臺灣移民群體中，也有客家人，甚至夏威夷是少數臺灣客家移民赴美的首站，他們抵達夏威夷後，就未再繼續轉往其他地區發展，本研究的受訪者中，已有在夏威夷居住長達近半世紀者。

本研究以夏威夷檀香山爲中心，主要是檀香山位於歐胡島，該島爲夏威夷八大主要島嶼中的第三大島，首府檀香山市位於該島東南端，一直以來都是夏威夷政治、經濟、文化等發展的中心所在，夏威夷州全境 90%以上的人口，無論是哪一族裔，均高度集中於歐胡島，包含臺灣移民在內的所有華人移民，有九成以上均以歐胡島檀香山市爲主要居住區。歐胡島的臺灣移民，並沒有形成一明顯集中的據點，本研究所訪問到的臺灣客家移民，與大部分在美國的臺灣移民相同，主要居住區大多分佈於檀香山市區及檀香山郡近郊爲主。臺灣新移民抵達夏威夷後，多遠離傳統華埠而居，華埠也並非新移民的主要活動範圍。來自臺灣的客家移民受訪者，完全沒有參與在「夏威夷崇

正會」中，彼此之間的接觸與交集也甚少。臺灣客家移民抵達夏威夷的時間不一，其後分散參與在多個以臺灣移民為主所組成的各式新僑社團中，呈現分散居住、發展的現象；此外，檀香山新移民社團中，一直未有臺灣客家社團的成立，夏威夷也鮮少有臺灣客家文化活動的出現。

本次研究的夏威夷臺灣客家移民，均屬第一代移民，不少本身仍具有一定程度的客語溝通能力，及對客家文化的了解。研究結果發現，九成以上的第一代夏威夷臺灣客家移民都認同自己的客家身分，進一步發現，客語溝通能力以及對客家文化的接觸，確實會使受訪者對客家文化及客家身分的認同，產生不同程度的差異。2013 年，由檀香山地區的臺灣客家移民共同組成的「夏威夷桐花之友會」（今已更名為「美國夏威夷客家協會——桐花之友」），是夏威夷地區第一個臺灣客家社團。該組織以凝聚夏威夷地區，甚至太平洋地區的臺灣客家移民為目標，增進彼此聯繫及情感交流，並盼日後能將臺灣客家文化於夏威夷多元族群社會中展現。「美國夏威夷客家協會——桐花之友」的成立，不僅打破一直以來「夏威夷崇正會」作為夏威夷地區唯一客家組織代表的現象，亦突破了長期以來臺灣客家組織與客家文化，僅侷限在美國本土發展之情形，更使包含夏威夷在內的太平洋地區，未曾有任何臺灣客家組織存在的現象，得到進一步的跨越。

臺灣政府與夏威夷州政府，長久以來密切往來互動，雙方不僅締結多個姊妹市，在再生能源、天文、農業、災害預防等方面，亦持續保持密切的合作與交流。多年來臺灣移民對夏威夷社會也做出了許多貢獻，例如來自臺灣屏東的柯文雄博士，長期旅居夏威夷，共長達 36 年於夏威夷農業科技學術領域付出，夏威夷州曾於 2004 年 12 月 16 日宣布該日為「柯文雄博士日」，高度肯定臺灣移民對夏威夷農業及學術的卓著貢獻。

祖籍廣東大埔的丘萬鎮教授，1945 年赴美求學，1961 年起至夏威夷大學氣象系任教，直到 1987 年退休，與來自臺灣屏東的客家妻子，長期在夏威夷發展。丘萬鎮先生曾為英國皇家氣象學會、美國氣象學會、美國地球物理聯盟等組織的會員；他亦被名列於夏威夷男女名人錄、美國科學權威、美國科學界男女名人錄、國際名人辭典、中華民國名人錄、以及國際名人錄中心的21 世紀傑出科學家，學術成就十分卓著，堪為客家傑出人物之代表。

另一位來自臺中東勢的客家移民賴博永博士，自 1969 年起前往夏威夷大學進修碩博士，取得學位後直接進入夏威夷州政府農業部門工作，賴博士將

農業科技方面的專業，長期貢獻於夏威夷社會。賴博永教授曾任夏威夷大學農學院副院長，1997 年受邀返臺協助後來「國立屏東科技大學」的設立。該校創校同年，賴博士著手創設「熱帶農業研究所」，並就近指導高雄農業改良場，推動各項熱帶農業研究。賴博士於屏東科技大學任教期間，同時身兼屏東科技大學學術副校長，更在其推動下，將原本的熱帶農業研究所更名為熱帶農業暨國際合作系〔註 1〕，此外還促成與「國際合作發展基金會合作」，如此一來，臺灣跨出了國際合作發展的教育訓練新出路，國立屏東科技大學也因而成為國內第一所提供英文教學、培訓外籍人士的碩士學程學校。2006 年賴博永教授積極促成國立屏東科技大學與夏威夷大學間締結姊妹校，雙方並簽署多項學術交流與合作，賴博士返臺期間，不僅將其學術專業及多年在夏威夷農業技術研究上的國際經驗，貢獻於故鄉臺灣，也對促進臺灣學術國際化，及增進臺灣與國際友邦間的農業技術合作上，做出許多貢獻。

旅居檀香山 40 多年的范純教授，大學畢業後，就負笈前往美國加州大學洛杉磯分校（University of California, Los Angeles，簡稱 UCLA）歷史研究所深造。後來因其夫婿應聘至夏威夷大學任教至夏威夷定居。范純博士曾在夏威夷大學歷史系擔任講師，教授中國近代史、亞洲史和世界史，爾後又至該校婦女研究系擔任「亞洲婦女在夏威夷」課程教授一職，後來甚至被聘為婦女研究中心的主任，經常參加東西研究中心（The East-West Center）舉辦的研討會，一同研究如科技、大眾傳播、宗教等議題，並就此展開亞洲女性研究的生涯。忙於學術研究之餘，范純教授夫婦在夏威夷創立檀香山中文學校，盼對保存中華文化及語言貢獻心力。在范博士的努力下，創辦了檀香山信義會中文學校，如今中文學校持續在檀香山扮演華語教授及中華文化傳承的重要工作。

臺灣移民一直以來活躍於夏威夷多元社會中，積極參與在主流社會的各項活動裡，像是火奴魯魯節慶，每年檀香山臺灣移民積極組隊展現臺灣獨特

〔註 1〕 國立屏東科技大學「熱帶農業研究所」成立於民國 86 年 8 月，翌年開始招收外籍學生及我國援外農業技術團團員前來進修碩士班課程。由於研究所成立以來，外籍學生逐年遞增，乃於 91 年 8 月間更名為「熱帶農業暨國際合作研究所」，復以 93 年間接受中美洲外籍生前來就讀大學部課程，乃成立「熱帶農業暨國際合作系」，將系所合一。參考國立屏東科技大學熱帶農業暨國際合作系網頁「系所沿革」網頁，參閱網址：http://dtaic.npust.edu.tw/files/13-1028-1005.php，參閱日期：2015 年 2 月 13 日。

的原住民風情，以及具有臺灣特色的三太子遊行舞蹈表演，設法將臺灣文化展現在夏威夷多元族裔面前。2013 年，「美國夏威夷客家協會——桐花之友」成立後，臺灣移民們在 2015 年傳統華人新年遊行及第 20 屆火奴魯魯文化節中，當地移民首度身穿臺灣客家傳統服飾，手持具有客家特色的紙傘，行走在遊行行列中，不僅更增添臺灣文化的豐富性與多元性，也是臺灣客家文化與臺灣客家社群，在夏威夷多元族群中展現對客家認同的開始。

在夏威夷臺灣客家移民身上，也如同分佈於美洲其他各地的臺灣客家移民般，即客家人無論到海外各地，均展現出「不服輸的硬頸精神」、「勤勉簡樸的生活態度」，以及「重視教育與家庭」三項特質。首先客家人最鮮明的印象，就是普遍認為客家人具有「硬頸」精神，一方面肯定客家人總是不輕易服輸及不輕言放棄，另一方面又說明客家人固執、缺乏彈性的特質。多數客家移民，在當初抵達美國或是夏威夷時，都憑藉著「硬頸精神」克服在新環境的重重困難，並且勇於面對各種挑戰。這過程包含了挫折忍受、物質條件等各方面的困頓，及必須努力克服新環境所帶來的忐忑不安等等。尤其在受訪結果中發現，臺灣客家婦女侃侃而談過去的移民經驗，展現出客家女性一貫獨立、堅毅、踏實的一面。儘管對於「硬頸」有其正反評價，但受訪者均已將「硬頸」視為是客家人的最大特色，是值得傳承的客家精神之一。

第一代臺灣客家移民對上一輩終日勤儉刻苦的印象至今仍感受十分深刻，由於其生長年代，大約是在 1950、1960 年代，當時臺灣經濟剛起步，普遍物質條件相當匱乏，這樣的成長背景使客家移民自小在潛移默化中，養成勤勉簡樸的生活態度，不刻意追求生活奢侈享受，所以客家人能夠累積財富，讓生活經濟無虞，即使經濟條件提升後，仍秉持一貫簡樸的生活態度。且無論他人對客家人的印象好壞，客家移民十分肯定勤勉簡樸的生活方式，並且認為這是給予下一代的良好示範，亦盼望能傳承勤勉簡樸的客家精神。

受訪的臺灣客家移民普遍重視教育的重要性，逾半數受訪者最初是以留學生身份赴美，前往美國本土或是夏威夷進修碩、博士，顯示對追求知識的熱衷。受訪的臺灣客家移民中，客家女性取得碩、博士者不在少數，顯示客家人漸漸能突破過去重男輕女的觀念，開始重視客家女性的教育。第一代客家移民對其在美國出生或成長的子女，他們很願意投注資金在教育，鼓勵子女能進入頂尖大學就讀，客家移民普遍認為，接受更好的教育有助於下一代立穩於美國主流社會中。事實上，19 世紀中葉起，大批移往夏威夷的早期客

家移民，便早有重視下一代教育的傳統，他們希望藉由教育方式，改善下一代的社會地位，讓後代在主流社會中有更好的出路與發展，二次大戰後赴美深造的臺灣客家人，許多在學術界都具有極高的成就。

　　受訪的臺灣客家移民亦十分珍視家庭價值，受訪者中依親移民是赴美因素的第二名，許多受訪者透過依親移民的方式，至今有部分至親都已在美國發展，另外部分受訪者，仍與臺灣方面的親友保持聯繫，不過整體而言，仍以與其子女及第三代的聯繫互動爲主。仍有親友在臺的受訪者，每隔一段時間仍會返臺，或是前往美國各地去探視在外求學及工作的子女。有些至親已故，或是多數重要親人已在美國，或是本身年事已高者，生活重心明顯以夏威夷爲主。由於這些受訪的第一代臺灣客家移民，大多處於退休或半退休狀態，他們十分滿意在夏威夷的生活，尤其終年溫暖的氣候、舒適的環境，以及族裔大致平和的環境，讓他們願意長久地在這裡發展。不過研究結果發現，由於夏威夷就業機會與經濟發展有限，受訪者的第二代多爲往夏威夷以外地區發展爲主，尤其是美國本土。目前夏威夷臺灣客家移民的第二代及第三代，多以分佈在美國東岸的紐約、波士頓、華盛頓，或是西岸的洛杉磯、舊金山等大城，選擇在美國以外地區或是返臺發展的情形幾乎沒有。由此看來，從第一代臺灣客家移民開始，便已將美國視爲是他們的第二故鄉，在此落地生根，尤其是在夏威夷族裔氣氛大致平和的環境，族裔通婚情形普遍，更會加快其同化於主流社會的速度。

　　本研究主要從 1990 年代離散理論經過多次演變，逐漸發展出以「去中心」觀點來嘗試研究某一移民或社群的角度。本研究採此一觀點，結合夏威夷臺灣客家移民社群進行研究，對其文化適應與自我認同，進行深入了解，並在分析社群特性的基礎上，進一步對未來政府相關單位在海外臺灣客家文化推展的政策制定，或是海外客家文化活動的推動上，提出部分意見。1990 年代後，「離散」概念繼續擴大及轉變，越來越多學者主張，當以「離散」觀點來研究某一群體時，應重視其內部差異性，主要的論點大致如下：一是主張拋棄將離散群體視爲一「整體」或「中心」的研究模式，二是認爲離散群體對故土文化的認同與想像，並非是一「單一」或「實體」的存在方式，三是離散群體在文化適應及自我認同，有時是處在一個具有自主性及變動性的過程中，這些新論點似乎使「離散」走向越來越分歧的現象，不過卻也能較過去的移民或族群理論，更能貼切描繪出其特性與眞實樣貌。

　　研究後發現，從「去中心」的離散觀點來看，受訪的第一代臺灣客家移民所呈現出的認同，的確呈現出分歧現象。就客家身分認同部分而言，雖然受訪者一般可以根據父母、祖父母，或是外祖父母任一方是否具有客家血統來認定，因此主觀上大致能認同自己是歸屬於客家人。訪談中發現，對客語的使用能力及對客家文化的了解，直接對受訪者的認同造成影響。簡言之，受訪者若能使用客家話，自小對客家文化有持續密切的接觸，或是在濃厚的客家環境中成長，對自己客家身分的認同是無疑的；反之，若受訪者本身不會使用客家話，從小也並非在客家環境成長，或對客家文化陌生與疏離，固然能從血統的角度將之歸類爲客家人，但會導致他們對客家身分認同上的疑慮，不確定自己究竟屬不屬於客家人。對照於臺灣客家移民在客家身分認同性的分歧，早期自廣東抵達夏威夷的客家移民，目前都已是第四、第五代的移民後裔，以夏威夷崇正會會員爲例，雖然幾乎已完全同化，仍對客家身分相當認同，也希望客家精神以及客家傳統能繼續流傳，仍認同自己的客家身分。

　　從其對客家認同的分歧，也產生他們對參與客家社團及客家活動的不同看法。一部分受訪者認同應在夏威夷成立臺灣客家社團，凝聚臺灣客家人，讓臺灣客家文化能在夏威夷展現；另一部分的受訪者，認爲成立臺灣客家社團，或是於夏威夷展現臺灣客家文化特色，是很不錯的，但本身已長期參與在不同的團體中，因此對參與臺灣客家社團，顯得興致不高；還有一部分的受訪者，較明顯排斥參與在臺灣客家社團或臺灣客家文化活動中，他們較不願意被貼上臺灣客家移民的標誌，這些差異性恐怕是未來夏威夷臺灣客家社團及臺灣客家活動提倡上，值得再進一步去探討的。

　　1990 年代後，主張離散去中心論的學者認爲，離散群體對故土文化的認同與想像，並非是一「單一」或「實體」的存在方式，以受訪的夏威夷臺灣客家移民爲例，似乎也能夠得到應證，對客家的印象呈現在客家事務的多方面，反應並不一致，認同的方向也不太相同。例如受訪者回憶起小時候家中熟悉的客家菜，如薑絲炒大腸、客家麻糬、客家粽、客家小炒等不少傳統客家風味飲食，引起他們的懷念；另外一些受訪者認爲客家人在語言學習方面具有天份，許多客家人能將母語以外的語言學得十分道地，包含許多客家人都會講閩南話；負面的看法如受訪者提及，幼年時被規定不能在公共場合講客家話，曾因爲客家話被投以異樣的眼光，客家人給他人的觀念是自私、封

閉、吝嗇等，這些不同的客家記憶，仍留存在他們心中，客家精神是最受到認同的。

最後，離散去中心論的主張者認為，離散群體在文化適應及自我認同，有時是處在一個具有自主性及變動性的過程中，從受訪的夏威夷臺灣客家移民的訪問情形看來，的確有此現象。移民年份已久的受訪者，本身已能相當適應在美國或是夏威夷的生活，反而對客家文化越來越不能夠熟悉；少數久未回臺的受訪者，也會產生漂泊不定的遊子心態，彷彿已經脫離臺灣的生活太久，但回到美國以後，又始終覺得自己仍是個移民。大多數受訪者，未來仍以繼續留在美國發展，對於第一代夏威夷臺灣客家移民而言，雖然他們選擇逐步同化，但仍不會忘卻臺灣文化或是客家文化，當這些夏威夷臺灣客家移民同化於主流社會時，他們仍有尋找與保持自己的族群與文化認同的需求，因此逐漸走向了如文化社區的模式般，雖然分散各處，發展各異，但因為認同客家而結合在一起，另外筆者研究後發現，從離散的角度去探討客家社群時，也不可忽略二次戰後華人逐漸轉為「落地生根」的變化對其所造成的影響。

從訪談中得知，部分客家受訪者對於近年來政府持續推動客家事務的政策，表現出肯定與期待，部分受訪者表示於返臺時能感受到客家能見度，的確比以往更為提升，身為客家一份子的他們也樂見其成，他們也希望未來夏威夷能有更多客家活動，讓在夏威夷的臺灣移民，或是其他族裔，更有機會來接近客家、了解客家。

目前第一代夏威夷臺灣客家移民，年齡多介於40～60歲間，大部分為半退休或是退休狀態，其下一代均已不會說客家話，對客家了解也是全然陌生，因此受訪者的下一代對客家幾乎都沒有接觸，不了解關於客家的種種，要建立其客家身分認同是相當困難的，這也將會是未來海外客家文化發展一重大挑戰。

文末，透過對夏威夷臺灣客家社群的研究，大致已達成幾項目標，首先是從歷史角度探討客家移民前往夏威夷發展的歷程，及其對夏威夷華人社會，乃至於整個夏威夷社會做出的影響。其次，亦為更重要的是，由於研究需要，前往夏威夷訪問臺灣客家移民之時，促使幾位臺灣客家移民起而成立臺灣客家社團，期盼凝聚臺灣客家移民社群，日後能有更豐富的臺灣客家文化，在夏威夷多元社會中展現，讓臺灣客家文化，在美國本土以外及太平洋

地區，有更進一步的跨越。三為筆者首次將客家研究的主題推向亞洲以外的
地區，盼筆者的研究能發揮拋磚引玉之效，未來繼續在美國本土的其他臺灣
客家社群的相關主題上，有更多研究成果的呈現。

附錄一　夏威夷臺灣客家移民訪談問卷大綱

　　您好，非常感謝您協助填寫這份問卷，讓我們有機會了解目前在夏威夷地區的臺灣客家人對客家事務的看法。以下資料將僅作為學術研究之用，資料絕對保密不外洩，部分個人資料不便填寫處，會完全予以尊重，請您放心。

【一】 基本資料 及客家背景	姓名（中文）：　　　　　　　　（英文）：　　　　　　　　性別： 年齡：□30 歲以下　□31～40 歲　□41～50 歲　□51～60 歲　□61～70 歲 　　　□71 歲以上　□其他（＿＿＿＿＿） 教育程度：□高中　□大學　□碩士　□博士　□其他（＿＿＿＿＿） 婚姻狀況：□已婚　□未婚　□其他（＿＿＿＿＿） 子女數（無者免填）：□0 人　□1 人　□2 人　□3 人　□其他（＿＿＿＿＿） 孫子女數（無者免填）：□0 人　□1 人　□2 人　□3 人　□其他（＿＿＿＿＿） 配偶族裔背景：□臺灣人　□非臺灣人（＿＿＿＿＿） 專門領域：　　　　　　　　職業類別： 電子信箱：　　　　　　　　居住地址（只寫大致區域即可）：
	請問您是來自哪裡的客家人？
	請問您的客家血統是來自？（可複選） □父　□母　□祖父　□祖母　□外祖父　□外祖母　□其他（＿＿＿＿＿）
	您的配偶是否具有客家背景？若是，請說明配偶是來自哪裡的客家？
【二】 赴美原因	請問您為何移民（到美國或夏威夷），請簡述移民過程。
	請問您移民到美國的時間？

		您當時移民時的身分爲何？例如：留學生、親屬移民、技術移民、其他……等。
		當時移民時是否爲舉家遷徙？
		您目前是否有其他親屬也住在美國（含夏威夷）？請說明。
		您在到夏威夷之前，是否還有在那些地方住過？請說明。
		您目前在美國是否擁有自有住宅？請說明。
【三】 客家人在 夏威夷		您是否一開始就居住在夏威夷？請說明爲何您會選擇在夏威夷定居、發展？
		您在夏威夷是否有遇過來自臺灣的客家人？多或少？
		您目前有無加入社團？主要是參加哪個（些）社團？請說明。 （「無」者請敘明原因）
		您是否了解夏威夷地區有哪些客家組織？是否有加入？
		就您所知，目前夏威夷是否有臺灣客家組織？
		若目前夏威夷地區無任何臺灣客家組織，您是否能試分析其中原因？
		未來夏威夷若是有臺灣客家文化活動或是組織，您是否願意參與？ 請說明原因。
		您是否曾經在美國或是夏威夷參與過客家文化活動？
		就您所知，在夏威夷是否有標榜客家風味的餐廳？
		您平時的休閒活動爲何？
		您平日主要收看的電視節目（中英文皆可）爲何？
		您平日主要閱讀的報刊（中英文皆可）爲何？
		您在夏威夷，或是美國其他地區，是否有過種族歧視的經驗？
		就您所知，夏威夷有何特殊的節日？
		您是否去過傳統華埠？請說明原因及對華埠的印象？
		請說明在夏威夷的臺灣移民較重視那些節慶日？請說明慶祝方式。
【四】 對客家認識 及客家事務 的看法		您本身的客家話程度如何？請大致說明客家話的聽和說能力。
		您本身會說幾種語言？請說明流利程度。
		您平常在家、工作及日常生活，主要使用哪些語言？請說明。
		您在夏威夷使用客家話的頻率高或低？請說明。
		您在家裡會和誰講客家話？請說明。
		您在美國或夏威夷遇到其他客家人時，是否會用客家話交談？請說明。

您本身或家族中的下一代是否會聽或是說客家話？請說明。
您認為客家人的特點及文化特色為何？請說明。
您本身是否會做客家菜？您認為有哪些客家菜的代表及客家菜有哪些特色？
您是否有聽過臺灣客家委員會或其他客家組織？
您是否有收看過客家電視臺？請說明。
您是否有返臺參加過客家文化活動？請說明。
您目前大約多久會返臺？返臺原因為何？請說明。
您對目前臺灣客家事務的發展，及未來客家發展的期許，有何看法？

訪問結束，非常感謝您的協助

附錄二　美國臺灣客家社團名錄

區域	社團名稱	創立時間	創立宗旨	參加人數
美西 北加州	北加州客家同鄉會 Northern California Hakka Association， 簡稱 NCHA	1981 年	聯絡海外客家人，推廣客家文化。	1000 多人
	加州沙加緬度 客家文化會 Sacramento Hakka Association	2011 年	海外宣揚客家文化，服務客家鄉 親，凝聚海外客家鄉親團結力，為 團結就是力量的理念，呼籲客家鄉 親共同為保留傳承客家人樸實勤檢 的美德努力共勉。	N.A.
	北加州臺灣客家會 Taiwaness Hakka Association of Northern California	1990 年代	本會以聯絡北加州臺灣客家鄉親， 發揚客家文化，推展客家語言，提 高客家主意議識與尊嚴，爭取應有 權利，增進共同福址為目的。	約 1000 人
	北加州臺灣 客家語文學校 Northern California Hakka Academy	2000 年	以結合北美臺灣客家人，協助臺灣 的客家人運動，爭取客家權益，延 續客家語言、文化等事務為宗旨。	N.A.
	北加州六堆同鄉會 Liu Dui Association of Northern California	1996 年	以聯絡舊金山地區六堆同鄉情誼	約 140 人
美西 南加州	南加州臺灣客家會 Southern California Taiwan Hakka Association	1990 年代	加強會員間之聯繫，增進全體會員 之情感交流，增進認識客家人的傳 統精神與文化，承先啟後，團結合 作，守望相助，發揚光大，融合會 員力量以提升、促進、支持各項客 家文化活動，增加客家聯誼會及當 地社區福祉，並竭力協助會員融入 美國主流文化。	約 700 多人

	世界客屬總會美西分會	2006 年	聯繫第一代客家移民提供服務，讓第二及第三代的客家子弟傳承優美的客家文化。	200～300 人
	美國客家聯合會 American Hakka Association	2000 年	1. 保存、發揚客家文化及傳統精神。 2. 幫助社區政府機構及服務機構，促進客家同鄉互相合作。 3. 維護客家鄉親、客家社團之權利及福祉。	N.A.
美中伊利諾州	美國中西部客家同鄉會	1991 年	聯絡鄉親，發揚客家文化及精神，促進客家鄉親之團體及合作。	N.A.
	大芝加哥臺灣客家會	2005 年	以聯絡臺灣客家鄉親、發揚客家文化、提高客家意識、強調臺灣主體性。	約 30 人
南達科他州	美洲臺灣客家聯合會 Taiwanese Hakka Associations of America	1988 年	1. 期望藉由本社團成立，加強與當地僑社互動並增進情誼。 2. 舉辦客家文化活動，擴大文化分享，促進族群的了解與和諧。 3. 對於臺灣客委會成立海外客家網感到十分開心，深刻感受到對於發揚客家文化的熱忱與用心。	N.A.
喬治亞州	亞特蘭大客家同鄉會 Hakka Association of Atlanta	1990 年	1. 期望藉由本社團成立，加強與當地僑社互動並增進情誼。 2. 舉辦客家文化活動，擴大文化分享，促進族群的了解與和諧。 3. 對於臺灣客委會成立海外客家網感到十分開心，深刻感受到對於發揚客家文化的熱忱與用心。	共有 30 位終身會員，其餘一般會員近 350 人
印第安那州	大華府客家同鄉會 Hakka Association in Washington Metropolitan Area	1984 年	以聯誼鄉親，發揚客家文化為宗旨	N.A.
	印第安那州客家同鄉會	約 2005 年	以崇尚正義、友愛互助之精神聯絡美國各地客屬鄉親，敦睦鄉誼、謀求鄉親福址，遵守美國政府法律，融入當地社會與華人華裔社團團結合作，共謀社會公益，發揚中華優秀文化，傳統美德。	N.A.
北卡羅萊納州	北卡客家同鄉會 Northern Carolina Hakka Association	N.A.	加強與當地僑社互動並增進情誼；舉辦客家文化活動，擴大文化分享，促進族群的了解與和諧；對於臺灣客委會成立海外客家網感到十分開心，深刻感受到對於發揚客家文化的熱忱與用心。	N.A.

紐約州	大紐約客家會 Hakka Association N.Y.	1998 年	本會爲發揚中華固有文化優良文化，提倡刻苦奮鬥，團結互助的客家精神，服務鄉親，促進鄉誼，維護全體會員之權益爲目的。	1000 多人
	大美洲客家聯誼會	N.A.	以聯誼鄉親，發揚客家文化，關心並支持臺灣權益爲宗旨	N.A.
德克薩斯州	達拉斯臺灣客家同鄉會	1980 年	1. 期望藉由本社團成立，加強與當地僑社互動並增進情誼。 2. 舉辦客家文化活動，擴大文化分享，促進族群的了解與和諧。 3. 對於臺灣客委會成立海外客家網感到十分開心，深刻感受到對於發揚客家文化的熱忱與用心。	約 200 人
	休士頓客家會	1984 年	本會爲發揚中華固有文化優良文化，提倡刻苦奮鬥，團結互助的客家精神，服務鄉親，促進鄉誼，維護全體會員之權益爲目的爲發揚崇尚自由，剛樸堅毅，冒險患難及刻苦奮鬥的客家精神，聯絡鄉誼，互攜互拔，並積極爭取及維護全體會員之權益。	約 500 人
德克薩斯州	美國德州奧斯汀客家同鄉會	1986 年	爲加強會員間之聯繫，增進全體會員之情感交流，增進認識客家人的傳統精神與文化，承先啓後，團結合作，守望相助，發揚光大，融合會員力量以提升、促進、支持各項客家文化活動，增加客家聯誼會及當地社區福祉，並竭力協助會員融入德州奧斯汀主流文化。	150～200 人
	北美臺灣客家公共事務協會 Taiwan Hakka Association For Public Affairs In North America，簡稱 HAPA/NA	1991 年	1. 推展公共事務，發展客家語言文化，並爭取客家權益。 2. 聯合海內外客家人及臺灣各語系族群共同推展臺灣公共事務。 3. 特別議案之研究及政策之研擬。 4. 關心臺灣客家人在北美洲之權益。	N.A.
密蘇里州	聖路易臺灣客家同鄉會	1995 年	加強會員間之聯繫，增進全體會員之情感交流，增進認識客家人的傳統精神與文化，承先啓後，團結合作，守望相助，發揚光大，融合會員力量以提升、促進、支持各項客家文化活動，增加客家聯誼會及當地社區福祉，並竭力協助會員融入美國主流文化。	40～50 人

愛荷華州	愛荷華客家同鄉會	1990年代	保存客家語言文化並發揚客家人擇善固執的硬頸精神，並加強與當地僑社互動並增進鄉親情誼，與交流客家社區資訊及分享當地活動資訊，以及服務客家鄉親和發揚互助合作之精神與吸引年輕人參加為目標。	約20多人
賓夕法尼亞州	大費城臺灣客家同鄉會 Taiwanese Hakka Association of Greater Philadelphia.	N.A.	以聯誼鄉親，發揚客家文化，關心並支持臺灣權益為宗旨。	N.A.
科羅拉多州	科羅拉多臺灣客家同鄉會 Colorado Taiwanese Hakka Association，亦稱丹佛客家會	2005年	為加強會員間之聯繫，增進全體會員之情感交流，增進認識客家人的傳統精神與文化，承先啓後，團結合作，守望相助，發揚光大，融合會員力量以提升、促進、支持各項客家文化活動，增加臺灣客家同鄉會及當地社區福祉，並竭力協助會員融入美國主流文化。	約30多人
密西根州	密西根臺灣客家同鄉會 Michigan HAKKA asociation，亦稱密西根客家同鄉會客家會	2000年	發揚客家優良文化及傳統精神、促進客家鄉親團結及合作、加強會員間之聯繫、增進全體會員之情感交流、承先啓後、團結合作、守望相助、融合會員力量以提升、促進、支持各項客家文化活動。	20～30人
俄勒岡州	大波特蘭臺灣客家會 The Taiwan Hakka Association of Greater Portland	2007年	加強會員間之聯繫，增進全體會員之情感交流，增進認識客家人的傳統精神與文化，承先啓後，團結合作，守望相助，發揚光大，融合會員力量以提升、促進、支持各項客家文化活動，增加客家聯誼會及當地社區福祉，並竭力協助會員融入美國主流文化。	約40多人
俄亥俄州	美國哥倫布客家會亦稱哥城客家同鄉會	1997年	1. 期望藉由本社團成立，加強與當地僑社互動並增進情誼。 2. 舉辦客家文化活動，擴大文化分享，促進族群的了解與和諧。 3. 對於臺灣客委會成立海外客家網感到十分開心，深刻感受到對於發揚客家文化的熱忱與用心。	約20多人
維吉尼亞州	全美臺灣客家文化基金會	1991年	發揚客家優良文化及傳統精神、促進客家鄉親團結及合作、加強會員間之聯繫、增進全體會員之情感交	N.A.

			流、承先啓後、團結合作、守望相助、融合會員力量以提升、促進、支持各項客家文化活動。	
麻薩諸塞州	紐英倫客家鄉親會 New England Hakka Association， 簡稱 NEHA	N.A.	以聯誼鄉親，發揚客家文化，關心並支持臺灣權益爲宗旨。	N.A.
華盛頓州	西雅圖台灣 客家同鄉會 Hakka Association of Greater Seattle	2005 年	加強會員間之聯繫，增進全體會員之情感交流，增進認識客家人的傳統精神與文化，承先啓後，團結合作，守望相助，發揚光大，融合會員力量以提升、促進、支持各項客家文化活動，增加客家聯誼會及當地社區福祉，並竭力協助會員融入美國主流文化。	約 60 人
新澤西州	美國臺灣客家同鄉會	N.A.	聯誼鄉情，發揚客家文化，希望能有更多人走出來，共同關心客家文化、硬頸精神、語言的延續關心，吸引年輕人參加是一個重要的目標。	N.A.
夏威夷州	美國夏威夷客家協會 ——桐花之友 Taiwan Hakka Association of Hawaii USA-Friends of Tung Hua	2013 年	聯絡夏威夷地區的台灣客家人感情聯繫，增進對客家認識的交流，同時歡迎認同客家、喜愛客家文化的人一同加入。	N.A.

資料來源：中華民國客家委員會海外客家網。

參閱網址：http://global.ihakka.net/taiwan/hakka/index.php。

參閱日期：2015 年 4 月 12 日，筆者整理。

N.A.爲資料無法取得。

參考書目

一、西文書目

（一）檔案資料

1. INS Statistical Yearbook, *Statistical Yearbook of the Immigration and Naturalization* U.S. Census Bureau, *2000 Census PL File and 1990 Census PL File Population Census of the United States, 2000.*

2. INS Statistical Yearbook, Statistical Yearbook of the Immigration and Naturalization Service (Washington, D.C.: U.S. Department of Justice, 1972~1990).

3. U.S. Immigration Policy and the National Interest, *The Final Report and Recommendation of the Select Commission on Immigration and Refugee policy to the Congress and president of the United States* (Washington, D.C.: Government Printing Office, 1981).

4. U.S. Bureau of the *Census, Census of Population and Housing*, 1910~1990 (Washington, D.C.: Department of Commerce, 1910~1990).

5. U.S. Census Bureau, *2000 Census PL File and 1990 Census PL File Population Division-New York City Department of City Planning*, 2001.

（二）專著

1. Char, Tin Yuke. *Bamboo Path: Life and Writings of a Chinese in Hawaii* (Honolulu: Univ. Hawaii Chinese History Center, 1977).

2. Char, Tin Yuke, *Chinese Historic Sites and Pioneer Families of Rural Oahu* (Honolulu: Univ. Hawaii Chinese History Center, 1988).

3. Char, Tin Yuke and Char, Wai Jane eds.. *Chinese Historic Sites and Pioneer Families of the island of Hawaii* (Honolulu: University of Hawaii Press, 1983).

4. Char, Tin Yuke. *The Sandalwood Mountains: Readings and Stories of the Early Chinese in Hawaii* (Honolulu: Univ. Press of Hawaii, 1975).

5. Char, Tin-Yuke. *Immigrant Chinese Societies in Hawaii*. Hawaiian Historical Society Reports, no. 61. (Honolulu, 1952).

6. Chung, May Lee. and Luke, Dorothy Jim. ed.. *Chinese women pioneers in Hawaii* (Honolulu: Associated Chinese University Women, Inc., 2002).

7. Glick, Clarence E. *Sojourners and Settlers: Chinese Migrants in Hawaii* (Honolulu: Hawaii Chinese History Center and The University Press of Hawaii, 1980).

8. Damon, Ethel M. *Father Bond of Kohala: a chronicle of pioneer life in Hawaii* (Honolulu, Hawaii: Published by The Friend, 1927).

9. Lebra, Joyce C. *Shaping Hawaii: The Voices of Women* (Goodale Pubs: Second Edition, May 1999).

10. Li, Ling-ai. *Life is for a long time: A Chinese Hawaiian memoir* (New York: Hastings House, 1972).

11. Lind, Andrew W. *Hawaii's People* (Honolulu: University of Hawaii Press, 1967).

12. Ling, Huping. *Surviving on the Gold Mountain: A History of Chinese American Women and Their Lives* (State University of New York Press, July 16, 1998).

13. Lum, Arlene and Luke, Terry K. W. ed. *Sailing for the Sun: the Chinese in Hawaii, 1789~1989* (University of Hawaii: Center for Chinese Studies, Three Heroes Publishers, Honolulu, 1988).

14. Lutz, Jessie G. and Lutz, Rolland Ray. *Hakka Chinese Confront Protestant Christianity, 1850~1900: With the Autobiographies of Eight Hakka Christians, and Commentary* (M.E. Sharpe, 1998).

15. Mark, Diane Mei Lin. *Seasons of Light: The History of Chinese Christian Churches in Hawaii* (Honolulu: Chinese Christian Association of Hawaii, 1989).

16. McCunn, Ruthanne Lum. *Chinese American Portraits* (San Francisco: Chronicle Books, 1988).

17. McKeown, Adam. *Chinese Migrant Networks and Cultural ChangePeru, Chicago, and Hawaii 1900~1936* (Chicago: University Of Chicago Press, 1 edition, 2001).

18. Min, Pyong Gap. *Asian Americans: Contemporary Trends and Issues Sage Publications* (Inc 2nd edition, July 14, 2005).

19. Mohr, James C. *Plague And Fire: Battling Black Death and the 1900 Burning of Honolulu's Chinatown* (New York: Oxford University Press, 2005).

20. Nicole, Constable. *Guest People: Hakka Identity in China and Abroad (Studies on Ethnic Groups in China)* University of Washington Press (July 1,

2005).

21. Peffer, George. *If They Don't Bring Their Women Here: Chinese Female Immigration Before Exclusion* (Univ of Illinois, 1999).

22. Takaki, Ronald T. *They Also Came: Chinese Women and the Migration to Hawaii* (Hawaii, Honolulu: sn, 1988).

23. Takaki, Ronald T. *Pau Hana: Plantation Life and Labor in Hawaii, 1835~1920* (University of Hawaii Press, 1983).

24. Smith, Carl T. *Chinese Christians* (Hong Kong: Hong Kong University Press, 2005).

25. Young, Nancy Foon. *The Chinese in Hawaii: An Annotated Bibliography* (Honolulu: University Press of Hawaii, 1973).

26. Yung, Judy. *Unbound Feet: A Social History of Chinese Women in San Francisco* (University of California Press November 15, 1995).

（三）期刊論文

1. Clifford, James. "Diasporas," *Cultural Anthropology*, Further Inflections: Toward Ethnographies of the Future, (Aug., 1994), Vol. 9, No. 3, pp. 302~338.

2. Char, Tin-Yuke and Wai-Jane Char, "The First Chinese Contract Laborers in Hawaii, 1852," *Hawaiian Journal of History* (9, 1975), pp. 128~134.

3. Char, Tin-Yuke. "S. P. Aheong, Hawaii's First Chinese Christian Evangelist" *Hawaiian Journal of History* (11, 1977), pp. 69~76.

4. Fan, Carol C. "Chinese Christian women in Hawaii," In: Luk, Bernard Hung-Kay, ed. *Contacts between culture, Volume 4, Eastern Asia: history and social sciences*. Lewiston, N.Y.: *Edwin Mellen Press*, (1992), p.649, (1992), pp. 413~416.

5. Fan, Carol C. "Women on the Move: Hakka in Taiwan. Hong Kong and Hawaii," *The Office for Women's Research, Working Papers Series* (4, 1995), pp. 37~45.

6. Fan, Carol C. "Asian Women in Hawaii: Migration, Family, Work, and Identity," *University of Hawaii at Manoa NWSA* (national women's studies association) (Journal, Vol. 8, 1996), pp. 70~84.

7. Fan, Carol C. "A Century of Chinese Christians: A Case Study on Cultural Integration in Hawaii," *Chinese America: History & Perspectives-The Journal of the Chinese Historical Society of America* (San Francisco: Chinese Historical Society of America with UCLA Asian American Studies Center, 2010), pp. 87~93.

8. Fan, Carol C. "A Century of Chinese Christian churches in Hawaii, 1879-1980," Paper presented in the conference, Lucky Come Hawaii: The Chinese in Hawaii (July 18~21, 1988) East-West Center Honolulu, pp. 87~93.

9. Glick, Clarence E. Glick and Doris L. "Changing Roles and Status among Prominent Chinese in Hawaii," *Chinese America: History & Perspectives-The Journal of the Chinese Historical Society of America* San Francisco: Chinese Historical Society of America with UCLA Asian American Studies Center (2010), pp. 37~50.

10. Lai, Him Mark. "Retention of the Chinese Heritage," *Chinese America: History and Perspectives* (2000), pp. 10~31.

11. Lai, Him Mark. "Retention of the Chinese Heritage, Part II," *Chinese America: History and Perspective* (2001), pp. 1~25.

12. Lee, Thomas H. "Six Months since Repeal," *Asia* 3(July 1944), p. 911.

13. Li, Ling-ai, "They Practiced Medicine Together Over Fifty Golden Years!," *Paradise of the Pacific* (April 1956), pp. 12~13, p. 28.

14. Lorden, Doris M. "The Chinese-Hawaiian Family," *American Journal of Sociology*, Vol. 40, No. 4 (Jan 1935), pp. 453~463.

15. Lutz, Jessie G. "Chinese Emigrants, Indentured Workers, and Christianity in the West Indies, British Guiana and Hawaii," *Caribbean Studies*(Institute of Caribbean Studies, UPR, Rio Piedras Campus, Vol. 37, No. 2 (July 2009), pp. 133~154.

16. Kastens, Dennis A. "Nineteenth Century Chinese Christian Missions in Hawaii," Honolulu, Hawaiian Historical Society Vol. 12 (1978), pp. 61~67.

17. Ku, Ah Jook. "The Pioneer Women" *Chinese in Hawaii Who's Who* (1957), p. 22~25.

18. Ku, Hung-ting. "The Hard-earned Aloha: The Chinese in Hawaii in the Late Nineteenth Century," *Tunghai Journal*, Vol. 36, No. 1 (Taichung: Tunghai University, July 1993), pp. 36~47.

19. Ku, Hung-ting. "Goo Kim Fui: A Chinese Community Leader in Hawaii," Tunghai Journal, Vol. 30, (Taichung: Tunghai University, June 1989), pp. 1~21.

20. Huang, Hsiao-ping. "Chinese Merchant Experience in Hawaii (1876~1892)", 《興大歷史學報》創刊號, (Taichung: Chung-Hsing University, 1999), pp. 297~339.

21. Huang, Hsiao-ping. "Chinese Society in Hawaii During the Nineteenth Century", 《海外華人研究》第 3 期, (臺中: 1992 年 4 月), pp. 37~56.

22. Huang, Hsiao-ping. "The Political Life of the Chinese in Hawaii (1850~1911)", 《興大歷史學報》第 3 期, (aichung: Chung-Hsing University, 1993), pp. 159~186.

23. Nordyke, Eleanor, and Richard Lee, K. C. "The Chinese in Hawaii: A Historical and Demographic Perspective," *The Hawaii Journal of History*, Vol. 23 (1989), p. 197.

24. Safran, William. "Diaspora in Modern Societies: Myths of Homeland and

Return," *Diaspora: A Journal of Transnational Studies*, Vol. 1, No. 1, pp. 83~84.

25. Shuval, J. T. "Diaspora migration: Definitional Ambiguities and a Theoretical Paradigm, " *International Migration*, Vol. 38, No. 5, pp. 41~57.

26. Takaki, Ronald. "They Also Came: The Migration of Chinese and Japanese Women to Hawaii and the Continental United States." *Chinese America: History and Perspectives*, San Francisco, (1990), pp.3~19.

27. Willmott, Bill. "Chinese contract labour in the Pacific Islands during the nineteenth century," *Journal of Pacific Islands Studies*, Vol. 27, no. 2, (2004), pp. 161~176.

28. Wang, G. "A single Chinese diaspora? Some historical reflections," in Imaging the Chinese diaspora: Two Australian perspectives, edited by Wang, G. and A. S. Wah. Canberra: CSCSD, Australian National University 1999. pp. 1~17.

二、中文書目

（一）檔案資料

1. 行政院客家委員會，《93 年度全國客家人口基礎資料調查研究》，臺北：行政院客家委員會，民國 93 年。

2. 行政院客家委員會，《97 年度全國客家人口基礎資料調查研究》，臺北：行政院客家委員會，民國 97 年。

3. 行政院客家委員會，《100 年度全國客家人口基礎資料調查研究》，臺北：行政院客家委員會，民國 100 年。

4. 客家委員會，《103 年臺閩地區客家人口推估及客家認同委託研究成果》，臺北：客家委員會，民國 103 年。

5. 僑務委員會，《中華民國僑務統計》，臺北：僑務委員會編印，1999 年 7 月。

6. 僑務委員會，《中華民國 89 年僑務統計年報》，臺北：僑務委員會，2002 年。

7. 僑務委員會，《中華民國 90 年僑務統計年報》，臺北：僑務委員會，2001 年 9 月。

8. 僑務委員會，《中華民國 91 年僑務統計年報》，臺北：僑務委員會，2003 年 9 月。

9. 僑務委員會，《中華民國 92 年僑務統計年報》，臺北：僑務委員會，2004 年 9 月。

10. 僑務委員會，《中華民國 93 年僑務統計年報》，臺北：僑務委員會，2005 年 9 月。

11. 僑務委員會，《各國華人人口專輯》，臺北：僑務委員會，2003 年 12 月。

12. 僑務委員會，北美洲中文學校簡介（更新版），電子檔，僑務委員會第 2 處提供，2005 年。

13. 僑務委員會，《全球僑務轄區統計表》，臺北：僑務委員會，2005 年 10 月。

14. 僑務委員會，《各國華人專輯》，臺北：中華民國僑務委員會，民國 92 年。

15. 僑務委員會，《僑務工作 50 年》，臺北：僑務委員會編印，1982 年。

16. 僑務委員會，《臺灣移居美國僑民長期追蹤第 1 年調查報告》，臺北：中華民國僑務委員會，2003 年。

17. 僑務委員會，《臺灣移居美國僑民長期追蹤第 2 年調查報告》，臺北：中華民國僑務委員會，2004 年。

18. 僑務委員會，《臺灣移居美國僑民長期追蹤第 3 年調查報告》，臺北：中華民國僑務委員會，2005 年。

19. 僑務委員會，《臺灣移居美國僑民長期追蹤第 4 年調查報告》，臺北：中華民國僑務委員會，2006 年。

20. 僑務委員會，《臺灣移居美國僑民長期追蹤第 5 年調查報告》，臺北：中華民國僑務委員會，2007 年。

21. 僑務委員會，《臺灣移居美國僑民長期追蹤第 6 年調查報告》，臺北：中華民國僑務委員會，2008 年。

22. 僑務委員會，《臺灣移居美國僑民長期追蹤第 8 年調查報告》，臺北：中華民國僑務委員會，2010 年。

23. 僑務委員會，《臺灣移居美國僑民長期追蹤第 9 年調查報告》，臺北：中華民國僑務委員會，2011 年。

（二）專著及論文

1. 中華民國僑務委員會編印，《美國臺灣僑民生活適應及發展之研究──以洛杉磯爲例》，臺北：僑務委員會編印，2006 年。

2. 中華民國僑務委員會編印，《臺灣及兩岸三地華人人口推估方法──理論建構與實證探討（以美國爲例）》，臺北：僑務委員會編印，2002 年。

3. 中國太平洋國際學會編譯，H. L. Shapiro 原著，《夏威夷之華僑》，廣東：中國太平洋國際學會，1932 年。

4. 中山市華僑歷史學會編，《中山人在夏威夷》，廣東：中山，1995 年。

5. 王東，《客家學導論》，臺北：南天書局，1998 年。

6. 令狐萍，《金山謠──美國華裔婦女史》，北京：中國社會科學出版社，1999 年。

7. 江運貴著，徐漢斌譯，《客家與臺灣》，臺北：常民文化，1996 年。

8. 行政院客家委員會，《深耕躍動：北美洲 22 個客家精采人生》，臺北：行政院客家委員會，2010 年。

9. 行政院客家委員會，《客勤遠拓：中南美洲 20 位客家人足跡》，臺北：行政院客家委員會，2011 年。

10. 李春輝、楊生茂主編，《美洲華僑華人史》，東方出版社，1990 年。

11. 李原、陳大璋，《海外華人及其居住地概況》，中國華僑出版公司，1991 年。

12. 吳前進，《美國華僑、華人文化變遷論》第 1 卷，上海市：上海社會科學院出版社，1998 年。

13. 肖平，《客家人》，成都：天地出版社，2013 年。

14. 周南京主編，《華僑華人百科全書》（共 12 卷），北京：北京大學華僑華人研究中心，2002 年。

15. 香港崇正總會編著，《崇正總會 30 週年紀念特刊》，香港：香港崇正總會，1950 年。

16. 孫甄陶，張希哲著，《美國華僑史略與美國華僑社會之發展》，臺北：華僑協會總會，1997 年。

17. 馬以工等調查研究，《我國海外華僑文教服務中心之定位與功能專案調查研究報告》，臺北：監察院，2004 年 5 月。

18. 馬克任，《美國華人社會評論》（上）、（下），臺北：世界日報社，1985 年。

19. 馬兌生，《孫中山在夏威夷—活動和追隨者》，臺北：近代中國出版社，2000 年。

20. 張啓雄主編，《近二十年來的海外華人》，臺北：中華民國海外華人研究學會，2003 年 8 月。

21. 徐正光主編，《臺灣客家研究概論》，臺北：行政院客家委員會、臺灣客家研究學會合作出版，2007 年 6 月初版。

22. 單德興譯，《美國夢的挑戰——在美國的華人》，臺北：南天書局發行，1997 年。

23. 陳玉冰，《中國婦女傳記辭典（清代卷）》，澳洲：悉尼大學出版社，2010 年。

24. 陳祥水，《紐約皇后區新華僑的社會結構》，臺北市：中央研究院民族研究所，民國 80 年。

25. 陳依範著，殷志鵬、廖慈節譯，《美國華人發展史》，香港：三聯書店，1989 年。

26. 陳靜瑜，《從落葉歸根到落地生根──美國華人社會史論文集》，臺北：稻鄉出版社，2003 年 12 月。

27. 陳運棟，《客家人》，臺北：東門出版社，1978 年初版。

28. 陳運棟，《臺灣的客家人》，臺北：臺原出版社，1989 年。

29. 陳翰笙主編，《華工出國史料彙編》第 7 輯，北京：中華書局，1984 年。

30. 麥子，《美國華人名人錄》，廣東：科技出版社，1995 年。

31. 麥禮謙，《從華僑到華人：二十世紀美國華人社會發展史》，香港：三聯書局，1992 年。

32. 張維安、徐正光、羅烈師主編，《多元族群與客家：臺灣客家運動 20 年》，臺北：臺灣客家研究學會，2008 年。

33. 耿殿文，《夏威夷的故事》，臺北：黎明文化事業公司，1988 年。

34. 湯錦台，《千年客家》，臺北：如果出版社，2010 年。

35. 湯詠詩，《一個華南客家教會的研究──從巴色會到香港崇真會》，香港：基督教中國文化研究社，2002 年。

36. 梁靜源，《美國華工田園生涯》，臺北市：文史哲出版社，民國 82 年。

37. 楊進發著，李發沉譯，《陳嘉庚：華僑傳奇人物》，新加坡：八方文化，1990 年。

38. 楊磊，《夏威夷漫筆》，黑龍江：人民出版社，2003 年。

39. 楊安成，《國人海外移民現況與動機探討之研究》，臺北：內政部人口政策委員會，1989 年。

40. 楊國標、劉漢標、楊安堯，《美國華僑史》，廣東：廣東高等教育，1989 年。

41. 程志遠，《客家源流與分佈》，香港：天馬出版社，1994 年。

42. 葛力克（Clarence Elmer Glick），吳燕和、王維蘭譯，《夏威夷的華裔移民》，臺北：正中書局，1985 年。

43. 詹姆斯・米契納（James Michener）著，盧佩文譯，《夏威夷》，廣西：漓江出版社，1987 年。

44. 鄭民、梁初鳴編，《華僑華人歷史研究集（二）》，北京市：海洋出版社，1989 年。

45. 劉伯驥，《美國華僑史》，臺北：黎明文化事業，1984 年。

46. 劉伯驥，《美國華僑史續編》，臺北：黎明文化事業公司，1981 年。

47. 劉伯驥，《美國華僑教育》，臺北：華僑教育叢書編輯委員會，1957 年。

48. 劉伯驥，《美國華僑逸史》，臺北：黎明文化事業公司，1984 年。

49. 羅英祥，《飄洋過海的客家人》，開封：河南大學出版社，2003 年。

50. 羅香林，《客家研究導論》，臺北：南天出版社，1992 年。

51. 劉曉莉，《大贏家：100 位頂尖華人》，臺北：遠流出版事業，1995 年。

52. 潘翎主編，《海外華人百科全書》，香港：三聯書店，1998 年。

53. 蔡文輝，《美國社會與美國華僑》，臺北：東大書店，1989 年。

54. 鄧蜀生，《美國與移民：歷史、現實、未來》，重慶：重慶出版社，1990 年。

55. 謝劍、鄭赤琰，《國際客家學研討會論文集》，香港：香港中文大學，1994 年。

56. 謝重光，《客家文化與婦女生活：12～20 世紀客家婦女研究》，上海：上海古籍出版社，2005 年。

57. 謝高橋計畫主持，《我國人民外移問題的現狀與政策》，臺北：行政院研考會，1987 年。

58. 謝廷玉著，張澍智譯，《檀香山先輩華人史》，夏威夷大學 1975 年版。

59. 鄺治中著，楊立信、壽進文譯，《新唐人街》，香港：中華書局，1989 年。

60. 關春如，《美國華僑概況》，臺北：正中書局，1988 年 4 月。

61. 李景喜，《抗戰時期夏威夷華文報刊言論之分析——以中華公報與新中國日報爲例》，臺北：臺灣師範大學歷史系研究所碩士論文，2004 年。

62. 林依蓮，《1945 年以前夏威夷華日族群關係——以華人報紙爲中心》，臺北：臺灣師範大學歷史系研究所碩士論文，2011 年。

63. 臺灣客家公共事務協會主編，《新个客家人》，臺北：臺原出版社，1991 年。

（三）期刊論文

1. 令狐萍，〈十九世紀中國婦女移民美國動機初探〉，《美國研究》，1999 年第 1 期，頁 95～121。

2. 令狐萍，〈美國華人研究的新視角：文化社區理論〉，《華僑華人歷史研究》，2007 年 3 月第 1 期，頁 25～31。

3. 左芙蓉，〈基督教在近代客家人中間的傳播與影響〉，《北京聯合大學學報（人文社會科學版)》，2004 年 9 月第 2 卷第 3 期總（第五期），頁 78～83。

4. 史宗玲，〈地景變遷之離散印記：羅斯的《美國爱歌》中猶太美國人之族裔身份〉，《長榮　大學學報》第 14 卷第 2 期，2011 年 12 月，頁 17～31。

5. 吳燕和、王維蘭，〈夏威夷華人研究資料簡介〉，《海外華人研究》第 1 期，臺北：海外華人研究學會，1989 年，頁 127～136。

6. 安國樓，〈早期夏威夷客家婦女的「黃金」夢——《夏威夷》對中國客家人的描述〉，《中國圖書評論》，2007 年第 5 期，頁 22～26。

7. 沈立新，〈夏威夷華人的水仙花節〉，《海內與海外》，1993 年第 12 期，頁 49。

8. 李定國，〈客家文化在海外華人中的繼承與發展〉，《華僑華人歷史研究》，1994 年第 4 期，頁 65～70。

9. 邱善雄，〈認識客家族群：臺灣客家人（上）〉，《女宣雜誌》，2010 年第 389 期，頁 16～19。

10. 邱善雄，〈認識客家族群：簡介臺灣客家人（下）〉，《女宣雜誌》，2010 年第 390 期，頁 17～19。

11. 李根虎，〈夏威夷之行——美國的華人〉，《山西農機》，1994 年第 3 期，頁 15～18。

12. 李明歡，〈Diaspora：定義、分化、聚合與重構〉，《世界民族》，2010 年第 5 期，頁 7～12。

13. 段穎，〈diaspora（離散）：概念演變與理論解析〉，《民族研究》，2013 年第 2 期，頁 17～25。

14. 高木羅納德；吳藜編譯，〈夏威夷的早期移民與美國大陸的華人和日本婦女〉，《八桂僑刊》，1993 年第 3 期，頁 53～58。

15. 高民川，〈中山華僑早期出國簡史〉，《中山文史》，1998 年第 15 輯，頁 107。

16. 范若蘭，〈允許與嚴禁：閩粵地方對婦女出洋的反應（1860～1949 年）〉，《華僑華人歷史研究》，2002 年，頁 67～76。

17. 馬兗生，〈夏威夷話古〉，《海內與海外》，1998 年第 1 期，頁 70～76。

18. 馬兗生，〈夏威夷華僑和孫中山〉，《海內與海外》，1998 年第 2 期，頁 56。

19. 馬兗生，〈從苦力到高級技術苦力夏威夷華人奮鬥史〉，《明報月刊》，香港 1993 年 10 月號，第 6 期，頁 51～57。

20. 馬兗生，〈夏威夷華僑對孫中山早期革命活動的支持〉，《華僑華人歷史研究》，1996 年第 4 期，頁 76～80。

21. 馬兗生，〈夏威夷的故事〉，《世界博覽》，1997 年第 7 期，頁 35～37。

22. 楊宏海、張衛東等，〈粵東客家婦女的民俗特色〉，《客家研究》第 1 集，上海：同濟大學出版社，1989 年。

23. 區達全，〈華人與夏威夷的蔗糖業〉，《歷史大觀園》，1992 年第 3 期，頁 50～51。

24. 梁紅女，〈中國廣東移民抵達夏威夷二百周年及其紀念活動〉，《嶺南文

史》，1992 年第 2 期，頁 20～23。

25. 陳靜瑜，〈二次大戰後美國華僑社會嬗變的狀況探析〉，《興大歷史學報》第 8 期，1998 年，頁 229～270。

26. 陳靜瑜，〈美國臺灣移民的社會結構、適應與認同析探（1980～2000）（上）〉，《海華與東南亞研究》第 3 卷第 3 期（2003a），夏季號，頁 1～37。

27. 陳靜瑜，〈美國臺灣移民的社會結構、適應與認同析探（1980～2000）（下）〉，《海華與東南亞研究》第 3 卷第 4 期（2003b），秋季號，頁 37～74。

28. 麥禮謙、肖燁衡譯，〈傳承中華傳統：在美國大陸和夏威夷的中文學校〉，《華僑華人歷史研究》第 4 期，1999 年，頁 55～69。

29. 葉顯恩，〈19 世紀下半葉夏威夷華人首富陳芳〉，《華僑華人歷史研究》第 4 期，1990 年，頁 26～30。

30. 葉顯恩，〈中山縣移民夏威夷的歷史考察〉，《華僑華人歷史研究》第 3 期，1988 年，頁 9～18。

31. 黃昆章，〈美國的臺灣移民〉，《華僑華人歷史研究》第 2 期，1994 年，頁 10～14。

32. 黃華健，〈19 世紀在夏威夷的中山華僑〉，《中山僑史》總第 1 期，1986 年，頁 27～31。

33. 黃華健，〈20 世紀初到第二次世界大戰前在夏威夷的中山華僑〉，《中山僑史》，1990 年第 2 期，頁 20～23。

34. 黃英湖，〈美國夏威夷華人參政當議〉，《華僑華人歷史研究》，1990 年第 4 期，頁 57～58。

35. 馮秀珍，〈客家人與夏威夷的拓荒〉，2005 年世界客屬懇親大會國際學術研討會論文。

36. 馮秀珍，〈客屬華人華僑與夏威夷的開發建設〉，《客家風情》，2005 年第 3 期，頁 27～32。

37. 聞泉，〈夏威夷華人促進會〉，《地平線》，1980 年第 10 期，香港：地平線有限公司，頁 48～49。

38. 鄭瑞林，〈臺灣移民的特點和貢獻〉，《華僑華人歷史研究》第 1 期，1995 年，頁 37～40。

39. 蔡珮，〈澳洲布里斯本澳籍臺裔的離散認同研究〉，《人口學刊》第 40 期，2010 年 6 月，頁 91～155。

40. 蔡志剛，〈中山地區商人在中國和世界各地的商業活動〉，《近代中國與世界（第 2 卷）》，頁 574～588。

41. 劉冰清、石甜，〈族群離散與文化離散的來龍去脈〉，《學術探索》，2012

年 2 月，頁 49～54。

42. 費鄧洪摘譯，〈清末廣東客家人在夏威夷的社會狀況點滴〉，《嶺南文史》，1992 年第 2 期，頁 56。

43. 譚元亨，〈世界文學視野中的客家文學——兼論 A·米切納的《夏威夷》〉，《嘉應大學學報》，1999 年第 2 期，頁 56。

44. 〈夏威夷州華人〉，《八桂僑刊》，1998 年第 1 期，頁 21。

45. 湯熙勇，〈夏威夷華文學校的關閉與復設，1941～1949〉，《國史館館刊》復刊第 23 期，1997 年，臺北：國史館，頁 169～194。

46. 湯熙勇，〈夏威夷華人對孫中山先生革命的反應（1894～1911）〉，《華僑與孫中山先生領導的國民革命學術研討會論文集》，1999 年，臺北：國史館，頁 521～545。

47. 羅英祥，〈客家人走向世界〉，《客家人》，1991 年第 3 期，頁 70～75。

（四）報刊文章

1. 《太平洋時報》，1980～2015 年。

2. 《世界日報（美國）》，1980～2015 年。

3. 《自由時報》，2000～2015 年。

4. 《宏觀電子報》，2005～2015 年。

5. 《美國僑報》，2000～2015 年。

6. 《香港文匯報》，2000～2015 年。

7. 《星島日報》，1980～2015 年。

8. 《基督日報》，1980～2015 年。

9. 《華聲報》，1986～2015 年。

10. 《檀報》，2000～2015 年。

11. 《聯合報》，2000～2015 年。

（五）網路資料

1. 大學華人婦女會 http://www.acuwhawaii.org/main/

2. 中華民國僑務委員會 http://www.ocac.gov.tw/

3. 中國僑網 http://big5.chinaqw.cn:89/

4. 中山市外事僑務局 http://faob.zsnews.cn/

5. 行政院客家委員會 http://www.hakka.gov.tw/

6. 行政院客家委員會海外客家網
http://global.ihakka.net/taiwan/hakka/index.php

7. 全美臺灣客家會 http://www.thcfadc.org/Pages/default.aspx

8. 全球華人專業人士網絡 http://www.networkchinese.com/index.html

9. 美國客家聯合會 http://www.hakkausa.org/

10. 美國臺灣同鄉會夏威夷分會
    Taiwanese Association of America Hawaii Chapter

11. 新唐人全球電視臺 http://www.ntdtv.com/xtr/b5/aMain.html

12. 國立中央大學客家學院 http://hakka.ncu.edu.tw/hakkastudy/news/

13. 夏威夷人口普查資料（Hawaii Census Records）
    http://www.censusfinder.com/hawaii.htm

14. 夏威夷華人歷史研究中心 Hawaii Chinese History Centre

15. 夏威夷第一華人基督教會
    http://www.firstchinese.org/about/a-brief-history-of-fccc

16. 夏威夷臺灣人中心 http://www.hawaiitaiwanesecenter.org/

17. 夏威夷崇正會 https://sites.google.com/site/tsungtsinhi/

18. 夏威夷東西文化交流中心 www.EastWestCenter.org/

19. 夏威夷州立圖書館 www.hcc.hawaii.edu/hspls/hslov.html

20. 夏威夷華人社區名錄 http://scholarspace.manoa.hawaii.edu/

21. 夏威夷大學中國研究中心（Center for Chinese Studies）
    http://www.ccs-uhm.org/

22. 華人基督教史人物辭典 http://www.bdcconline.net/zh-hant/

23. 檀香山臺北經濟文化辦事處
    http://www.roc-taiwan.org/US/HNL/mp.asp?mp=41

24. 檀香山華人婦女會 Chinese Women's Club of Honolulu

25. 暨南大學圖書館華僑華人文獻信息中心
    http://202.116.0.134:82/gate/big5/hqhr.jnu.edu.cn/content.asp?page=6&typei